REPORT ON CHINA JUSTICE INDEX 2020-2021

中国司法文明指数报告
2020—2021

中国司法文明指数项目组

顾　　　问：张文显　陈光中

项 目 主 任：张保生

项 目 副 主 任：张　中

项目执行主任：吴洪淇　刘世权

参 加 人 员：国家司法文明协同创新中心本项目课题组全体成员

国家司法文明协同创新中心

REPORT ON CHINA JUSTICE INDEX 2020-2021

中国司法文明指数报告
2020—2021

顾　问　　张文显　陈光中
首席专家　　张保生
首席专家助理　　张　中　吴洪淇

项目组主要成员

张保生　张　中　吴洪淇　褚福民　满运龙　施鹏鹏
郑　飞　樊传明　张　伟　冯俊伟　刘世权　尚　华
戴　锐　曹　佳　张南宁　王殿玺　张嘉源　张文博
陆誉蓉　朱　婧　申雯艳

中国政法大学出版社

2022·北京

Supported by Collaborative Innovation Center of Judicial Civilization, China

REPORT ON CHINA JUSTICE INDEX
2020-2021

Chief Reporter: Baosheng Zhang

Associate Reporters: Zhong Zhang and Hongqi Wu

CHINA UNIVERSITY OF POLITICAL SCIENCE AND LAW PRESS

序言
PREFACE

司法文明指数项目是教育部、财政部"高等学校创新能力提升计划"（"2011计划"）、"双一流计划"司法文明协同创新中心承担的一项重大研究任务。

"司法文明协同创新中心"是教育部、财政部2013年第一批认定的"2011计划"14个协同创新中心之一。该中心按照"国家急需、世界一流"的要求，瞄准司法文明这一法治文明传承创新的重大需求，以中国政法大学为牵头高校，吉林大学、武汉大学、浙江大学为主要参与高校，并联合了各级司法机关和法律行业组织等38个国内协同单位，以及16个国外协同机构（含11个国外大学、研究所、国际组织和5个国外教授单位）。该中心的宗旨是：促进国家司法文明建设，提升中国司法文明在世界司法文明体系中的认同度和话语权，推进中华民族早日跻身世界司法文明先进行列。该中心肩负"五大任务"：一是理论创新，探索科学的司法理论；二是制度创新，建构先进的司法制度；三是实践创新，促进公正的司法运作；四是教育创新，造就卓越的司法精英；五是文化创新，培育理性的司法文化。

司法是维护社会公正和法治的最后一道防线。进入21世纪后，随着市场经济的发展，我国已逐步进入"诉讼社会"，人民群众日益增长的司法需求与司法供给的矛盾愈加突出，司法机关成为各种利益的竞技场、各种矛盾的集散地。然而，愚昧司法、野蛮司法、司法腐败、冤假错案等现象，严重损害了中国司法的公信力，成为人民群众反映强烈的一个突出的社会问题。自党的十五大提出"依法治国"方略以来，党的历次代表大会都把法治建设和公正司法作为党和国家的重大战略任务，十八届四中全会通过的《中共中央关于全面推进依法治国若干重大问题的决定》更加明确地把"保证公正司法，提高司法公信力"作为全面推进依法治国的六大任务之一，提出："公正是法治的生命线。司法公正对社会公正具有重要引领作用，司法不公对社会公正具有致命破坏作用。"因此，司法文明传承创新是全面推进依法治国的一项重大战略任务，也是一项复杂的社会系统工程。

"中国司法文明指数"（China Justice Index）作为法治建设的一种量化评估工具，在"保证公正司法，提高司法公信力"方面可以发挥如下作用：首先，对于各级司法机关及其工作人员而言，它可为加强司法文明建设提供一面自我对照的"镜子"。该指数地区排名反映了各地司法文明建设的强项和弱项，为各地司法文明建设具体方案的制定和实施提供了实证数据。当然，我们也要申明该指数功能的有限性，它并未给各地如何加强司法文明建设提供一个完整的诊断或现成的"药方"，而仅仅是为描绘一个省、自治区、直辖市的司法文明状况提供了一些关于人民群众满意度的基础数据。各地司法机关需要在此基础上进行多维度的综合分析和深入研究，才能找到解决自己问题的具体方案。其次，对于法学研究和法学教育而言，本指数报告可为其提供一种可靠和中立的数据资源，为学者和学生们探索司法文明的理论和实践问题提供一些实证研究的条件。

司法文明指标体系和调查问卷设计了一批客观数据，并试图以主观指标和客观指标9：1的比例，在指数评估中有机地加入这些客观数据。然而，在司法文明量化评价方法中，客观数据是否真的客观？被调查者的主观感受是否真的可靠？司法文明指数主要依靠人民群众满意度调查是否确实可信？这些都是值得法学理论界、司法实务界和本指数项目研究团队继续深入研究的问题。一方面，我们的法学研究和法律实务中都还存有迷信客观性的传统；另一方面，我们对域外民意测验、支持率调查、选民心态和选举活动等社会调查理论和实践还缺乏深入的研究。但是，我们相信，司法文明一定是人民群众可以认知和感受的东西，而不是虚无缥缈、不可捉摸的东西。我们要贯彻十八届四中全会通过的《中共中央关于全面推进依法治国若干重大问题的决定》"努力让人民群众在每一个司法案件中感受到公平正义"的精神，就要重视调查普通民众和法律职业群体对本地司法现状的亲身感受，以及他们对本地司法工作的满意度。我们还坚信，人民群众满意度评价是衡量"公正司法"和"司法公信力"的最高标准。

《中国司法文明指数报告2020—2021》，展现了本指数项目研究课题组2020—2021年在全国31个省、自治区、直辖市进行调查和数据分析的成果。本项目实施第八年，在司法文明指标体系、评价方法等方面仍带有试验探索的性质，所以，无论是指标体系设计，还是指数调查和分析方法，仍有很多值得改进之处，恳请读者提出宝贵的批评意见，以便我们继续完善。

国家司法文明协同创新中心
2022年9月3日

缩略语词表

全　　　称	简　　　称
《中华人民共和国宪法》	《宪法》
《中华人民共和国刑法》	《刑法》
《中华人民共和国刑事诉讼法》	《刑事诉讼法》
《中华人民共和国民事诉讼法》	《民事诉讼法》
《中华人民共和国行政诉讼法》	《行政诉讼法》
《中华人民共和国人民法院组织法》	《人民法院组织法》
《中华人民共和国人民检察院组织法》	《人民检察院组织法》
《中华人民共和国法官法》	《法官法》
《中华人民共和国检察官法》	《检察官法》
《中华人民共和国人民警察法》	《警察法》
《中华人民共和国律师法》	《律师法》
最高人民法院、最高人民检察院、公安部、国家安全部、司法部《关于办理死刑案件审查判断证据若干问题的规定》	"两院三部"2010年《死刑案件证据规定》
最高人民法院《关于民事诉讼证据的若干规定》	《民事诉讼证据规定》
最高人民法院《中华人民共和国法官职业道德基本准则》	《法官职业道德基本准则》
最高人民检察院《中华人民共和国检察官职业道德基本准则》	《检察官职业道德基本准则》
中华全国律师协会《律师执业行为规范（试行）》	《律师执业行为规范（试行）》
中国共产党第十八届中央委员会第四次全体会议通过的《中共中央关于全面推进依法治国若干重大问题的决定》	十八届四中全会《决定》

目录 CONTENTS

第一章 司法文明指数概论

一、司法文明 ··· 1
二、司法文明指数 ··· 2
　（一）主要特点 ··· 2
　（二）主要功能 ··· 2
三、司法文明指数与法治指数的关系 ··· 3
　（一）司法文明指数与国内法治指数的关系 ······························ 3
　（二）司法文明指数与世界法治指数的关系 ······························ 4

第二章 司法文明指数设置

一、司法文明指标体系 ··· 5
二、司法文明的4个领域 ·· 7
　（一）司法制度 ··· 7
　（二）司法运作 ··· 7
　（三）司法主体 ··· 8
　（四）司法文化 ··· 8
三、司法文明指数一级指标 ·· 9
　（一）司法权力 ··· 9
　（二）当事人诉讼权利 ··· 9
　（三）民事司法程序 ·· 9
　（四）刑事司法程序 ·· 10
　（五）行政司法程序 ·· 10

（六）证据制度 ··· 11
　　（七）司法腐败遏制 ··· 11
　　（八）法律职业化 ··· 12
　　（九）司法公开 ·· 12
　　（十）司法文化 ·· 13
四、司法文明指数二级指标 ··· 13
　指标1　司法权力 ·· 13
　　1.1　司法权力依法行使 ··· 13
　　1.2　司法权力独立行使 ··· 14
　　1.3　司法权力公正行使 ··· 15
　　1.4　司法权力主体受到信任与认同 ·· 15
　　1.5　司法裁判受到信任与认同 ·· 15
　指标2　当事人诉讼权利 ··· 16
　　2.1　当事人享有不被强迫自证其罪的权利 ································· 16
　　2.2　当事人享有获得辩护、代理的权利 ···································· 16
　　2.3　当事人享有证据性权利 ··· 17
　　2.4　当事人享有获得救济的权利 ··· 18
　指标3　民事司法程序 ·· 18
　　3.1　民事审判符合公正要求 ··· 18
　　3.2　民事诉讼中的调解自愿、合法 ·· 19
　　3.3　民事诉讼裁判得到有效执行 ··· 19
　指标4　刑事司法程序 ·· 19
　　4.1　侦查措施及时合法 ··· 19
　　4.2　审查起诉公正 ··· 20
　　4.3　刑事审判公正及时 ··· 21
　指标5　行政司法程序 ·· 21
　　5.1　行政审判符合公正要求 ··· 21
　　5.2　行政诉讼裁判得到有效执行 ··· 22
　指标6　证据制度 ·· 22
　　6.1　证据裁判原则得到贯彻 ··· 22
　　6.2　证据依法得到采纳与排除 ·· 23
　　6.3　证明过程得到合理规范 ··· 23
　指标7　司法腐败遏制 ·· 24
　　7.1　警察远离腐败 ··· 24
　　7.2　检察官远离腐败 ·· 24
　　7.3　法官远离腐败 ··· 24
　指标8　法律职业化 ··· 25
　　8.1　法律职业人员获得职业培训 ··· 25

8.2　法律职业人员遵守职业伦理规范 ··· 25
8.3　法律职业人员享有职业保障 ··· 26

指标9　司法公开 ·· 27
9.1　司法过程依法公开 ·· 27
9.2　裁判结果依法公开 ·· 27

指标10　司法文化 ··· 28
10.1　公众参与司法的意识及程度 ··· 28
10.2　公众诉诸司法的意识及程度 ··· 28
10.3　公众接受司法裁判的意识及程度 ··· 28
10.4　公众接受现代刑罚理念的意识及程度 ··· 29

五、司法文明指数问卷题目和变量 ·· 29

第三章　司法文明指数项目

一、项目概述 ··· 34
二、项目实施步骤与方法回顾 ·· 34
　（一）2014年项目实施步骤与方法 ·· 34
　（二）2015年项目实施步骤与方法 ·· 35
　（三）2016—2019年项目实施步骤与方法 ··· 35
三、2020—2021年项目评估方法 ·· 36
　（一）问卷调查方法 ··· 36
　（二）数据统计分析方法 ··· 37
　（三）客观指标及其计算 ··· 37

第四章　司法文明指数数据报告

一、31个省/自治区/直辖市得分排名分析 ·· 39
　（一）北京市 ·· 40
　（二）天津市 ·· 42
　（三）河北省 ·· 44
　（四）山西省 ·· 46
　（五）内蒙古自治区 ··· 48
　（六）辽宁省 ·· 50
　（七）吉林省 ·· 52
　（八）黑龙江省 ··· 54
　（九）上海市 ·· 56

（十）江苏省	58
（十一）浙江省	60
（十二）安徽省	62
（十三）福建省	64
（十四）江西省	66
（十五）山东省	68
（十六）河南省	70
（十七）湖北省	72
（十八）湖南省	74
（十九）广东省	76
（二十）广西壮族自治区	78
（二十一）海南省	80
（二十二）重庆市	82
（二十三）四川省	84
（二十四）贵州省	86
（二十五）云南省	88
（二十六）西藏自治区	90
（二十七）陕西省	92
（二十八）甘肃省	94
（二十九）青海省	96
（三十）宁夏回族自治区	98
（三十一）新疆维吾尔自治区	100

二、指标得分排名分析 102

指标 1　司法权力	104
指标 2　当事人诉讼权利	106
指标 3　民事司法程序	108
指标 4　刑事司法程序	110
指标 5　行政司法程序	112
指标 6　证据制度	114
指标 7　司法腐败遏制	116
指标 8　法律职业化	118
指标 9　司法公开	120
指标 10　司法文化	122

附　录　中国司法文明发展的轨迹（2015—2019）
　　　　——以中国司法文明指数为分析工具的研究 124

后　记 148

Table of Contents

▶ **Chapter I Conceptual Framework of Justice Index** /1
1 Judicial Civilization /1
2 China Justice Index /2
    (1) Main Characteristics /2
    (2) Main Functions /2
3 Relationship between China Justice Index and Rule of Law Index /3
    (1) Relationship with Domestic Rule of Law Indices /3
    (2) Relationship with WJP Rule of Law Index /4

▶ **Chapter II Structure of China Justice Index** /5
1 Indicators System of China Justice Index /5
2 Four Areas of China Justice Index /7
    (1) Judicial System /7
    (2) Judicial Proceeding /7
    (3) Judicial Subjects /8
    (4) Judicial Culture /8
3 First-Level Indicators of China Justice Index /9
    (1) Judicial Power /9
    (2) Parties' Litigation Rights /9
    (3) Civil Proceedings /9
    (4) Criminal Proceedings /10
    (5) Administrative Proceedings /10
    (6) Evidence System /11
    (7) Absence of Judicial Corruption /11
    (8) Legal Profession /12
    (9) Open Justice /12

		(10) Judicial Culture	/13
4		Second-Level Indicators of China Justice Index	/13
	Indicator 1	Judicial Power	/13
	1.1	Lawful Use of Judicial Power	/13
	1.2	Independent Exercise of Judicial Power	/14
	1.3	Just Use of Judicial Power	/15
	1.4	Trust and Recognition of Judicial Authorities	/15
	1.5	Trust and Recognition of Judicial Outcomes	/15
	Indicator 2	Parties' Litigation Rights	/16
	2.1	Parties' Right of Being Free from Compelled Self-Incrimination	/16
	2.2	Parties' Right to Legal Defense and Counsel	/16
	2.3	Parties' Evidential Rights in Court	/17
	2.4	Parties' Right to Remedies	/18
	Indicator 3	Civil Proceedings	/18
	3.1	Just Civil Procedure	/18
	3.2	Voluntary and Lawful Mediation in Civil Procedure	/19
	3.3	Effective Enforcement of Civil Judgment	/19
	Indicator 4	Criminal Proceedings	/19
	4.1	Timely Processing and Lawfulness of Criminal Investigation	/19
	4.2	Just Examination and Public Prosecution	/20
	4.3	Just and Effective Criminal Trial	/21
	Indicator 5	Administrative Proceedings	/21
	5.1	Just Administrative Procedure	/21
	5.2	Effective Enforcement of Administrative Judgment	/22
	Indicator 6	Evidence System	/22
	6.1	Effective Application of the Principle of Judgment Based on Evidence	/22
	6.2	Admission and Exclusion of Evidence according to Law	/23
	6.3	Reasonable Regulation of Process of Proof	/23
	Indicator 7	Absence of Judicial Corruption	/24
	7.1	Avoidance of Corruption by Police	/24
	7.2	Avoidance of Corruption by Prosecutors	/24
	7.3	Avoidance of Corruption by Judges	/24
	Indicator 8	Legal Profession	/25
	8.1	Access to Professional Training by Legal Professionals	/25
	8.2	Adherence to Professional Ethics by Legal Professionals	/25
	8.3	Access to Professional Security by Legal Professionals	/26
	Indicator 9	Open Justice	/27
	9.1	Lawfulness and Transparency of Judicial Activities	/27

9.2　Open to Public of Judicial Outcomes　/27

Indicator 10　Judicial Culture　/28

10.1　Awareness and Scope of Public Participation in Judicial Process　/28

10.2　Awareness and Scope of Public Use of Judicial Process　/28

10.3　Awareness and Degree of Public Acceptance of Judicial Judgment　/28

10.4　Awareness and Degree of Public Acceptance of Modern Concepts of Crime and Punishment　/29

5　Issues and Variables of China Justice Index　/29

▶ Chapter III　China Justice Index Project　/34

1　Project Overview　/34

2　Review of Process and Methodology of Project Implementation　/34

（1）Review of Process and Methodology of Project Implementation in 2014　/34

（2）Review of Process and Methodology of Project Implementation in 2015　/35

（3）Review of Process and Methodology of Project Implementation in 2016-2019　/35

3　Evaluation Methodology of China Justice Index 2020-2021　/36

（1）Survey by Questionnaire　/36

（2）Data Statistical Analysis Methods　/37

（3）Objective Indicators and Computation　/37

▶ Chapter IV　Data Report of China Justice Index　/39

1　Ranking of 31 Provinces, Autonomous Regions and Municipalities　/39

（1）Beijing Municipality　/40

（2）Tianjin Municipality　/42

（3）Hebei Province　/44

（4）Shanxi Province　/46

（5）Inner Mongolia Autonomous Region　/48

（6）Liaoning Province　/50

（7）Jilin Province　/52

（8）Heilongjiang Province　/54

（9）Shanghai Municipality　/56

（10）Jiangsu Province　/58

（11）Zhejiang Province　/60

（12）Anhui Province　/62

（13）Fujian Province　/64

（14）Jiangxi Province　/66

（15）Shandong Province　/68

（16）He'nan Province　/70

（17）Hubei Province　/72

（18） Hu'nan Province	/74
（19） Guangdong Province	/76
（20） Guangxi Zhuang Autonomous Region	/78
（21） Hainan Province	/80
（22） Chongqing Municipality	/82
（23） Sichuan Province	/84
（24） Guizhou Province	/86
（25） Yunnan Province	/88
（26） Xizang［Tibet］Autonomous Region	/90
（27） Shaanxi Province	/92
（28） Gansu Province	/94
（29） Qinghai Province	/96
（30） Ningxia Hui Nationality Autonomous Region	/98
（31） Xinjiang Uygur Autonomous Region	/100

2 Analysis of Score Rankings /102

Indicator 1: Judicial Power	/104
Indicator 2: Parties' Litigation Rights	/106
Indicator 3: Civil Proceedings	/108
Indicator 4: Criminal Proceedings	/110
Indicator 5: Administrative Proceedings	/112
Indicator 6: Evidence System	/114
Indicator 7: Absence of Judicial Corruption	/116
Indicator 8: Legal Profession	/118
Indicator 9: Open Justice	/120
Indicator 10: Judicial Culture	/122

▶ **Appendix** The Developmental Trajectory of China's Judicial Civilization（2015−2019）
　　　　　—Using the Chinese Justice Index as Analytical Tool　　/124

▶ **Postscript**　　/148

第一章　司法文明指数概论

一、司法文明

"文明"是与"愚昧""落后""野蛮"相对的概念，指"人类社会进步状态"[1]。文明又与"文化"近义，[2]"文化是文明社会形成的生活方式"[3]。广义的文化包含物质文化、制度文化和精神文化。[4]一般而言，"文明总是与民族精神、信仰、文化及人们的使用语境相联系"，它是"人类从野蛮走向开化的进程"[5]。从社会发展进程看，"法制的形成系人类社会由野蛮进入文明的重要标志"[6]。与人类的古代文明和近代文明相比，现代文明是指社会文明发展的更高阶段，与科学技术、人文精神、市场经济、民主政治、法治文化相适应，其表现形态包括物质文明、政治文明、法治文明、精神文明、生态文明等。

在政治文明、法治文明与司法文明的关系中，"法治文明系政治文明的基本标志，司法文明系法治文明的基本标志"[7]。在这个意义上，司法文明意味着"司法进步"（progress of justice），意味着更先进的司法理念、司法制度、司法行为和司法文化，是一个国家法治文明的指示器。

现代司法文明是对人类司法史上以人治为基础的非理性裁判方式进行批判性反思的成果。拉德布鲁赫考察了从古代"建立在信仰和迷信之上的证据"，到近代"法定证据理论"，再到现代"科学证据理论"的发展过程，称其"令人联想到黑格尔精神发展过程的正反合三段式"[8]。显然，从愚昧、野蛮到文明，体现了司法理念和司法制度的螺旋式上升运动。贝卡利亚在考察残酷刑罚和野蛮刑诉程序的基础上，[9]提出了罪刑法定、罪刑相适应和刑罚人道化的近代刑法三原则。张文显教授则强调："人权保障是司法文明的核心标志，也是司法文明的强大动力。如果说古代司法的文明意义在于定分止争、惩恶扬善，那么现代司法的文明意义则在于保障人权、维护正义，正是对人权

---

[1] 参见辞海编辑委员会编纂：《辞海》，上海辞书出版社2002年版，第1767页。
[2] 参见中国科学院语言研究所词典编辑室编：《现代汉语词典》，商务印书馆1995年版，第1204页。
[3] 胡适：《我们对于西洋近代文明的态度》，载《现代评论》1926年第4卷第83期。
[4] 杨明华编著：《有关文化的100个素养》，台北驿站文化事业有限公司2009年版。
[5] Leslie C. Green, "'Civilized' Law and 'Primitive' Peoples", *Osgoode Hall Law Journal*, Vol. 13, 1975, p. 1.
[6] 张晋藩：《中国古代司法文明与当代意义》，载《法制与社会发展》2014年第2期。
[7] 张文显：《司法文明新的里程碑——2012刑事诉讼法的文明价值》，载《法制与社会发展》2013年第2期。
[8] 参见[德]拉德布鲁赫：《法学导论》，米健译，法律出版社2012年版，第141~146页。
[9] [意]贝卡利亚：《论犯罪与刑罚》（第2版），黄风译，中国法制出版社2005年版，第7页。

的尊重和保障使司法在现代化的道路上走向了文明。"[1]

司法文明作为法治文明的重要组成部分和基本标志，还有如下论据：一是在"世界法治指数"（WJP）中，"司法"（justice）被界定为"由称职、守德和独立的代表及中立人士及时实现正义"。司法的这一特性被确定为法治的四个普遍原则之一。司法的一级指标和二级指标在"世界法治指数"中分别占了1/3和17/47（36%）的比重。[2]二是十八届四中全会《决定》指出："公正是法治的生命线。司法公正对社会公正具有重要引领作用，司法不公对社会公正具有致命破坏作用。""司法"和"法治"在该决定中分别出现了73次和111次。

二、司法文明指数

指数（index）是一种有效的评价工具。在社会学中，通过反映社会生活状态或质量的社会指标（social indicator），可以对某一社会现象进行评估，如犯罪率、婴儿死亡率等。[3]运用指数可对复杂的社会现象进行整体评价，并可分析各种构成因素的影响程度，如测定不能直接相加和对比的社会现象总动态；分析社会现象总变动中各种因素变动的影响程度；研究总平均指标变动中各组标志水平和总体结构变动的作用。[4]例如，"世界法治指数"对各国法治状况进行监测，得出关于法治的一系列综合指标，用于评估各国在实践中坚守法治的程度。[5]

司法文明指数作为一种法治评估工具，通过对全国各省、自治区、直辖市司法实践的实际测量，具有如下特点和功能：

（一）主要特点

第一，综合性。该指数试图显示全国各地司法文明建设的全景或全貌。

第二，独立性。该指数调查结果完全来源于"司法文明指数项目"每年独立收集的新数据。这与目前国内一些地区的司法机关仅依据自我搜集或委托收集的数据来编制评估报告的做法形成了鲜明对照。

第三，实践性。该指数试图通过考察实际的司法运作，来衡量全国各地司法机关在司法实践中对法治的坚守。

第四，亲历性。该指数综合了全国各地普通民众和法律职业群体严谨的投票意见，确保了调查结果反映被调查者亲身经历的情况和直接感受。

第五，可鉴性。该指数调查结果在分解表和雷达图中，显示出各地司法文明10个一级指标、32个二级指标的强项和弱项，可为解决各地司法文明建设中的具体问题提供可资借鉴的"镜子"。

（二）主要功能

第一，为法治建设提供一种量化评估工具。司法是法治的核心内容，公正司法是法治的生命

---

[1] 张文显：《人权保障与司法文明》，载《中国法律评论》2014年第2期，卷首语。
[2] The World Justice Project, *WJP Rule of Law Index 2015*, Washington D. C.：The World Justice Project, p. 9.
[3] [美] 艾尔·巴比：《社会研究方法》（第10版），邱泽奇译，华夏出版社2005年版，第353页。
[4] 参见百度百科"指数"，http：//baike. baidu. com/view/194477. htm，访问日期：2014年12月13日。
[5] Agrast, M. et al., *WJP Rule of Law Index 2012-2013*, Washington D. C.：The World Justice Project, p. 3.

线。司法文明指数期冀在"保证公正司法，提高司法公信力"方面发挥积极作用，以提升中国在"世界法治指数"中的排名。

第二，为司法文明建设提供一面"镜子"。本指数通过追踪各省、自治区、直辖市司法文明的现实"水平"，可为司法机关、社会组织和普通民众提供独立可靠的信息，反映全国各地在司法实践中对法治的坚守在司法文明建设的 10 个一级指标和 32 个二级指标上的强项和弱项，为各地有针对性地加强司法文明建设提供实证数据。

第三，体现人民群众对司法的满意度。司法文明指数综合了普通民众和法律职业群体严谨的答卷意见，反映了其对本地司法现状的亲身感受。这种群众满意度是评价"公正司法"和"司法公信力"的最高标准。

第四，描述随时间变化的司法文明进步轨迹。通过一定周期的数据记录比较，司法文明指数可以描述各省、自治区、直辖市司法文明建设的历年进步轨迹。

三、司法文明指数与法治指数的关系

"法治作为人类文明的构成元素之一，其所表征的乃是人类共同的生活经验与生活理想，因此也就具有人类主体、世界空间与古今延续的普适性。因此，在我们探索实践中的法治指数的过程中，最为核心和艰难的任务就是要加强对世界法治文明的发展规律与真实境况的研究，加强对中国政治文化传统和法律文化传统的真切研究。"[1]

（一）司法文明指数与国内法治指数的关系

目前中国各地已开展了一些法治评估，如四川法治指数、昆明法治指数、余杭法治指数等，无疑为法治建设积累了一定经验。但是，这些法治评估都存在着评估主体缺乏中立性、指标体系缺乏普适性的问题。例如，余杭法治指数的 9 个一级指标均来源于区委文件，[2] 而且缺少"约束政府权力""腐败遏制""基本权利"等重要的法治指标。[3] 考虑到省、自治区、直辖市只是中华人民共和国的一级行政区域，[4] 客观上存在着法治要素不全的问题，如缺少宪法基本权利等法治要素，若进行法治整体评估会遇到无法克服的困难，因此，选取法治指数的若干一级指标，如法治政府、司法文明等进行专项评估，也许是一个可行途径。

从法治专项评估的角度看，司法文明指数属于一种司法公信力专项评估，它旨在测量现实的司法公信力，提升未来的司法公信力。司法公信力是指"社会公众和当事人对司法的认同程度与信服程度，包括他们对司法判断准确性的信任、对司法裁决公正性的认同，以及对司法执行包括强制执行的支持等"[5]。十八届四中全会《决定》把"保证公正司法，提高司法公信力"作为全面推进依法治国的六大任务之一，在此标题下关于"完善确保依法独立公正行使审判权和检察权的制度"

---

[1] 姚建宗：《法治指数设计的思想维度》，载《光明日报》2013 年 4 月 9 日，第 11 版。
[2] 参见钱弘道：《2011 年余杭法治指数报告》，载《中国司法》2012 年第 11 期。"法治余杭"的 9 个目标来源于 2006 年 2 月 23 日《中共杭州市余杭区委关于建设"法治余杭"的意见》。转引自钱弘道：《余杭法治指数的实验》，载《中国司法》2008 年第 9 期。
[3] 张保生、郑飞：《世界法治指数对中国法治评估的借鉴意义》，载《法制与社会发展》2013 年第 6 期。
[4] 《宪法》第 30 条规定："中华人民共和国的行政区域划分如下：①全国分为省、自治区、直辖市……"
[5] 陈光中、龙宗智：《关于深化司法改革若干问题的思考》，载《中国法学》2013 年第 4 期。

"优化司法职权配置""推进严格司法""保障人民群众参与司法""加强人权司法保障""加强对司法活动的监督"这六个方面，则是提高司法公信力的途径，也是进一步加强司法文明建设的途径。

（二）司法文明指数与世界法治指数的关系

第一，司法文明指数主要受到"世界法治指数"9份年度报告（2010、2011、2012—2013、2014、2015、2016、2017—2018、2019、2020）的启发。"世界法治指数"量化了法治理念，这促使我们思考，也可以量化司法文明概念！不仅如此，司法文明指数的整体设计也参考了"世界法治指数"将抽象法治概念具体化为若干一级、二级指标并转化为问卷题目的体系结构。《世界法治指数2020》的9个维度（一级指标）是：①限制政府权力（Constraints on Government Powers）；②腐败遏制；③开放政府；④基本权利；⑤秩序和安全；⑥监管执法；⑦民事司法；⑧刑事司法；⑨非正式司法。[1]其中，司法的一级指标占了1/3的比重，司法二级指标的比重为17/47，这体现了司法文明在法治文明中的分量。

第二，司法文明指数二级指标的设计，参考了《世界法治指数2020》报告中"指标7：民事司法"和"指标8：刑事司法"的如下二级指标：

指标7 民事司法
    7.1 人民享有民事司法并能承受其费用
    7.2 民事司法不受歧视
    7.3 民事司法远离腐败
    7.4 民事司法不受不适当的政府干预
    7.5 民事司法不受不合理的拖延
    7.6 民事司法得到有效执行
    7.7 非诉讼纠纷解决机制的享有及公正有效

指标8 刑事司法
    8.1 犯罪调查制度有效
    8.2 刑事裁判制度及时有效
    8.3 矫正制度有效减少犯罪行为
    8.4 刑事司法制度具有公正性
    8.5 刑事司法制度远离腐败
    8.6 刑事司法制度不受不适当的政府干预
    8.7 法律正当程序和被告人权利[2]

---

[1] The World Justice Project, *WJP Rule of Law Index 2020*, Washington D. C.：The World Justice Project, pp. 11-12.
[2] The World Justice Project, *WJP Rule of Law Index 2020*, Washington D. C.：The World Justice Project, p. 12.

第二章 司法文明指数设置

一、司法文明指标体系

在"中国司法文明指数"2019 年评估的基础上，2020—2021 年评估办法对指标体系、问卷设计、调查方法等作了如下改进：

◆ 继续保留了前六年指数评估的 10 个一级指标；
◆ 二级指标从最初的 50 个（2014 年）减至 36 个（2015 年）又减至 32 个（2016—2019 年），2020—2021 年继续稳定在 32 个；
◆ 问卷题目从最初的 97 个（2014 年）减至 74 个（2015 年）、70 个（2016 年）、64 个（2017 年），后又调整为 67 个（2018 年、2019 年），2020—2021 年继续稳定在 67 个；
◆ 各类群体中用于指标算分的变量总数从最初的 194 个（2014 年）减至 95 个（2015 年）、91 个（2016 年）、84 个（2017 年），后又调整为 86 个（2018 年、2019 年），2020—2021 年继续稳定在 86 个。

关于 2021—2021 年司法文明指标体系结构，参见下图。

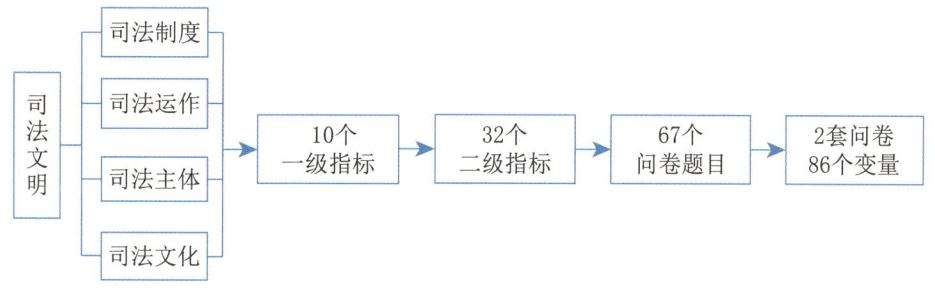

司法文明指标体系结构图（2020—2021 年）

司法文明指数试图通过对全国各地司法文明现状的动态监测，从普通人的视角，调查和评估可能影响人民群众日常生活和诉讼活动的司法文明现状。例如，司法权力在一个地区是否依法、独立、公正行使？当事人是否享有宪法和法律所赋予的诉讼权利？民事诉讼和行政诉讼能否得到及时受理并符合公正等要求？刑事司法程序是否及时、公正、有效？证据裁判原则能否得到贯彻？警察、检察官和法官是否远离腐败，人民群众对这三个群体的总体满意程度如何？公众参与和诉诸司法的意识和程度如何？公众接受司法裁判和现代刑罚理念的意识和程度有多高？这一系列展现司法文明程度的综合指标，以直接调查数据（各省、自治区、直辖市随机抽样的800份问卷对司法文明32个二级指标的评分）为基础，以直观图形显示的方式提供了有价值的信息，反映了人民群众对本地司法文明发展水平的满意度。

2020—2021年司法文明指标体系由如下10个一级指标、32个二级指标组成：

指标 1　司法权力

 1.1　司法权力依法行使

 1.2　司法权力独立行使

 1.3　司法权力公正行使

 1.4　司法权力主体受到信任与认同

 1.5　司法裁判受到信任与认同

指标 2　当事人诉讼权利

 2.1　当事人享有不被强迫自证其罪的权利

 2.2　当事人享有获得辩护、代理的权利

 2.3　当事人享有证据性权利

 2.4　当事人享有获得救济的权利

指标 3　民事司法程序

 3.1　民事审判符合公正要求

 3.2　民事诉讼中的调解自愿、合法

 3.3　民事诉讼裁判得到有效执行

指标 4　刑事司法程序

 4.1　侦查措施及时合法

 4.2　审查起诉公正

 4.3　刑事审判公正及时

指标 5　行政司法程序

 5.1　行政审判符合公正要求

 5.2　行政诉讼裁判得到有效执行

指标 6　证据制度

 6.1　证据裁判原则得到贯彻

 6.2　证据依法得到采纳与排除

 6.3　证明过程得到合理规范

指标 7　司法腐败遏制

 7.1　警察远离腐败

 7.2　检察官远离腐败

 7.3　法官远离腐败

指标 8　法律职业化
　　8.1　法律职业人员获得职业培训
　　8.2　法律职业人员遵守职业伦理规范
　　8.3　法律职业人员享有职业保障

指标 9　司法公开
　　9.1　司法过程依法公开
　　9.2　裁判结果依法公开

指标 10　司法文化
　　10.1　公众参与司法的意识及程度
　　10.2　公众诉诸司法的意识及程度
　　10.3　公众接受司法裁判的意识及程度
　　10.4　公众接受现代刑罚理念的意识及程度

二、司法文明的 4 个领域

（一）司法制度

在中国，司法制度一般是指"司法机关的组织制度以及司法机关与其他相关机关、组织依法进行或者参与诉讼的活动制度的总称，主要包括审判制度、检察制度、侦查制度以及律师制度"[1]。虽然我国司法机关仅包括审判机关和检察机关，但诉讼不仅是指法院审判、检察院公诉和法律监督，还包括律师的辩护活动和侦查机关的侦查活动。因此，可以将司法制度分为司法组织制度和司法程序制度。前者涉及司法机关在国家法律体系中的性质、地位，司法机关的组织、编制、职权等；后者主要指诉讼制度，以及司法机关和相关组织依法定程序，适用实体法、程序法、证据法，处理诉讼案件或者非讼事件所应遵循的准则、程序和制度的总和。十八届四中全会《决定》以"保证公正司法，提高司法公信力"为目标，对司法制度的建设和改革提出了一系列完善国家司法制度的重要举措："完善确保依法独立公正行使审判权和检察权的制度"；"完善司法体制，推动实行审判权和执行权相分离的体制改革试点"；"改革司法机关人财物管理体制，探索实行法院、检察院司法行政事务管理权和审判权、检察权相分离"。

（二）司法运作

司法运作是指"诉讼的常规的、有序的运行程序，包括从诉讼开始到诉讼结束期间所发生的所有行为及事项"[2]。司法运作是一个动态过程，由一系列相互衔接且各自独立的程序组成。[3]例如，刑事诉讼一般分为侦查、起诉、审判三大程序。不同文化背景的国家，其司法运作机制不尽相同。例如，"在职权主义国家，刑事诉讼程序基本上类似于一项官方调查，大部分程序活动是由官员们来推进的。而在当事人主义国家，刑事诉讼程序的原型是一场竞赛或纠纷，诉讼双方在一位相

---

[1] 陈光中等：《中国司法制度的基础理论问题研究》，经济科学出版社 2010 年版，第 17 页。
[2] Bryan A. Garner Editor in Chief, *Black's Law Dictionary*（Ninth Edition），West Publishing Co., 2009, p. 1324.
[3] 参见卞建林等：《中国司法制度基础理论研究》，中国人民公安大学出版社 2013 年版，第 95 页。

对被动的裁判者面前展开竞争，双方当事人主导着大部分的程序性活动。"[1]十八届四中全会《决定》提出的"优化司法职权配置""推进严格司法""推进以审判为中心的诉讼制度改革"，都是促进公正司法运作的重要举措。

（三）司法主体

司法主体是指负责司法权行使的国家机关和个人。我国司法权行使的机关是法院和检察院。《宪法》第128条规定："中华人民共和国人民法院是国家的审判机关。"第131条规定："人民法院依照法律规定独立行使审判权，不受行政机关、社会团体和个人的干涉。"第134条规定："中华人民共和国人民检察院是国家的法律监督机关。"第136条规定："人民检察院依照法律规定独立行使检察权，不受行政机关、社会团体和个人的干涉。"根据上述规定，只有法院和检察院可以代表国家行使司法权，其他任何机关不得行使司法权。

"司法主体"还可分为"司法权主体"和"司法活动主体"。法院、检察院既是司法权主体，也是司法活动主体。法官、检察官是司法活动主体，即"司法权和司法活动行使主体"，但不是司法权主体。[2]

（四）司法文化

司法文化是法律文化的结晶。法律文化是指"在一定社会物质生活条件起决定作用的基础上，国家政权所创制的法律规范、法律制度，以及人们关于法律现象的态度、价值、信念、心理、感情、习惯及理论学说的复合有机体"[3]。司法文化作为法律文化的一个组成部分，可被表述为"在长期的司法活动中逐步形成的一种法律文化形态，主要包括价值观念、思维模式、行为准则、制度规范等表现形式"[4]。

司法文化是人类司法活动中经验智慧的积淀。作为司法文明的外在表现形式，司法文化既有稳定性又有变动性，并呈现出不断进步的趋势。例如，汉高祖刘邦约法三章（"杀人者死，伤人及盗抵罪"）[5]中"杀人偿命"的刑罚理念持续了上千年，在现代却受到诸如"恢复性司法"[6]等新刑罚理念的挑战。又如，《宋刑统》中"不肯实供者，则采取拷掠以取得口供"的规定，[7]受到现代人权司法保障理论的批判。因此，司法文化虽然形成于一定的司法制度并受其制约，但又对司法实践具有塑造作用，它本身也是可改造的。司法理念更新总是司法制度变革的先声，先进司法文化的培育及其为司法主体所接受，往往成为司法文明进步的重要动力。

---

[1] [美]米尔伊安·R.达玛什卡：《司法和国家权力的多种面孔——比较视野中的法律程序》，郑戈译，中国政法大学出版社2004年版，第5页。

[2] 刘作翔：《司法权属性探析》，载《法制日报》2002年9月22日，第3版。

[3] 张文显主编：《法理学》（第4版），高等教育出版社、北京大学出版社2011年版，第325页。

[4] 刘作翔：《作为对象化的法律文化——法律文化的释义之一》，载《法商研究》1998年第4期。

[5] 《史记·高祖本纪》。

[6] 恢复性司法主张摒弃消极的仅仅为惩罚而惩罚的做法，而转向建立一种更加积极的司法方法。参见王平主编：《恢复性司法论坛》（2005年卷），群众出版社2005年版，卷首语第1页。

[7] 张晋藩：《中华法制文明的演进》（修订版），法律出版社2010年版，第543页。

三、司法文明指数一级指标

（一）司法权力

司法权本质上是一种裁判权，但在不同法律体制下其内容有所不同。在普通法体系中，司法权指"法律授予法院和法官通过听审作出有约束力的裁判的权力。这是一种在争端出现时，由法官在事实认定基础上解释并运用法律的权力"[1]。在我国，《宪法》规定了司法权的主体为法院和检察院，司法权力既包括审判权，也包括检察权。根据《刑事诉讼法》的规定，公安机关的侦查权也与司法权力具有密切联系。

联合国《公民权利和政治权利国际公约》第14条第1款规定："在判定对任何人提出的任何刑事指控或确定他在一件诉讼案中的权利和义务时，人人有资格由一个依法设立的合格的、独立的和无偏倚的法庭进行公正的和公开的审讯。"就司法权力而言的司法文明建设，重在五个方面：一是依法设立，并依法予以限制，明确"法无授权不可为"；二是独立行使、不偏不倚，"完善确保依法独立公正行使审判权和检察权的制度"；三是公正、公开，"保证公正司法，提高司法公信力"；四是行使司法权力的主体获得公众的信任与认同；五是行使司法权力的主体作出的裁判获得公众的信任与认同。

（二）当事人诉讼权利

诉讼权利"来自法律程序或者行政程序，其有助于保护或者实施公民的实体性权利"[2]。联合国《公民权利和政治权利国际公约》规定了司法活动尤其是刑事司法活动中当事人享有的诉讼权利，包括"权利平等原则，司法补救，生命权的程序保障，禁止酷刑或施以残忍的、不人道或侮辱性的待遇或刑罚，人身自由和安全的程序保障，对所有被剥夺自由的人应给予人道或尊重人格尊严的待遇，审判独立、公正、公开，无罪推定，辩护权，获得法律援助权，反对强迫自证其罪，复审权，刑事赔偿，一事不再审等"[3]。

对于当事人诉讼权利，应贯彻十八届四中全会《决定》"加强人权司法保障"的要求：①"强化诉讼过程中当事人和其他诉讼参与人的知情权、陈述权、辩护辩论权、申请权、申诉权的制度保障。健全落实罪刑法定、疑罪从无、非法证据排除等法律原则的法律制度。完善对限制人身自由司法措施和侦查手段的司法监督，加强对刑讯逼供和非法取证的源头预防，健全冤假错案有效防范、及时纠正机制。"②"对人民法院依法应该受理的案件，做到有案必立、有诉必理，保障当事人诉权。"③"切实解决执行难……依法保障胜诉当事人及时实现权益。"④"落实终审和诉讼终结制度，实行诉访分离，保障当事人依法行使申诉权利。"⑤"完善对涉及公民人身、财产权益的行政强制措施实行司法监督制度。"

（三）民事司法程序

司法程序是指"任何旨在根据法律或衡平法得出一项命令或判决的程序"[4]。司法程序等同

---

[1] Bryan A. Garner Editor in Chief, *Black's Law Dictionary* (Ninth Edition), West Publishing Co., 2009, p. 924.
[2] Bryan A. Garner Editor in Chief, *Black's Law Dictionary* (Ninth Edition), West Publishing Co., 2009, p. 1437.
[3] 陈光中主编：《刑事诉讼法》（第5版），北京大学出版社、高等教育出版社2013年版，第513~521页。
[4] Bryan A. Garner Editor in Chief, *Black's Law Dictionary* (Ninth Edition), West Publishing Co., 2009, p. 1324.

于广义诉讼程序，即"一方起诉另一方要求行使或保护权利、纠正或阻止错误行为，或者惩罚公共犯罪所适用的程序。……更准确地说，诉讼被定义为任何司法程序，它如果进行到最后将得出一个裁判或判决"[1]。

民事司法程序即民事诉讼程序，"是指民事争议的当事人向人民法院提出诉讼请求，人民法院在双方当事人和其他诉讼参与人的参加下，依法审理和裁判民事争议的程序和制度"[2]。日本学者谷口安平认为，民事诉讼的目的在于"实现个人权利或维护实体私法体系"并"解决纠纷"，它包含正当性、公正性、迅速性和经济效率等诸多价值。[3]江伟教授认为，民事诉讼既包括实体性目的也包括程序性目的，"实体性目的包括保护实体权利和维护法律秩序等，程序性目的则主要是指为当事人提供程序保障，保护当事人的程序权利和程序利益"[4]。《民事诉讼法》第2条规定了民事诉讼的任务："保护当事人行使诉讼权利，保证人民法院查明事实，分清是非，正确适用法律，及时审理民事案件，确认民事权利义务关系，制裁民事违法行为，保护当事人的合法权益，教育公民自觉遵守法律，维护社会秩序、经济秩序，保障社会主义建设事业顺利进行"。

（四）刑事司法程序

刑事司法程序的核心是刑事诉讼程序，即国家专门机关在当事人及其他诉讼参与人的参加下，依照法律规定的程序，解决被追诉人刑事责任的活动。从本质上看，刑事诉讼"属于国家的司法活动"[5]，其目的是"保证刑法的正确实施"。为此，应当坚持以庭审为中心，充分发挥庭审功能，全面提高庭审质量。

十八届四中全会《决定》对完善刑事司法程序提出如下要求：①"加强人权司法保障"，"健全落实罪刑法定、疑罪从无、非法证据排除等法律原则的法律制度。完善对限制人身自由司法措施和侦查手段的司法监督，加强对刑讯逼供和非法取证的源头预防，健全冤假错案有效防范、及时纠正机制。"②"推进以审判为中心的诉讼制度改革，确保侦查、审查起诉的案件事实证据经得起法律的检验。全面贯彻证据裁判规则，严格依法收集、固定、保存、审查、运用证据，完善证人、鉴定人出庭制度，保证庭审在查明事实、认定证据、保护诉权、公正裁判中发挥决定性作用。"

（五）行政司法程序

行政司法程序即行政诉讼程序，是"以诉讼的方式解决行政争议的制度的总称"[6]。行政诉讼程序的功能在于，针对行政行为侵犯个人合法权益的情况提供终局、权威的救济途径。"在我国，行政诉讼是指行政相对人与行政主体在行政法律关系领域发生纠纷后，依法向人民法院提起诉讼，人民法院依法定程序审查行政主体的行政行为的合法性，并判断相对人的主张是否妥当，以作出裁判的一种活动。"[7]

---

[1] Bryan A. Garner Editor in Chief, *Black's Law Dictionary* (Ninth Edition), West Publishing Co., 2009, p. 1324.
[2] 张卫平：《民事诉讼法》（第3版），法律出版社2013年版，第5页。
[3] ［日］谷口安平：《程序的正义与诉讼》，王亚新、刘荣军译，中国政法大学出版社1996年版，第40~53页。
[4] 江伟、刘学在：《中国民事诉讼理论体系的阐释与重塑》，载樊崇义主编：《诉讼法学研究》（第5卷），中国检察出版社2003年版，第88页。
[5] 陈光中主编：《刑事诉讼法》（第6版），北京大学出版社、高等教育出版社2016年版，第1页。
[6] 翁岳生编：《行政法》，中国法制出版社2002年版，第1311页。
[7] 姜明安主编：《行政法与行政诉讼法》（第2版），北京大学出版社、高等教育出版社2005年版，第444页。

"当事人在行政诉讼中的法律地位是平等的,当事人有平等的诉讼权利和诉讼义务。"[1]《行政诉讼法》第1条规定,行政诉讼法的目的是:"为保证人民法院公正、及时审理行政案件,解决行政争议,保护公民、法人和其他组织的合法权益,监督行政机关依法行使职权"。行政司法程序的功能包括:①"纠正行政机关在执法阶段的违法行为,平衡执法阶段行政机关与相对一方因明显不对等的法律地位造成的巨大反差";②"通过对行政权的控制来实现对人权的保障",这主要是通过对行政行为进行司法审查来实现的;③提供社会公正的功能,这"是通过行政诉讼程序本身公正和法院裁判公正来实现的"。[2]

十八届四中全会《决定》对行政司法提出的主要任务包括:①"强化对行政权力的制约和监督";②"完善行政诉讼体制机制,合理调整行政诉讼案件管辖制度,切实解决行政诉讼立案难、审理难、执行难等突出问题";③"完善对涉及公民人身、财产权益的行政强制措施实行司法监督制度"。

(六) 证据制度

"证据制度是司法裁判过程中运用证据认定事实的法律制度,是证据规则和判例等有效性规范的总和。"[3]证据制度作为司法文明的重要标志,经历了古代神示证据制度、中世纪法定证据制度和近现代自由心证证据制度三个大的历史阶段。现代证据制度是法治的基石。"惟在法治社会之定分止争,首以证据为正义之基础……认定事实,每为适用法律之前提。因而产生各种证据法则,遂为认事用法之所本。"[4]审判过程分为事实认定和法律适用两个阶段,准确认定事实是正确适用法律的前提,也是实现司法公正的前提。证据法作为规制事实认定的法律规范,具有促进事实真相发现和维护重要社会价值的功能。我国证据制度的发育目前还不够健全,不仅证据规则缺乏理论体系,在司法实践中法官、检察官、律师和警察的证据意识也比较淡薄。因此,从完善证据制度入手提升司法公信力,是加强司法文明建设的重要途径。

(七) 司法腐败遏制

腐败作为人类文明之大敌,其突出特征是"滥用公职以谋取私人收益"[5]。《联合国反腐败公约》第8条("公职人员行为守则")第1款明确规定,各缔约国应"根据本国法律制度的基本原则,在本国公职人员中特别提倡廉正、诚实和尽责"。司法腐败作为公权力腐败的一种表现形式,主要是指司法官员滥用司法权力以谋取私人收益。与其他形式的腐败相比,司法腐败"杜绝了人民的权利与自由受侵犯时的最终救济手段,冤无处伸,理无处讲,社会完全丧失对国家、政府、对党的信任感与凝聚力,人心背离,社会动荡"[6]。如培根所言,司法腐败的危害性在于它"把水源败坏了"[7]。故一个国家或地区遏制司法腐败的程度及效果,直接反映了其司法系统有序运行的

---

[1] 姜明安主编:《行政法与行政诉讼法》(第2版),北京大学出版社、高等教育出版社2005年版,第456页。
[2] 姜明安主编:《行政法与行政诉讼法》(第2版),北京大学出版社、高等教育出版社2005年版,第446~447页。
[3] 张保生主编:《证据法学》(第2版),中国政法大学出版社2014年版,第48页。
[4] 李学灯:《证据法比较研究》,五南图书出版公司1992年版,序。
[5] Poverty Reduction and Economic Management, The World Bank, *Helping Countries Combat Corruption: The Role of the World Bank*, September 1997, p. 8.
[6] 郭道晖:《实行司法独立与遏制司法腐败》,载《法律科学》1999年第1期。
[7] [英] 弗·培根:《论司法》,载《培根论说文集》,水天同译,商务印书馆1983年版,第193页。

可能及限度，是司法文明的重要指标。中国正处于社会转型时期，司法腐败已成为社会各界关注的焦点，它对司法公信力具有直接破坏作用。因此，十八届四中全会《决定》针对"群众对执法司法不公和腐败问题反映强烈"的问题提出明确要求："对司法领域的腐败零容忍，坚决清除害群之马"。

（八）法律职业化

司法是一项专门性活动，司法公正的实现离不开高素质的法律职业群体，而该群体的职业化则是高素质法律职业群体成长的途径。波斯纳说："职业的标志是这样一种信念，即这是一个相当有公共意义的工作岗位，从事这一工作要求有非常高的专业的甚至是深奥的知识，这种知识只有通过专门的正式教育或某种精细监管的学徒制才能够获得。"[1]所谓职业化，就是指通过一系列职业生产、准入和训练等举措来控制行业队伍从而实现这一职业目标的过程。[2]

法律职业化可分为三个方面：①法律职业主体的适格性。这主要通过两条途径来建立，一是建立完善的职业准入条件，这是确保职业人员高素质的前提条件；二是建立完善的职业培训体系，让准入之后的职业人员在其职业生涯中依然能够获得持续的继续教育，这是职业人员高素质养成的基本手段。②遵守职业伦理规范。这是法律职业群体特别是司法权力主体具有高素质和良好形象的基本保障，通过制定司法行为准则或职业伦理规范以及相应的惩戒措施，以及法律职业人员的自律和自治，来实现对司法职业"产品"质量和职业形象的有效控制。③职业保障措施的完善。职业保障措施是法律职业人员可以恰当地开展职业活动、完成职业使命的基本保障。法律职业人员处理的是社会法律事务，往往要直面纠纷各方，介入纷繁复杂的利益纠葛当中。在这一过程中，法律职业人员常常要面临职业风险，面对各种利益诱惑和职业利益冲突。完善的职业保障措施有助于保障法律职业队伍的稳定和相对自主性。

十八届四中全会《决定》在法律职业化及其保障方面提出的措施包括：①"推进法治专门队伍正规化、专业化、职业化，提高职业素养和专业水平。完善法律职业准入制度，健全国家统一法律职业资格考试制度，建立法律职业人员统一职前培训制度。"②"建立从符合条件的律师、法学专家中招录立法工作者、法官、检察官制度，畅通具备条件的军队转业干部进入法治专门队伍的通道，健全从政法专业毕业生中招录人才的规范便捷机制。"③"加快建立符合职业特点的法治工作人员管理制度，完善职业保障体系，建立法官、检察官、人民警察专业职务序列及工资制度。"④"建立法官、检察官逐级遴选制度。初任法官、检察官由高级人民法院、省级人民检察院统一招录，一律在基层法院、检察院任职。上级人民法院、人民检察院的法官、检察官一般从下一级人民法院、人民检察院的优秀法官、检察官中遴选。"⑤"建立健全司法人员履行法定职责保护机制。非因法定事由，非经法定程序，不得将法官、检察官调离、辞退或者作出免职、降级等处分。"

（九）司法公开

法谚云："正义不仅应得到实现，而且应以看得见的方式实现"。以看得见的方式实现正义，即司法机关应将司法活动的过程和结果向社会公开。根据最高人民法院《关于司法公开的六项规定》，

---

[1] [美] 理查德·A. 波斯纳：《道德与法律理论的疑问》，苏力译，中国政法大学出版社 2001 年版，第 216~217 页。
[2] [美] 理查德·L. 埃贝尔：《美国律师》，张元元、张国峰译，中国政法大学出版社 2009 年版，第 24~25 页。

司法公开包括六项内容：立案公开、庭审公开、执行公开、听证公开、文书公开和审务公开。[1]由此可以看出，司法公开不仅是结果依法公开，更要求过程依法公开，这样才能实现"看得见的正义"。

司法公开或透明度增强具有两个功能：一是可使司法权力在阳光下运行，有效地防止司法腐败；二是可使司法机关更好地接受公众监督，有效地消除公众对司法的质疑，最终赢得公众对司法的信任与认同。最高人民法院2015年《中国法院的司法公开》白皮书指出："司法公开是促进司法公正、保障司法廉洁、提升司法水平的重要手段，是落实宪法法律原则、保障公民诉讼权利、展示现代法治文明的题中之义，是全面推进依法治国、加快建设法治中国的必然要求。"[2]

十八届四中全会《决定》明确提出："构建开放、动态、透明、便民的阳光司法机制，推进审判公开、检务公开、警务公开、狱务公开，依法及时公开执法司法依据、程序、流程、结果和生效法律文书，杜绝暗箱操作。加强法律文书释法说理，建立生效法律文书统一上网和公开查询制度。"

（十）司法文化

如前所述，司法文化是人类司法文明的历史积淀，是社会法律文化的有机组成部分。在不同历史时期和社会制度中，司法文化都反映了公众对司法制度及其司法公信力的认识、评价和期待。这种认识、评价和期待在为司法体制运行提供社会环境和文化观念的同时，又反过来影响司法效力和司法制度的进步。

司法文化有多个层面，它可以指司法机关的法律文化，比如"人民法院在长期审判实践和管理活动中逐步形成的共同的价值观念、行为方式、制度规范以及相关物质表现的总称，是中国特色社会主义先进文化的重要组成部分，是社会主义法治文化的重要内容"[3]。从另一个层面看，司法文化更是人民群众的法律文化，例如，公众对参与司法的态度，公众诉诸司法的意识和程度，公众对司法裁判的接受程度，公众对现代刑罚理念的接受程度，等等。可以说，司法文化是一个国家司法文明的显示器，它以无形的力量深刻影响着司法制度和司法实践的发展，也对司法公信力起着重要的支撑作用。随着人类司法文明的不断发展，司法文化也在不断变动更新，成为我们进行法治建设和司法改革的重要推动力量或制约因素。因此，法治文明和司法文明建设都离不开理性司法文化的基础培育。

四、司法文明指数二级指标

指标1　司法权力

1.1　司法权力依法行使

司法权力依法行使，是指法定的司法权行使主体依照法律赋予的职权和法定程序行使权力；一旦在行使司法权力的过程中出现违法行为，就应承担相应的法律后果，这是公法领域合法性原则的

---

[1]《最高人民法院印发〈关于司法公开的六项规定〉和〈关于人民法院接受新闻媒体舆论监督的若干规定〉的通知》，法发〔2009〕58号。

[2] 最高人民法院：《中国法院的司法公开》，人民法院出版社2015年版，第1页。

[3] 最高人民法院《关于进一步加强人民法院文化建设的意见》，法发〔2010〕31号。

具体体现。依法行使权力是对司法权行使主体的有效制约，其目的是防止司法权滥用、保障当事人和其他诉讼参与人的基本权利。从司法权力依法行使的要求来说，法律应当对司法权行使主体、范围、程序、方式，以及违法行使权力的后果等问题作出明确规定。

司法权力依法行使，在我国主要体现为《宪法》《人民法院组织法》《人民检察院组织法》以及三大诉讼法中关于"人民法院依照法律规定独立行使审判权""人民检察院依照法律规定独立行使检察权"的规定，遵循"法无授权不可为"的原则，防止司法权的滥用。十八届四中全会《决定》强调人民法院、人民检察院依法行使审判权、检察权的制度性要求包括：①完善主审法官、合议庭、主任检察官、主办侦查员办案责任制，落实谁办案谁负责。②明确各类司法人员工作职责、工作流程、工作标准，实行办案质量终身负责制和错案责任倒查问责制。③依法规范司法人员与当事人、律师、特殊关系人、中介组织的接触、交往行为。严禁司法人员私下接触当事人及律师、泄露或者为其打探案情、接受吃请或者收受其财物、为律师介绍代理和辩护业务等违法违纪行为，坚决惩治司法掮客行为，防止利益输送。

1.2 司法权力独立行使

根据联合国《关于司法机关独立的基本原则》第1、2、4条的规定，司法权独立行使的含义包括：①"各国应保证司法机关的独立，并将此项原则正式载入其本国的宪法或法律之中。尊重并遵守司法机关的独立，是各国政府机构及其他机构的职责。"②"司法机关应不偏不倚、以事实为根据并依法律规定来裁决其所受理的案件，而不应有任何约束，也不应为任何直接间接不当影响、怂恿、压力、威胁或干涉所左右，不论其来自何方或出于何种理由。"③"不应对司法程序进行任何不适当或无根据的干涉；法院作出的司法裁决也不应加以修改。此项原则不影响由有关当局根据法律对司法机关的判决所进行的司法检查或采取的减罪或减刑措施。"

司法权力独立行使，在我国主要体现为《宪法》《人民法院组织法》《人民检察院组织法》以及三大诉讼法中的规定："人民法院依照法律规定独立行使审判权"，"人民检察院依照法律规定独立行使检察权"，"不受行政机关、社会团体和个人的干涉"。其中，审判权独立行使是司法权力独立行使的核心内容，它旨在确保法院审判权的公正行使，防止法官的审判过程和结果受到来自其他权力主体或外界力量的干涉和影响。为了确保法官独立行使司法裁判权，必须建立必要的保障机制，包括法院的外部独立、法院的内部独立、法官的身份独立、法官的职业特权，以及法官的职业伦理准则等。[1]

十八届四中全会《决定》对司法机关独立行使职权的要求包括：①各级党政机关和领导干部要支持法院、检察院依法独立公正行使职权。②建立领导干部干预司法活动、插手具体案件处理的记录、通报和责任追究制度。任何党政机关和领导干部都不得让司法机关做违反法定职责、有碍司法公正的事情，任何司法机关都不得执行党政机关和领导干部违法干预司法活动的要求。对干预司法机关办案的，给予党纪政纪处分；造成冤假错案或者其他严重后果的，依法追究刑事责任。③建立健全司法人员履行法定职责保护机制。非因法定事由，非经法定程序，不得将法官、检察官调离、辞退或者作出免职、降级等处分。④改革司法机关人财物管理体制，探索实行法院、检察院司法行政事务管理权和审判权、检察权相分离。⑤明确司法机关内部各层级权限，健全内部监督制约机制。司法机关内部人员不得违反规定干预其他人员正在办理的案件，建立司法机关内部人员过问案

---

[1] 陈光中主编：《刑事诉讼法》（第5版），北京大学出版社、高等教育出版社2013年版，第97~98页。

件的记录制度和责任追究制度。

1.3 司法权力公正行使

"正义是社会制度的首要价值。"[1]联合国《关于司法机关独立的基本原则》第6条规定,"司法机关独立的原则授权并要求司法机关确保司法程序公平进行以及各当事方的权利得到尊重。"十八届四中全会《决定》指出:"公正是法治的生命线。司法公正对社会公正具有重要引领作用,司法不公对社会公正具有致命破坏作用。"

司法权力公正行使包括实体公正和程序公正。实体公正是指,司法机关的裁判具有事实和法律依据,定罪或归责准确,适用法律适当,作出公正的裁判;程序公正是指,三大诉讼程序的设置和运行符合程序正义的要求,能够保障当事人的合法权益,确保司法权力的行使受到合理制约。我国三大诉讼法中有一系列关于司法权力公正行使的规定。例如,《刑事诉讼法》第2条规定"保证准确、及时地查明犯罪事实,正确应用法律"是刑事诉讼法的任务,从实体公正的角度对司法权力的公正行使提出了要求;第14条关于"保障犯罪嫌疑人、被告人和其他诉讼参与人依法享有的辩护权和其他诉讼权利"的规定,则从保障当事人基本权利的角度,体现了程序公正要求。

十八届四中全会《决定》在"保证公正司法,提高司法公信力"的标题下,对司法权力公正行使提出了一系列要求:①完善确保依法独立公正行使审判权和检察权的制度;②优化司法职权配置;③推进严格司法;④保障人民群众参与司法;⑤加强人权司法保障;⑥加强对司法活动的监督。

1.4 司法权力主体受到信任与认同

司法权力主体受到信任与认同,是司法公信力的重要指征。严格说来,我国司法权力主体是指法官、检察官,但参与刑事诉讼取证的公安机关侦查人员也可包括在内。他们的整体形象、行为举止,都可影响司法权力主体受到公众信任与认同的程度。例如,"法官的品质左右人们对法律的感情。因此,法官的品质必须是世俗世界里最高尚的品质。法官的司法行为不仅是个案正义的判断行为,同时也是实现法律理念的意志行为。"[2]司法权力主体要受到信任与认同,关键是要将公正作为自己的职业人格。例如,"当一个有权势的人与一个没有权势的人发生纠纷时,前者很自然地试图运用他的权势来影响纠纷的结果"[3],而法官、检察官不能成为权势的仆人或自己欲望的奴仆。"社会公众对当代中国法官形象的认知,将影响到其对法官职业活动的判断、评价,并会从对法官的印象上升到对司法的信念。因此,现代法官形象塑造不是一个简单的'面子工程',而是关系到法治建设成败与否、民众对司法信任程度的实实在在的大问题。"[4]

1.5 司法裁判受到信任与认同

司法裁判受到信任与认同包括两个方面:一是司法过程受到信任与认同,二是裁判结果受到信任与认同。

首先,司法过程受到信任与认同,主要是建立在司法过程符合程序公正的基础之上。如果法庭审判不符合程序公正,甚至公开"走过场",就会导致证据不足、事实不清,不仅会侵害当事人的

---

[1] [美]约翰·罗尔斯:《正义论》,何怀宏、何包钢、廖申白译,中国社会科学出版社1988年版,第1页。
[2] 江帆:《法治与法官》,载《南方周末》1998年12月11日,第5版。
[3] [美]波斯纳:《法理学问题》,苏力译,中国政法大学出版社1994年版,第8页。
[4] 胡道才:《当代中国法官形象塑造的四点建议》,载《人民法院报》2012年8月22日,第5版。

合法权益，影响案件的公正审判，更有损人民法院的司法公信力。十八届四中全会《决定》强调，"坚持以事实为根据、以法律为准绳，健全事实认定符合客观真相、办案结果符合实体公正、办案过程符合程序公正的法律制度。"

其次，裁判结果受到信任与认同，主要指裁判结果的可接受性。哈贝马斯指出："凡是根据合法程序而获得法律效力的，就被当作法律——而且，尽管法律上存在着废止的可能性，它暂时是具有法律效力的。但是，要充分说明这种法律规则的意义，只有同时诉诸这样两个方面：一方面是社会或事实的有效性，即得到接受，另一方面是法律的合法性或规范有效性，即合理的可接受性。"[1] 由此看来，司法裁判结果的可接受性，是一种基于正当理由的可接受性。提升裁判结果可接受性的路径包括三个方面：一是借由司法过程和裁判结果的公开来提升裁判结果的可接受性。二是通过增强司法过程的可接受性来促进裁判结果的可接受性。三是通过加强裁判文书的说理，包括事实认定的说理和法律适用的说理，来增强裁判结果的可接受性。十八届四中全会《决定》也强调，"加强法律文书释法说理"，以增强裁判结果的可接受性，"努力让人民群众在每一个司法案件中感受到公平正义。"

指标2　当事人诉讼权利

2.1　当事人享有不被强迫自证其罪的权利

在刑事诉讼中，当事人享有不被强迫自证其罪的权利。《公民权利和政治权利国际公约》第14条第3款规定："在判定对他提出的任何刑事指控时，人人完全平等地有资格享受以下的最低限度的保证：……（庚）不被强迫作不利于他自己的证言或强迫承认犯罪。"世界上许多国家将不被强迫自证其罪作为一项宪法性权利加以规定，例如，美国宪法第五修正案规定："任何人……不得被强迫在任何刑事诉讼中作为反对他自己的证人"；《日本宪法》第38条规定："不得强制任何人作不利于本人的陈述"。

我国《刑事诉讼法》规定了"不得强迫任何人证实自己有罪"（第52条），还规定了保障该权利的若干具体制度，例如，保障被告人辩护权；对被羁押在看守所内的犯罪嫌疑人、被告人的讯问，应当在看守所内进行，保障犯罪嫌疑人和被告人供述的自愿性；确立了非法证据排除规则。但上述"不得强迫任何人证实自己有罪"的规定与"不得自证其罪的权利"（right against self-incrimination）还有一定差距。该权利的完整含义，一是"不得强迫任何人证实自己有罪"，二是不得强迫任何人证实自己无罪。"在诉讼中，原则上应当由控诉方提供证据来证明其所指控的犯罪事实成立，被告人在诉讼中不承担证明自己无罪的责任，既然如此，被告人也就没有义务在针对其进行的查找证据的活动中予以合作，他可以在诉讼过程中保持沉默，也可以明确表示拒绝陈述，即被告人在诉讼中享有反对强迫自证其罪的特权或者说沉默权，不得强迫被告人陈述与案情有关的事实，不能因为被告人保持沉默或拒绝陈述就认定其有罪或得出对其不利的结论。"[2] 尊重不被强迫自证无罪的权利，确立刑事被告人的沉默权，是中国司法文明建设的一个努力方向。

2.2　当事人享有获得辩护、代理的权利

辩护，"是指刑事诉讼中被告人及其辩护人在事实上和法律上为论证对被告人有利的理由而进

---

[1]〔德〕哈贝马斯：《在事实与规范之间：关于法律和民主法治国的商谈理论》，童世骏译，生活·读书·新知三联书店2003年版，第35~36页。
[2] 卞建林主编：《刑事诉讼法学》，科学出版社2008年版，第72页。

行的诉讼活动"[1]。代理，是指代理人接受委托，以被代理人的名义参加诉讼，由被代理人承担代理行为的法律后果的一项诉讼活动。获得辩护、代理的权利是当事人享有的基本诉讼权利。"美国宪法第六修正案和第十四修正案规定，对于重罪、可判处监禁刑的轻罪以及青少年犯罪的刑事被告人，如果因经济上的困难无力聘请私人律师，则法院应为其指定律师，使其享有获得律师辩护的权利，这是一项宪法性权利。"[2]

《宪法》第130条规定："被告人有权获得辩护。"《刑事诉讼法》第14条第1款规定："人民法院、人民检察院和公安机关应当保障犯罪嫌疑人、被告人和其他诉讼参与人依法享有的辩护权和其他诉讼权利"，并在总则第四章对辩护和代理问题专门作出规定。《民事诉讼法》第52条第1款规定："当事人有权委托代理人"。《行政诉讼法》第31条第1款规定："当事人、法定代理人，可以委托一至二人作为诉讼代理人。"

十八届四中全会《决定》在"加强人权司法保障"的标题下，对保障当事人享有辩护、代理的权利提出两点要求：①"强化诉讼过程中当事人和其他诉讼参与人的……辩护辩论权……的制度保障。" ②"保障当事人依法行使申诉权利。对不服司法机关生效裁判、决定的申诉，逐步实行由律师代理制度。对聘不起律师的申诉人，纳入法律援助范围"。

2.3 当事人享有证据性权利

所谓证据性权利，是指当事人享有的与证据问题相关的权利，主要包括取证权、举证权、质证权。对于当事人享有的证据性权利，尤其是质证权，在国外法律和国际公约中有明确的规定。[3]美国宪法第六修正案规定："在所有的刑事诉讼当中，被告人有权……与对己不利的证人进行对质。"在德国，对质已不局限于被告人与证人之间，《德国刑事诉讼法典》第58条第2款规定："证言相互矛盾的几个证人，可以使之互相对质。"《公民权利和政治权利国际公约》第14条第3款规定："在判定对他提出的任何刑事指控时，人人完全平等地有资格享受以下的最低限度的保证：……（戊）讯问或业已讯问对他不利的证人，并使对他有利的证人在与对他不利的证人相同的条件下出庭和受讯问。"当事人享有的取证权、举证权和质证权，在我国主要体现为《刑事诉讼法》《民事诉讼法》《行政诉讼法》中的相关规定。

关于取证权，《民事诉讼法》第52条第1、2款规定："当事人有权委托代理人，提出回避申请，收集、提供证据，进行辩论，请求调解，提起上诉，申请执行。当事人可以查阅本案有关材料，并可以复制本案有关材料和法律文书。"

关于举证权，《民事诉讼法》第67条第1、2款规定："当事人对自己提出的主张，有责任提供证据。当事人及其诉讼代理人因客观原因不能自行收集的证据，或者人民法院认为审理案件需要的证据，人民法院应当调查收集。"《行政诉讼法》第34条第1款规定："被告对作出的行政行为负有举证责任，应当提供作出该行政行为的证据和所依据的规范性文件。"

关于质证权，《刑事诉讼法》第61条规定："证人证言必须在法庭上经过公诉人、被害人和被告人、辩护人双方质证并且查实以后，才能作为定案的根据。"《民事诉讼法》第71条和《行政诉

---

[1]《中国大百科全书》（法学），中国大百科全书出版社1992年版，第23页。

[2] Bryan A. Garner Editor in Chief, *Black's Law Dictionary* (Ninth Edition), West Publishing Co., 2009, p.1440. 薛波主编：《元照英美法词典》，法律出版社2003年版，第1203~1204页。

[3]〔美〕约翰·亨利·威格莫尔：《论普通法审判中的证据制度》。转引自〔美〕罗纳德·J. 艾伦等：《证据法：文本、问题和案例》，张保生、王进喜、赵滢译，满运龙校，高等教育出版社2006年版，第114页。

讼法》第43条第1款都规定："证据应当在法庭上出示，并由当事人互相质证。"当事人的质证权包括交叉询问和对质两种权利。

十八届四中全会《决定》对当事人证据权利加以保障的相关规定包括：①"严格依法收集、固定、保存、审查、运用证据，完善证人、鉴定人出庭制度"；②强化诉讼过程中当事人和其他诉讼参与人的陈述权、辩护辩论权的制度保障。

2.4 当事人享有获得救济的权利

法律语境中的救济是指"纠正、矫正或者改正已发生的不当行为或业已造成损害或损失的行为"[1]。"由法院提供的救济被称为司法救济。"[2]获得救济是当事人享有的一项基本诉讼权利，这包括：①当事人受到伤害、损害后，享有向法院提起诉讼的权利；②当法院作出判决后，如果当事人不服，其享有提出上诉或者申请再审的权利。

《世界人权宣言》第8条规定："任何人当宪法或法律所赋予他的基本权利遭受侵害时，有权由合格的国家法庭对这种侵害行为作有效的补救。"《公民权利和政治权利国际公约》第2条第3款要求缔约国承担下列义务："①保证任何一个公约所承认的权利或自由被侵犯的人，能得到有效的救济；②保证由合格的司法、行政或立法当局或由国家法律制度规定的任何其他合格当局断定其在这方面的权利，并发展司法补救的可能性；③保证这种补救确能付诸实施。"

《刑事诉讼法》第110条第2款规定："被害人对侵犯其人身、财产权利的犯罪事实或者犯罪嫌疑人，有权向公安机关、人民检察院或者人民法院报案或者控告。"《民事诉讼法》第126条规定："对符合本法第122条的起诉，必须受理。……原告对裁定不服的，可以提起上诉。"《行政诉讼法》第52条规定："人民法院既不立案，又不作出不予立案裁定的，当事人可以向上一级人民法院起诉。"十八届四中全会《决定》提出："强化诉讼过程中当事人……申请权、申诉权的制度保障。"这是对当事人享有获得救济的权利的具体要求。

指标3 民事司法程序

3.1 民事审判符合公正要求

民事审判应当符合公正要求，包括实体公正和程序公正。十八届四中全会《决定》提出："推进严格司法。坚持以事实为根据、以法律为准绳，健全事实认定符合客观真相、办案结果符合实体公正、办案过程符合程序公正的法律制度。"这里，通过准确的事实认定和正确的法律适用来实现正义，就是对实体公正的要求；"办案过程符合程序公正"，则是对程序公正的要求。

民事审判的程序公正，特别要求"法官必须认真听取双方当事人各自的主张及辩论并仅仅依据事实和法规作出裁判，等等"[3]。因为民事诉讼是解决私人纠纷的法律活动，其程序的公正性最为重要的体现就是法官的中立性，即法官能否在双方当事人之间不偏不倚、恪守中立。"解决争执者应保持中立。人们不应充当审理他们自己的案件的法官；法官或陪审团不应偏心。"[4]美国学者戈尔丁（Golding）论述了这种中立性的三项原则：①与自身有关系的人不应成为该案的法官；②案件

---

[1] 薛波主编：《元照英美法词典》，法律出版社2003年版，第1177页。
[2] Bryan A. Garner Editor in Chief, *Black's Law Dictionary* (Ninth Edition), West Publishing Co., 2009, p. 1408.
[3] [日]谷口安平：《程序的正义与诉讼》，王亚新、刘荣军译，中国政法大学出版社1996年版，第91页。
[4] [美]迈克尔·D.贝勒斯：《法律的原则——一个规范的分析》，张文显等译，中国大百科全书出版社1996年版，第36页。

处理的结果中不应包含纠纷解决者的个人利益；③纠纷解决者不应有支持或者反对某一方的偏见。[1]

3.2 民事诉讼中的调解自愿、合法

在民事诉讼中，调解是指双方当事人在审判人员的主持下，在平等协商的基础上，对他们之间的民事权益争议合意解决的诉讼活动和方式。《民事诉讼法》第9条规定："人民法院审理民事案件，应当根据自愿和合法的原则进行调解；调解不成的，应当及时判决。"所谓调解自愿原则，是指是否进行调解、调解协议的内容如何都要以双方当事人真实的意愿为前提；法院和法官不能违背当事人的真实意愿而坚持"调解优先"，强制或变相强制当事人接受调解。《民事诉讼法》第96条规定："人民法院审理民事案件，根据当事人自愿的原则，在事实清楚的基础上，分清是非，进行调解。"第99条规定："调解达成协议，必须双方自愿，不得强迫。调解协议的内容不得违反法律规定。"这确立了调解合法原则。

在法治社会，法院依照法律解决社会争端的审判活动，具有理性、公正与和平的特点。在法庭上，争端各方向中立的裁判者提出证据，证明自己的事实主张；法院根据证据裁判原则认定事实，因而使法院判决具有可接受性，使争端得到终局性解决。从调解自愿、合法的要求看，它与判决的效力不同。对于调解而言，调解不成或者反悔是一种常态，其效力具有一定的暂时性；判决则没有不成或反悔的问题，因而具有终局性。因此，《民事诉讼法》第102条规定："调解未达成协议或者调解书送达前一方反悔的，人民法院应当及时判决。"法院不能不尽判决义务，一味追求高调解率而损害当事人的合法权益，不能把调解当作解决争端的最后手段。

3.3 民事诉讼裁判得到有效执行

民事诉讼裁判能否得到有效执行，反映了法院生效裁判的权威性、实效性，决定了受到侵害的民事法律关系能否得以恢复。"及时性"是衡量有效执行的一个重要指标。《民事诉讼法》第三编"执行程序"分四章共35条对民事诉讼裁判的有效执行作了系统规定，包括执行主体、执行的申请和移送、执行措施、执行中止和终结等。针对执行机构消极不执行的行为，《民事诉讼法》第233条规定当事人可以申请变更执行法院："人民法院自收到申请执行书之日起超过6个月未执行的，申请执行人可以向上一级人民法院申请执行。上一级人民法院经审查，可以责令原人民法院在一定期限内执行，也可以决定由本院执行或者指令其他人民法院执行。"

十八届四中全会《决定》对执行程序提出的要求是："切实解决执行难，制定强制执行法，规范查封、扣押、冻结、处理涉案财物的司法程序。加快建立失信被执行人信用监督、威慑和惩戒法律制度。依法保障胜诉当事人及时实现权益。"

指标4 刑事司法程序

4.1 侦查措施及时合法

侦查是刑事诉讼的基础，也是起诉和审判活动的重要保障，它是公安机关、人民检察院依照法律进行的收集证据、查明案情的工作和有关的强制性措施，其主要任务是收集证据和查获犯罪嫌疑人。[2]侦查措施及时合法是指，公安机关、人民检察院对于已经立案的刑事案件，应当及时收集、

---

[1] [美]戈尔丁：《法律哲学》，齐海滨译，三联书店1987年版，第240页。
[2] 陈光中主编：《刑事诉讼法》（第6版），北京大学出版社、高等教育出版社2016年版，第286页。

调取犯罪嫌疑人有罪或无罪的证据；同时，侦查权的行使应当受到严格约束，严格按照法定的诉讼程序和要求进行，不得侵害犯罪嫌疑人的合法权利，以实现打击犯罪和保障人权的双重目的。

侦查措施及时合法的要求是：

（1）侦查机关收集证据要迅速、及时。在很多情况下，收集证据和查获犯罪嫌疑人的时机稍纵即逝，侦查机关的任何迟疑都会给侦查破案造成无法弥补的损失。

（2）侦查程序要合法，即侦查机关或部门要严格按照法定程序收集证据和采取强制性措施。所谓法定程序，首先是宪法确定的程序，即《宪法》第37条第2、3款的规定："任何公民，非经人民检察院批准或者决定或者人民法院决定，并由公安机关执行，不受逮捕。禁止非法拘禁和以其他方法非法剥夺或者限制公民的人身自由，禁止非法搜查公民的身体。"其次是刑事诉讼法规定的程序，如《刑事诉讼法》第52条规定："严禁刑讯逼供和以威胁、引诱、欺骗以及其他非法方法收集证据，不得强迫任何人证实自己有罪。"

（3）侦查机关要严格遵守法定期间，严禁超期羁押或者变相羁押犯罪嫌疑人。如《刑事诉讼法》第119条第3款规定："不得以连续传唤、拘传的形式变相拘禁犯罪嫌疑人。传唤、拘传犯罪嫌疑人，应当保证犯罪嫌疑人的饮食和必要的休息时间。"

4.2 审查起诉公正

刑事犯罪通常由检察官代表国家提起指控，实施国家追诉制度，即"国家追诉主义"，一些国家甚至实行起诉独占原则，即"公诉垄断主义"。[1]我国实行以公诉为主、自诉为辅的刑事起诉制度，即除少数自诉案件外，大多数刑事案件都由检察院向法院提起公诉。

审查起诉公正的要求是：

（1）检察官负有"客观义务"。联合国《关于检察官作用的准则》第13条规定，检察官在履行职责时，应当"保证公众利益，按照客观标准行事，适当考虑到嫌疑犯和受害者的立场，并注意到一切有关情况，无论对嫌疑犯有利还是不利"。《刑事诉讼法》第171条规定："人民检察院审查案件的时候，必须查明：①犯罪事实、情节是否清楚，证据是否确实、充分，犯罪性质和罪名的认定是否正确；②有无遗漏罪行和其他应当追究刑事责任的人；③是否属于不应追究刑事责任的；④有无附带民事诉讼；⑤侦查活动是否合法。"

（2）严守提起公诉的标准。对于犯罪嫌疑人没有犯罪事实，或者依法不应当追究刑事责任的，应当作出不起诉的决定。尤其重要的是，对于证据不足，不符合起诉条件的，人民检察院应按照疑罪从无的原则，依法作出不起诉决定。

（3）正确使用起诉裁量权。对于犯罪情节轻微，依照刑法规定不需要判处刑罚处罚或者免予刑罚处罚的，即使案件符合起诉条件，也应当权衡各种因素，包括对犯罪嫌疑人的年龄、犯罪动机和目的、犯罪手段、危害后果、悔罪表现等进行综合考量，如果认为不起诉比起诉对国家和社会更为有利，就应当作出不起诉的决定。

（4）应当加强对违法侦查取证行为的监督与处理。人民检察院应当审查侦查活动是否符合法定程序，有无刑讯逼供和以威胁、引诱、欺骗以及其他非法方法收集证据的情况，对于非法取得的证据应当依法予以排除，不得作为提起公诉决定的依据。

---

[1] 樊崇义主编：《刑事诉讼法学》（第3版），中国政法大学出版社2013年版，第452~453页。

4.3 刑事审判公正及时

公正审判包括审判程序公正和审判结果公正。其中，审判程序公正包括程序参与、审判中立、程序对等、程序理性、程序自治、程序及时和终结等。[1]《公民权利和政治权利国际公约》第14条第1款规定："在判定对任何人提出的任何刑事指控或确定他在一件诉讼案中的权利和义务时，人人有资格由一个依法设立的合格的、独立的和无偏倚的法庭进行公正的和公开的审讯。"刑事审判符合公正要求，既有利于保障无辜的人不受到刑事追究，又有利于保障对犯罪的人进行公正的惩罚，为人权提供有力的司法保障。

为使刑事审判符合公正要求，《刑事诉讼法》第238条规定："第二审人民法院发现第一审人民法院的审理有下列违反法律规定的诉讼程序的情形之一的，应当裁定撤销原判，发回原审人民法院重新审判：①违反本法有关公开审判的规定的；②违反回避制度的；③剥夺或者限制了当事人的法定诉讼权利，可能影响公正审判的；④审判组织的组成不合法的；⑤其他违反法律规定的诉讼程序，可能影响公正审判的。"对于公正审判，十八届四中全会《决定》提出："必须完善司法管理体制和司法权力运行机制，规范司法行为，加强对司法活动的监督，努力让人民群众在每一个司法案件中感受到公平正义。"为此，应当推进以审判为中心的诉讼制度改革，全面贯彻证据裁判规则，保证庭审在查明事实、认定证据、保护诉权、公正裁判中发挥决定性作用；还要完善人民陪审员制度，保障人民群众参与司法。最高人民法院《关于全面深化人民法院改革的意见》也提出，建立中国特色社会主义审判权力运行体系，推动完善确保人民法院依法独立公正行使审判权的各项制度，优化司法环境，树立司法权威，强化职业保障，提高司法公信力。

审判及时，要求审判活动在保障程序合法的前提下快速推进，不得无故拖延；同时，审判程序的设计应当符合经济原则，实现司法资源的合理分配。为此，应当贯彻落实认罪认罚从宽制度，健全轻微刑事案件快速办理机制，实施刑事案件速裁程序。

指标5　行政司法程序

5.1　行政审判符合公正要求

行政诉讼的突出特点是：原告是私人主体（个人或组织），被告是行政主体（行政机关或法律授权的组织），原告和被告之间在社会地位和诉讼力量上的悬殊很可能导致其诉讼地位不平等。因此，行政审判的公正性旨在扭转当事人之间实际上不平等的法律关系。

行政审判的公正性要求主要体现在以下方面：

（1）被告承担证明责任的倒置原则。《行政诉讼法》第34条第2款规定："被告不提供或者无正当理由逾期提供证据，视为没有相应证据。"该规定的法治意义在于，行政诉讼奉行与民事诉讼"谁主张，谁举证"不同的"证明责任倒置"原则，由被告承担其具体行政行为合法的证明责任，否则，法院应当"认定被诉具体行政行为没有相应的证据"[2]。这意味着，只有当被告证明具体行政行为合法时才能胜诉，否则应该承担败诉后果。这旨在激励行政机关依法行政。

（2）原告提供证据的权利。《行政诉讼法》第37条规定："原告可以提供证明行政行为违法的证据。"由于原告提供证据是一项权利而非义务，所以，其一，原告不是只能消极等待被告举证不

---

[1] 参见陈瑞华：《刑事审判原理论》，北京大学出版社2003年版，第54页。
[2] 胡建淼主编：《行政诉讼法学》，法律出版社2004年版，第158~160页。

能的后果,而是可以主动提供证据,通过证明被告行政行为违法而获得胜诉。其二,有权举证既然是一项"权利",权利主体便可放弃该权利。原告放弃举证,或者,如该条进一步强调的:"原告提供的证据不成立的,不免除被告的举证责任。"

(3) 十八届四中全会《决定》对行政审判公正性提出的要求包括:"健全行政机关依法出庭应诉、支持法院受理行政案件……的制度。""加强对司法活动的监督。完善检察机关行使监督权的法律制度,加强对……行政诉讼的法律监督。"

5.2 行政诉讼裁判得到有效执行

行政诉讼的生效裁判应当得到当事人的尊重并被有效执行,这体现了行政司法裁判的终局性。除法定事由(如法官渎职或受贿)外,一旦作出生效的行政诉讼裁判,就意味着纠纷得到了最终解决。任何机关、团体、个人都不得推翻法院的生效判决,尤其是作为被告方的政府机关更应当尊重判决的效力。联合国《关于司法机关独立的基本原则》第4条规定:"不应对司法程序进行任何不适当或无根据的干涉,法院作出的司法裁决也不应加以修改"。

由于行政诉讼双方力量上的差异,行政诉讼的裁判尤其应当得到被告方即政府机关的尊重与执行。对此,《行政诉讼法》第94条规定:"当事人必须履行人民法院发生法律效力的判决、裁定、调解书。"第95条规定:"公民、法人或者其他组织拒绝履行判决、裁定、调解书的,行政机关或者第三人可以向第一审人民法院申请强制执行,或者由行政机关依法强制执行。"十八届四中全会《决定》要求:"健全行政机关……尊重并执行法院生效裁判的制度。完善惩戒妨碍司法机关依法行使职权、拒不执行生效裁判和决定、藐视法庭权威等违法犯罪行为的法律规定。"

指标6 证据制度

6.1 证据裁判原则得到贯彻

"证据裁判,是指对于案件争议事项的认定,应当依据证据。"[1]"无证据,不能认定案件事实。"[2]许多国家的法律都明文规定了证据裁判原则。例如,《德国刑事诉讼法典》第427条第2款规定:"法官只能以提交审理并经过双方辩论的证据为依据作出判决。"《日本刑事诉讼法》第317条规定:"认定事实,应当依据证据。"我国《刑事诉讼法》第55条规定:"对一切案件的判处都要重证据,重调查研究,不轻信口供。"这是证据裁判原则的实质体现,但更准确的表述是"两院三部"2010年《死刑案件证据规定》第2条:"认定案件事实,必须以证据为根据。"法治社会理性的证据裁判制度,使国家司法机关和法官摆脱了反复无常和任性的支配,司法权的公正行使以证据为依据,公民靠证据制度来维护自己的合法权益。"确立证据裁判原则的意义在于:它否定了历史上的神明裁判、刑讯逼供等非理性的事实认定方法,是刑事诉讼文明进步的表现。"[3]十八届四中全会《决定》提出:"全面贯彻证据裁判规则,严格依法收集、固定、保存、审查、运用证据,完善证人、鉴定人出庭制度,保证庭审在查明事实、认定证据、保护诉权、公正裁判中发挥决定性作用。"

全面贯彻证据裁判原则的要求是:①严格依法收集、固定、保存、审查、运用证据。②完善证

---

[1] 陈光中主编:《中华人民共和国刑事证据法专家拟制稿(条文、释义与论证)》,中国法制出版社2004年版,第127页。
[2] 参见江伟主编:《中国证据法草案(建议稿)及立法理由书》,中国人民大学出版社2004年版,第1页。
[3] 陈光中主编:《中华人民共和国刑事证据法专家拟制稿(条文、释义与论证)》,中国法制出版社2004年版,第128页。

人、鉴定人出庭制度，保证庭审在查明事实、认定证据、保护诉权、公正裁判中发挥决定性作用。③公安司法人员具有证据裁判意识并掌握证据裁判的主要技能。这包括：侦查人员合法收集证据；实物证据在法庭上出示，由提取者、制作者和保管者进行辨认鉴真；证人出庭作证并接受质证；律师运用证据规则为委托人进行有效辩护，维护当事人的诉讼权利；法官熟谙证据法原理，运用证据规则组织法庭举证、质证。

6.2 证据依法得到采纳与排除

证据采纳与排除是证据法的典型内容。在各国司法实践中，法官都是证据裁判主体，其司法权的运用主要是"在举证、质证和认证程序中，有权依法采纳和排除特定证据"[1]。对于法官依法采纳和排除证据有以下要求：

（1）采纳证据的条件：一是必要条件，没有相关性的证据不可采纳。二是其他条件，主要包括公正、和谐与效率等价值。在审判实践中，除了立法上的证据排除规则及其例外，从法官司法自由裁量权的角度，"可以把剩余的大多数证据规则分为以下三类：以其具有超过证明价值的不公正的偏见影响为由，证明排除证据之正当性的规则；为了防止过分拖延或耗费时间，而指示或反映成本效益分析的规则；以及反映被视为超越以查明真相为目的的外部政策方面的规则。"[2]

（2）证据排除的目的：一是"求真"，如排除不相关的证据，就是为了提高事实认定的准确性。二是"求善"，如为了保障程序公正和人权，排除诸如非法证据等可能产生不公正偏见的相关证据；又如为了促进社会和谐，设立不得用以证明过错和责任的证据规则、作证特免权规则等。

（3）法官采纳和排除证据的自由裁量权，应当受"错误认证后果"的证据规则限制，如果作出影响当事人实质权利的错误认证，可成为当事人上诉和检察院抗诉，以及二审发回重审的主要理由。[3]此外，最高人民法院《民事诉讼证据规定》第97条第1款规定："人民法院应当在裁判文书中阐明证据是否采纳的理由。"

6.3 证明过程得到合理规范

事实认定包括证明和认证两个部分。[4]证明是指诉讼当事人或控辩双方向事实认定者提供证据的活动，主要由举证和质证组成。举证是提出证据来支持其主张的证明活动，包括实物证据的出示和言词证据的提出。根据直接言词原则，直接询问是举证的主要形式，交叉询问和对质是质证的主要形式。法官作为审判活动的主持者和事实认定者，必须熟练运用证据规则来规范诉讼双方的证明过程，对诉讼双方提出的证据作出采纳和排除的裁定。只有合理规范证明过程，才能保证诉讼双方受到公正对待，保证裁判结果的公正性、正当性和可接受性。

十八届四中全会《决定》对证明过程得到合理规范的要求是："全面贯彻证据裁判规则，严格依法收集、固定、保存、审查、运用证据，完善证人、鉴定人出庭制度，保证庭审在查明事实、认定证据、保护诉权、公正裁判中发挥决定性作用。"

---

[1] 张保生：《审判中心与证据裁判》，载《光明日报》2014年11月5日，理论版。
[2] [美]特伦斯·安德森、[美]戴维·舒姆、[英]威廉·特文宁：《证据分析》，张保生等译，中国人民大学出版社2012年版，第112页。
[3] 参见陈光中主编：《中华人民共和国刑事证据法专家拟制稿（条文、释义与论证）》，中国法制出版社2004年版，第609页。他认为："二审程序只是一种救济程序，这里的救济包括对一审法院对证据错误裁定的救济，其中但书更包括对被告人不利的证据裁定错误的审理。"
[4] 张保生主编：《证据法学》（第2版），中国政法大学出版社2014年版，第359页。

指标 7　司法腐败遏制

7.1　警察远离腐败

警察是国家惩戒违法恶行、维护社会秩序的暴力机器，也最可能因权力扩张及职权滥用而损害民权，故保障警察队伍的纯净廉洁是文明执法的重要保证。在刑事诉讼中，警察掌控多数案件的立案及侦查权。因此，警察在履行职责过程中能否廉洁办案、秉公执法，直接影响社会秩序及后续的诉讼活动。《警察法》第 22 条关于警察廉洁履职的若干禁止性规定包括："……⑥敲诈勒索或者索取、收受贿赂；……⑧违法实施处罚或者收取费用；⑨接受当事人及其代理人的请客送礼；……" 2015 年，公安部《公安机关内部人员干预、插手案件办理的记录、通报和责任追究规定》《公安机关涉案财物管理若干规定》都对遏制警察腐败作了具体规定。

7.2　检察官远离腐败

在刑事诉讼中，检察院是唯一有权提起公诉的国家机关，还是法律监督机关，因此，检察官的廉洁状况集中反映出一个国家和地区的司法文明程度。《检察官法》第 47 条关于检察官廉洁履职的若干禁止性规定包括："①贪污受贿……；……⑦利用职权为自己或者他人谋取私利的；⑧接受当事人及其代理人利益输送，或者违反有关规定会见当事人及其代理人的；⑨违反有关规定从事或者参与营利性活动，在企业或者其他营利性组织中兼任职务的；……" 最高人民检察院 2013 年《关于加强和改进新形势下检察队伍建设的意见》提出："加强自身反腐倡廉。……健全反腐倡廉长效机制……始终保持对自身腐败问题的'零容忍'，坚决查处关系案、人情案、金钱案和执法不公、司法腐败案件"。最高人民检察院《关于深化检察改革的意见（2013—2017 年工作规划）》，将"强化纪检监察、检务督察"作为五年重点改革任务，强调"加快完善检察机关自身惩治和预防腐败体系"。2015 年，最高人民检察院《人民检察院刑事诉讼涉案财物管理规定》《最高人民检察院职务犯罪侦查工作八项禁令》都对检察人员的公正廉洁、远离腐败提出了明确要求。

7.3　法官远离腐败

法官作为最狭义的司法官员，其廉洁公正是司法文明最重要的指标。《法官法》第 5 条规定，法官应"清正廉明"；第 46 条关于法官廉洁履职的若干禁止性规定包括："①贪污受贿……；……⑦利用职权为自己或者他人谋取私利的；⑧接受当事人及其代理人利益输送，或者违反有关规定会见当事人及其代理人的；⑨违反有关规定从事或者参与营利性活动，在企业或者其他营利性组织中兼任职务的；……" 2014 年，最高人民法院《人民法院贯彻落实〈建立健全惩治和预防腐败体系 2013—2017 年工作规划〉的实施办法》要求：以"零容忍"的态度查处司法腐败案件，把查处法院领导干部贪污受贿、权钱交易、失职渎职案件和审判执行人员徇私舞弊、枉法裁判、以案谋私案件作为查案工作的重点，尤其要严肃查处利用司法潜规则获取不义之财以及在办案法官与案件当事人之间充当诉讼掮客的法院干警，坚决遏制关系案、人情案、金钱案。2015 年，最高人民法院《人民法院落实〈司法机关内部人员过问案件的记录和责任追究规定〉的实施办法》规定，对法院领导及内部人员干预案件办理的现象予以严肃整治。法官腐败并非单纯的道德和监督问题，还有司法体制及政治体制方面的原因。准确评估法官远离腐败的程度，不仅对测量一个国家和地区的司法文明程度极为重要，也可为司法改革措施的出台提供重要的参考性数据。

指标 8 法律职业化

8.1 法律职业人员获得职业培训

法律职业的一个特征在于其成员本身的较高素质要求，这种较高素质主要表现在两个方面：一是高超的职业技能，二是高尚的职业道德要求。法律职业群体的职业技能需要经过长期训练才能获得。为此，各个国家通常会为法律职业群体设置比较高的准入门槛，这种准入门槛包括多个方面的要求，如国籍、年龄、是否通过职业资格考试等。其中，职业资格考试是一个重要的体现。比如说，日本 20 世纪 60—90 年代，职业资格考试通过率一度维持在 2% 左右。韩国的司法考试通过率也基本维持在同样的水平。我国最近十年司法考试（法律职业资格考试）通过率一般维持在 10%~20%。较高的准入门槛是保障法律职业群体高素质的一个前提条件。

我国法律对于法律职业群体的准入门槛有着明确的规定。《法官法》第 12 条第 1 款第 7 项规定："初任法官应当通过国家统一法律职业资格考试取得法律职业资格。"第 14 条第 1 款规定："初任法官采用考试、考核的办法，按照德才兼备的标准，从具备法官条件的人员中择优提出人选。"《检察官法》第 12 条第 1 款第 7 项规定："初任检察官应当通过国家统一法律职业资格考试取得法律职业资格。"第 14 条第 1 款规定："初任检察官采用考试、考核的办法，按照德才兼备的标准，从具备检察官条件的人员中择优提出人选。"《律师法》第 5 条第 1 款规定："申请律师执业，应当具备下列条件：①拥护中华人民共和国宪法；②通过国家统一法律职业资格考试取得法律职业资格；③在律师事务所实习满 1 年；④品行良好。"可见，在我国，无论是法官、检察官还是律师，都设置了较高的职业准入门槛。

国家不仅为法律职业设置了较高门槛，而且还要求进入职业门槛后的法律职业人员通过不断培训，来确保自身具备行使相应法律职责的基本技能和法律知识，这是世界各国对法律职业人员的通行要求。联合国 1990 年《关于律师作用的基本原则》第 9 条规定，各国政府、律师专业组织和教育机构应确保律师受过适当教育和培训。美、德、法、日等国目前已建立起相对完善的法律职业培训体系，对法律职业人员进行定期培训。在日本，司法研修所中的一个分支是法官研究分部，承担新任命法官和任职第 3、5、10 年及以上法官的研修工作。在美国，无论对联邦法官还是州法官都有系统的培训要求，联邦法院法官主要由联邦司法中心负责组织培训，州一级最著名的司法培训中心是位于内华达州雷诺市的国家司法学院（National Judicial College）。[1]

我国有关法律明确规定，各类法律职业人员均有获得职业培训的权利。例如，《法官法》第 31 条第 1 款规定，对法官应当有计划地进行政治、理论和业务培训。第 32 条规定，法官培训情况，作为法官任职、等级晋升的依据之一。第 33 条规定，法官培训机构按照有关规定承担培训法官的任务。《检察官法》第 32~34 条也作了类似规定。根据《律师法》第 46 条的规定，律师协会应当履行组织律师业务培训的职责。《警察法》第 29 条规定，对人民警察有计划地进行政治思想、法制、警察业务等教育培训。

8.2 法律职业人员遵守职业伦理规范

职业伦理又称职业道德，是指"某一职业的全体从业人员应普遍遵循，并被有关职业组织采纳

---

[1] 美国、英国、德国、法国等国家对法官的培训状况，参见最高人民法院中国应用法学研究所编、韩苏琳编译：《美英德法四国司法制度概况》，人民法院出版社 2008 年版，第 52、294、363、447 页。

为其职业规范的行为准则，违反者将受到执业纪律的惩戒"[1]。法律职业伦理规范的一般要求，涉及作为法律共同体成员的法官、检察官、警察和律师，即要求其在执业活动或行使职权的过程中，坚持公平正义理念，遵守相应的道德规范和法律规范。对于律师而言，主要是遵守律师职业的伦理规范；对于作为司法公权力主体的法官、检察官和警察而言，法律职业规范对他们有更高的要求，即应遵守公正、廉洁的要求。例如，《马萨诸塞州司法行为准则》就是专门针对法官的职业行为准则。"准则1：法官应该维持和促进司法的独立、廉正和公正，并应该避免不当行为和表见不当行为。""准则2：法官应该公正、称职、勤勉地履行司法机关的职责。""准则3：法官从事其个人和法庭职权外活动，应尽力降低该类活动与司法机关义务之间冲突的风险。""准则4：法官应该避免参加与司法独立、廉正和公正相悖的政治活动。"[2]

法律职业伦理规范是法律职业实现自我规范的重要手段，也是法律职业区别于其他普通行业的一个重要标志。[3] 法律职业人员遵守法律职业伦理规范的状况，是反映各地司法文明程度的重要数据。我国现有《法官职业道德基本准则》《检察官职业道德基本准则》《律师执业行为规范（试行）》等法律职业伦理规范，但在司法实践中还存在许多违反法律职业伦理规范的问题。十八届四中全会《决定》针对"执法司法不规范、不严格、不透明、不文明现象较为突出，群众对执法司法不公和腐败问题反映强烈"的问题提出如下要求："依法规范司法人员与当事人、律师、特殊关系人、中介组织的接触、交往行为。严禁司法人员私下接触当事人及律师、泄露或者为其打探案情、接受吃请或者收受其财物、为律师介绍代理和辩护业务等违法违纪行为，坚决惩治司法掮客行为，防止利益输送。"

8.3 法律职业人员享有职业保障

法律职业保障是独立司法的必要条件。法律职业保障可分为三个层次：第一个层次是职业安全保障，法律职业人员不能因为从事某一职业活动而使人身安全遭到侵害，这是一个底线性保障。许多法治发达国家都确立了相应的法律职业责任豁免制度，使其无需担心自己的职业行为和言论遭到追究。第二个层次是物质条件保障，包括职业待遇保障和职业活动条件保障。后者保障法律职业人员从事法律职业活动的办公条件和办案环境；前者可使法律职业人员秉承法律公正司法，而不因生活困顿而无法坚守法律职业人员应有的立场。《美国宪法》第3条规定，法官在任职期间薪资不得降低。汉密尔顿说："最有助于维护法官独立者，除使法官职务固定外，莫过于使其薪俸固定。就人类天性之一般情况而言，对某人的生活有控制权，等于对其意志有控制权。在任何置司法人员的财源于立法机关的不时施舍之下的制度中，司法权与立法权的分立将永远无从实现。"[4] 第三个层次是职业尊荣保障，法律职业应该享有崇高的职业声誉，法律职业人员应该具有崇高的荣誉感，这是司法取信于民的重要条件。

我国法律职业保障制度已初步建立。例如，《法官法》第11条规定，法官享有下列权利：①履行法官职责应当具有的职权和工作条件；②非因法定事由、非经法定程序，不被调离、免职、降职、辞退或者处分；③履行法官职责应当享有的职业保障和福利待遇；④人身、财产和住所安全受

---

[1] 薛波主编：《元照英美法词典》，法律出版社2003年版，第1103页。
[2] 参见《马萨诸塞州司法行为准则》，张保生等译，满运龙审校，中国政法大学出版社2016年版，第5~13页。
[3] [美] 德博拉·L. 罗德、小杰弗瑞·海泽德：《律师的职业责任与规制》（第2版），中国人民大学出版社2013年版，第3页。
[4] [美] 汉密尔顿、杰伊、麦迪逊：《联邦党人文集》，程逢如等译，商务印书馆1980年版，第396页。

法律保护；⑤提出申诉或者控告；⑥法律规定的其他权利。《检察官法》第 11 条也有类似的规定。一些地区的法官、检察官进行员额制改革，希望从薪酬等方面提升其待遇。但现实中，法官、检察官因薪酬待遇、工作压力、职业尊严等原因而离职的现象越来越多。[1] 律师因《刑法》第 306 条律师伪证罪而身陷囹圄的现象也不少见。因此，完善法律职业保障体系，解决法律职业人员在工作压力、职业薪资、职业发展空间和人员流动等方面的问题，是推进法律职业人员职业化的重要任务。

十八届四中全会《决定》提出：①"加快建立符合职业特点的法治工作人员管理制度，完善职业保障体系，建立法官、检察官、人民警察专业职务序列及工资制度。"②"建立法官、检察官逐级遴选制度。初任法官、检察官由高级人民法院、省级人民检察院统一招录，一律在基层法院、检察院任职。上级人民法院、人民检察院的法官、检察官一般从下一级人民法院、人民检察院的优秀法官、检察官中遴选。"③"建立健全司法人员履行法定职责保护机制。非因法定事由，非经法定程序，不得将法官、检察官调离、辞退或者作出免职、降级等处分。"

指标 9 司法公开

9.1 司法过程依法公开

司法过程依法公开，旨在限制司法权恣意和保障当事人诉讼权利。司法"过程本身的直观公正对社会整体会产生正当化效果"[2]。"没有（司法过程的）公开性，其他一切制约都无能力。和（司法过程的）公开性相比，其他各种制约是小巫见大巫。"[3] 司法公开不仅是结果依法公开，更要求过程依法公开，尤其是庭审的实质公开，这样才能实现"看得见的正义"。当然，司法过程的公开不是绝对的，如果涉及个人隐私、商业秘密、国家秘密等，司法过程将不予公开。

《公民权利和政治权利国际公约》第 14 条将"法庭进行公正的和公开的审讯"确定为司法的一般原则，其例外只包括："由于民主社会中的道德的、公共秩序的或国家安全的理由，或当诉讼当事人的私生活的利益有此需要时，或在特殊情况下法庭认为公开审判会损害司法利益因而严格需要的限度下，可不使记者和公众出席全部或部分审判；但对刑事案件或法律诉讼的任何判刑决应公开宣布，除非少年的利益另有要求或者诉讼系有关儿童监护权的婚姻争端。"

十八届四中全会《决定》明确提出："构建开放、动态、透明、便民的阳光司法机制，推进审判公开、检务公开、警务公开、狱务公开，依法及时公开执法司法依据、程序、流程、结果和生效法律文书，杜绝暗箱操作。"

9.2 裁判结果依法公开

根据我国三大诉讼法的有关规定，相对于过程的相对公开而言，裁判结果一般采取绝对公开的方式。根据最高人民法院《关于司法公开的六项规定》，文书公开和执行公开（中的执行裁判文书公开）指的就是司法活动的结果依法公开。根据十八届四中全会《决定》关于"依法及时公开执法司法依据、程序、流程、结果和生效法律文书，杜绝暗箱操作。加强法律文书释法说理，建立生效法律文书统一上网和公开查询制度"的要求，裁判结果依法公开包括：①形式公开，即生效裁判

---

[1] 彭波：《健全职业保障制度 让基层司法人员不再流失》，载《人民日报》2014 年 7 月 30 日，第 17 版。
[2] 张文显主编：《法理学》（第 4 版），高等教育出版社、北京大学出版社 2011 年版，第 142 页。
[3] 王名扬：《美国行政法》，中国法制出版社 1995 年版，第 433 页。

文书的公开宣判、统一上网和公开查询制度。"裁判文书是人民法院审判工作的最终产品，是承载全部诉讼活动、实现定分止争、体现司法水平的重要载体。"[1]②实质公开，即证据采纳与排除的理由公开，以及诉辩双方意见采纳与否的理由公开。

指标10 司法文化

10.1 公众参与司法的意识及程度

公众参与司法是司法民主的重要内容之一。公众参与司法的途径多种多样，包括旁听法庭审判、担任人民陪审员和人民监督员、出庭作证等方式。我国三大诉讼法均规定，人民法院审判第一审案件，可以由审判员和人民陪审员共同组成合议庭；人民陪审员在审判时与审判员拥有同等的权利。"人民陪审员制度是我国司法民主的标志性制度，其设置主要有四项目的：赋予人民参与国家管理的权力，体现和实践司法的人民性；促进司法民主，防止司法专横；发挥人民陪审员在社会阅历、专业知识等方面的独特优势，丰富法官在审查案件事实、适用法律中的思维和判断，促进司法公正；增强司法透明度，强化人民群众对司法活动的监督。"[2]2003年，人民检察院开始设立人民监督员，人民检察院直接受理侦查的案件拟作出逮捕或不起诉决定的，均须提交人民监督员进行审议，接受其监督。

十八届四中全会《决定》提出："坚持人民司法为人民，依靠人民推进公正司法，通过公正司法维护人民权益。在司法调解、司法听证、涉诉信访等司法活动中保障人民群众参与。完善人民陪审员制度，保障公民陪审权利，扩大参审范围，完善随机抽选方式，提高人民陪审制度公信度。逐步实行人民陪审员不再审理法律适用问题，只参与审理事实认定问题。"

10.2 公众诉诸司法的意识及程度

公众诉诸司法的意识及程度是现代司法文明的重要体现。司法"程序使当事人不可能发生激烈的外部对抗和冲突，既然选择了（司法）程序，也就抛弃了野蛮和无序，选择了文明和有序"[3]。因此，公众诉诸司法的意识及程度体现了现代理性人对争端解决方式的理性选择，它在一定程度上表征一个国家或地区的司法文化的先进程度。

十八届四中全会《决定》提出："强化法律在维护群众权益、化解社会矛盾中的权威地位，引导和支持人们理性表达诉求、依法维护权益，解决好群众最关心最直接最现实的利益问题。""健全社会矛盾纠纷预防化解机制，完善调解、仲裁、行政裁决、行政复议、诉讼等有机衔接、相互协调的多元化纠纷解决机制。"

10.3 公众接受司法裁判的意识及程度

"司法应能定分止争，否则裁而不断、缠讼不止，矛盾纠纷不能解决，社会关系不能稳定，司法的权威也无从建立。"[4]司法权威建立在公众对司法裁判的自觉接受之司法文化基础上，只有公众自己接受司法裁判，才能充分发挥司法定分止争、案结事了的功能。特别是当法院的民事案件审判程序没问题，但判决结果令人不满时，人们对司法裁判的接受意识及程度反映了公众对司法的信

---

[1] 最高人民法院：《中国法院的司法公开》，人民法院出版社2015年版，第8页。
[2] 韩玉芬：《坚持司法民主，全力推进人民陪审员制度》，载《人民法院报》2013年1月16日，第5版。
[3] 张文显主编：《法理学》（第4版），高等教育出版社、北京大学出版社2011年版，第136页。
[4] 陈光中、龙宗智：《关于深化司法改革若干问题的思考》，载《中国法学》2013年第4期。

任程度。因为，正当程序"使蒙受不利结果的当事人不得不接受该结果的作用，这不是来自决定内容的'正确'或'没有错误'等实体理由，而是从程序过程本身的公正性、合理性中产生出来。……这种由过程的正当证明结果的正当是法治的合理性所在"[1]。因此，当程序正当但公众对实体结果不满意时，公众对司法裁判的接受程度反映了司法文明的程度。

10.4 公众接受现代刑罚理念的意识及程度

根据现代刑罚理念，"刑罚的目的仅仅在于：阻止罪犯再重新侵害公民，并规诫其他人不要再重蹈覆辙。因而，刑罚和实施刑罚的方式应该经过仔细推敲，一旦建立了对应关系，它会给人以一种更有效、更持久、更少摧残犯人躯体的印象。"因此，古代的"报应刑""报复性司法"观念，已逐渐为现代的"教育刑""恢复性司法"观念所取代，一些国家在逐渐废除死刑（或通过立法完全废除死刑，或减少适用死刑的罪名，或通过严格的司法程序限制死刑的适用以达到最终废除死刑的目的，等等），即使保留死刑，也倾向于尽量采用痛苦程度较小的注射方式执行。同时，基于人权保障和人道主义理念，现代司法文明也反对在公共场所举行公捕、公判大会等有辱犯罪嫌疑人、被告人或罪犯人格的形式。因此，公众对强调人权和人道主义的现代刑罚理念和方法的认识和接受，反映了司法文化趋向文明的程度。

五、司法文明指数问卷题目和变量

司法文明指数的 10 个一级指标，进一步分解为 32 个二级指标，继续分解为 67 个问卷题目，其分布情况参见下表。

司法文明指数 67 个问卷题目分布情况

1. 司法权力	▶ 5 个二级指标/13 个问题
2. 当事人诉讼权利	▶ 4 个二级指标/9 个问题
3. 民事司法程序	▶ 3 个二级指标/4 个问题
4. 刑事司法程序	▶ 3 个二级指标/8 个问题
5. 行政司法程序	▶ 2 个二级指标/2 个问题
6. 证据制度	▶ 3 个二级指标/8 个问题
7. 司法腐败遏制	▶ 3 个二级指标/6 个问题
8. 法律职业化	▶ 3 个二级指标/9 个问题
9. 司法公开	▶ 2 个二级指标/3 个问题
10. 司法文化	▶ 4 个二级指标/5 个问题

67 个问卷题目在职业卷和公众卷两套问卷中的分布，形成 86 个变量，这些变量来自公众卷（每个省、自治区、直辖市 600 个调查对象）和职业卷（每个省、自治区、直辖市 200 个调查对象）的评估，成为 32 个二级指标得分的最终影响因素。参见下表：

---

[1] 张文显主编：《法理学》（第 4 版），高等教育出版社、北京大学出版社 2011 年版，第 142 页。

2020—2021年司法文明指数86个变量在2套问卷中的分布情况

二级指标	序号	问卷题目	职业卷（ZY）	公众卷（GZ）	变量
1.1 司法权力依法行使	1	在您所在地区，法院依法行使审判权的可能性有多大？	Q12		1
	2	在您所在地区，对于被批准逮捕后不再具有社会危险性的犯罪嫌疑人，检察机关依法予以变更或者解除逮捕措施的可能性有多大？	Q22		1
1.2 司法权力独立行使	3	在您所在地区，法官办案受到本院领导干涉的可能性有多大？	Q8		1
	4	在您所在地区，法院办案受到党政机关干涉的可能性有多大？	Q9.1		1
	5	在您所在地区，检察院办案受到党政机关干涉的可能性有多大？	Q9.2		1
1.3 司法权力公正行使	6	在您所在地区，法院公正办案的可能性有多大？	Q10.1		1
	7	在您所在地区，检察院公正办案的可能性有多大？	Q10.2		1
	8	在您所在地区，公安机关公正办案的可能性有多大？	Q10.3		1
1.4 司法权力主体受到信任与认同	9	您对自己所在地区法官队伍的总体满意程度如何？	Q31.1	Q4.1	2
	10	您对自己所在地区检察官队伍的总体满意程度如何？	Q31.2	Q4.2	2
	11	您对自己所在地区警察队伍的总体满意程度如何？	Q31.3	Q4.3	2
1.5 司法裁判受到信任与认同	12	在您所在地区，法庭审判过程公正的可能性有多大？	Q33.1	Q6.1	2
	13	在您所在地区，案件判决结果公正的可能性有多大？	Q33.2	Q6.2	2
2.1 当事人享有不被强迫自证其罪的权利	14	在您所在地区的侦查讯问中，警察要求犯罪嫌疑人自证其罪的可能性有多大？	Q17		1
2.2 当事人享有获得辩护、代理的权利	15	在您所在地区，律师行使辩护权得到保障的可能性有多大？	Q18		1
	16	在您所在地区，被告人如果请不起律师，他/她得到免费法律援助的可能性有多大？		Q13	1
	17	在您所在地区，律师被追究"律师伪证罪"的可能性有多大？	Q4.3		1
	18	在您所在地区，律师办案过程中被公检法人员羞辱的可能性有多大？	Q4.4		1

续表

二级指标	序 号	问卷题目	职业卷（ZY）	公众卷（GZ）	变 量
2.3 当事人享有证据性权利	19	在您所在地区的刑事审判中，如果被告人要求证人出庭作证，法官传唤该证人出庭作证的可能性有多大？	Q19		1
2.4 当事人享有获得救济的权利	20	在您所在地区，对确有错误的民事案件生效判决，法院启动再审程序予以纠正的可能性有多大？	Q26.1		1
	21	在您所在地区，对确有错误的刑事案件生效判决，法院启动再审程序予以纠正的可能性有多大？	Q26.2		1
	22	在您所在地区，对确有错误的行政案件生效判决，法院启动再审程序予以纠正的可能性有多大？	Q26.3		1
3.1 民事审判符合公正要求	23	在您所在地区，法院对民事诉讼中贫富不同的当事人"不偏不倚"的可能性有多大？	Q11.1		1
	24	在您所在地区，贫富不同的当事人受到法院平等对待的可能性有多大？		Q11	1
3.2 民事诉讼中的调解自愿、合法	25	在您所在地区的民事诉讼中，法官强迫或变相强迫当事人接受调解的可能性有多大？	Q20	Q15	2
3.3 民事诉讼裁判得到有效执行	26	在您所在地区，民事案件生效判决得到有效执行的可能性有多大？	Q21.1	Q16.1	2
4.1 侦查措施及时合法	27	在您所在地区，警察对犯罪嫌疑人刑讯逼供的可能性有多大？	Q15	Q12	2
	28	在您所在地区，犯罪嫌疑人被超期羁押的可能性有多大？	Q16		1
	29	在您所在地区，侦查机关滥用权力进行非法监听的可能性有多大？	Q23		1
	30	在您所在地区，刑事案件立案后，公安机关及时侦查的可能性有多大？		Q17	1
4.2 审查起诉公正	31	在您所在地区，对于公安机关移送审查起诉的案件，检察机关经过审查后认为犯罪情节轻微，依照刑法规定不需要判处刑罚或者可以免除刑罚的，其作出不起诉决定的可能性有多大？	Q14		1
	32	在您所在地区，对于公安机关移送审查起诉的案件，检察机关经过审查后认为证据不足，直接作出不起诉决定的可能性有多大？	Q24		1
4.3 刑事审判公正及时	33	在您所在地区，刑事案件审判久拖不决的可能性有多大？	Q25	Q14	2
	34	在您所在地区，法院对刑事诉讼控辩双方"不偏不倚"的可能性有多大？	Q11.2		1

续表

二级指标	序号	问卷题目	职业卷（ZY）	公众卷（GZ）	变量
5.1 行政审判符合公正要求	35	在您所在地区，法院对行政诉讼原告与被告"不偏不倚"的可能性有多大？	Q11.3		1
5.2 行政诉讼裁判得到有效执行	36	在您所在地区，行政诉讼中行政机关败诉的生效判决得到有效执行的可能性有多大？	Q21.2	Q16.2	2
6.1 证据裁判原则得到贯彻	37	在您所在地区，认定被告人有罪的证据不足，法院"宁可错放，也不错判"的可能性有多大？	Q28		1
	38	在您所在地区，您觉得"打官司就是打证据"（职业卷）/"打官司就是打关系"（公众卷）的可能性有多大？	Q27	Q18	2
6.2 证据依法得到采纳与排除	39	在您所在地区，在审查起诉时如果发现有利于犯罪嫌疑人的证据，检察院及时调取该证据的可能性有多大？	Q13		1
	40	辩护律师向法庭申请排除非法口供，并履行了初步证明责任，而公诉人未证明取证合法的，法官排除该证据的可能性有多大？	Q29		1
6.3 证明过程得到合理规范	41	在您所在地区，庭审经过严格举证、质证程序（不走过场），侦查人员出庭作证才作出判决的可能性有多大？	Q30.1		1
	42	在您所在地区，庭审经过严格举证、质证程序（不走过场），证人证言在法庭上得到质证才作出判决的可能性有多大？	Q30.2		1
	43	在您所在地区，律师调查取证权行使受到限制的可能性有多大？	Q4.1		1
	44	在您所在地区，律师庭审中的质证权行使受到限制的可能性有多大？	Q4.2		1
7.1 警察远离腐败	45	在您所在地区，警察办"关系案"的可能性有多大？	Q6.3		1
	46	在您所在地区，警察收受贿赂的可能性有多大？	Q7.3	Q2.3	2
7.2 检察官远离腐败	47	在您所在地区，检察官办"关系案"的可能性有多大？	Q6.2		1
	48	在您所在地区，检察官收受贿赂的可能性有多大？	Q7.2	Q2.2	2
7.3 法官远离腐败	49	在您所在地区，法官办"关系案"的可能性有多大？	Q6.1		1
	50	在您所在地区，法官收受贿赂的可能性有多大？	Q7.1	Q2.1	2

续表

二级指标	序 号	问卷题目	职业卷（ZY）	公众卷（GZ）	变 量
8.1 法律职业人员获得职业培训	51	在过去三年，您获得业务培训的总时长是多少？	Q1		1
8.2 法律职业人员遵守职业伦理规范	52	在您所在地区，律师虚假承诺的可能性有多大？	Q5.1	Q3.1	2
	53	在您所在地区，律师与法官有不正当利益往来的可能性有多大？	Q5.2	Q3.2	2
	54	在您所在地区，律师尽职尽责为委托人服务的可能性有多大？	Q5.3	Q3.3	2
8.3 法律职业人员享有职业保障	55	您对自己的职务晋升前景的满意程度如何？	Q2.1		1
	56	您对自己的职业待遇（工资、奖金、福利等）的满意程度如何？	Q2.2		1
	57	您对履行法定职责保护机制的满意程度如何？	Q2.3		1
	58	在您所在单位，您感受到来自绩效考核方面的工作压力如何？	Q3.1		1
	59	在您所在单位，您感受到来自当事人及其家属方面的工作压力如何？	Q3.3		1
9.1 司法过程依法公开	60	在您所在地区，法院允许公众旁听审判的可能性有多大？	Q32.1	Q5.1	2
9.2 裁判结果依法公开	61	在您所在地区，法院依法及时公开判决书的可能性有多大？	Q32.2	Q5.2	2
	62	在您所在地区，判决书对证据采纳与排除的理由予以充分说明的可能性有多大？	Q32.3		1
10.1 公众参与司法的意识及程度	63	如果有当人民陪审员的机会，您愿意参与法庭审判吗？		Q1	1
10.2 公众诉诸司法的意识及程度	64	在您所在地区，当矛盾双方无法通过协商、调解等方式解决纠纷时，人们到法院起诉的可能性有多大？		Q7	1
10.3 公众接受司法裁判的意识及程度	65	假设法院审判程序没有问题，但判决结果对您不利，您尊重裁判的可能性有多大？		Q8	1
10.4 公众接受现代刑罚理念的意识及程度	66	对于在公共场所举行公捕、公判大会，您的总体态度是？		Q9	1
	67	与枪决相比，您对以注射方式执行死刑的态度是？		Q10	1

33

第三章 司法文明指数项目

一、项目概述

司法文明指数项目，是司法文明协同创新中心承担的一项重大研究任务。关于该任务在《"2011 计划"司法文明协同创新中心发展规划（2013—2016）》中作了如下描述：

"司法文明指数"旨在对司法运作的实际情况进行测量，并为全国司法文明现状提供一种量化评估工具。该任务开辟的新领域和新方法是，将一般司法原则量化，从中衍生出一套由 10 个维度和 54 个指标组成的司法文明指标体系，按这些指标设计调查问卷，并在全国 31 个省、市、自治区进行问卷调查。在数据统计分析基础上，通过对 31 个省、市、自治区的司法文明指数进行排名，来显示该省区司法文明的程度，从定量层面了解司法文明建设的现状、成绩和不足，为加强法治建设提供一面"镜子"，为司法文明建设具体方案的出台提供实证依据。司法文明指数调查分析采取渐进方式。第一年先在全国 9 个省份试点，东北、华北、华东、中南、西南、西北兼顾。第二年扩大到 20 个省份，同样兼顾六大区域。第三年在全国 31 个省、市、自治区全面铺开。我们将聘请专业调查公司对所有的调查问卷进行统计分析，然后结合司法文明专业知识作出最后研究报告。[1]

从 2017 年起，司法文明协同创新中心建设纳入国家"双一流计划"。因此，司法文明指数项目，又成为司法文明协同创新中心承担的建设"世界一流大学、世界一流学科"的一项重大研究任务。

二、项目实施步骤与方法回顾

（一）2014 年项目实施步骤与方法

1. 概念框架和指标体系开发

中国政法大学证据科学研究院发展报告（蓝皮书）编写团队自 2009 年开始编写出版《中国证

---

[1] 《"2011 计划"司法文明协同创新中心发展规划（2013—2016）》，2013 年 6 月 14 日。

据法治发展报告》系列出版物，2011年又开发了"证据法治发展指数"，这些研究工作为司法文明指数概念框架和指标体系的开发奠定了前期工作基础。有关这项工作的开展情况，详见《中国司法文明指数报告2014》[1]。

司法文明指数研究团队自2013年开始借鉴"WJP世界法治指数""证据法治发展指数"和国内有关法治评估的研究成果，开发了一个概念框架，并将其逐步概括为10个一级指标和50个二级指标组成的2014年版司法文明指标体系。有关这项工作7次研讨会的情况，详见《中国司法文明指数报告2014》[2]。

2. 指数变量和调查问卷编制

2014年3—7月，本项目研究团队与零点调查公司合作，通过多次深入研讨，开发了一系列体现司法文明指数概念框架、4个领域、10个一级指标和50个二级指标的指标体系。有关这项工作的情况，详见《中国司法文明指数报告2014》[3]。

3. 实地问卷调查与回收

2014年司法文明指数评估，采取客观、中立的方法，坚持大众与行业人士相结合。调查样本既包括普通民众，也包括公检法机关、律师事务所等法律职业群体，因为民众与法律职业人士对司法文明的认知和感受可能有所不同。来自9个省、直辖市的7200人参与了司法文明指数普通人群和职业群体调查。有关这项工作的四个具体步骤，详见《中国司法文明指数报告2014》[4]。

（二）2015年项目实施步骤与方法

与2014年相比，2015年司法文明指数调研方案对指标体系、问卷设计、调查方法等作了如下重大改进：①在保留原来10个一级指标的同时，对一级指标的内容和排序作了微调；②将原来的50个二级指标减至36个；③将原来的5套调查问卷（公众卷、法官卷、检察官卷、警察卷、律师卷）减至2套（公众卷与职业卷）；④将原来的97个问卷题目重新设计为74个，原来的194个变量减至95个；⑤将原来在9个试点省市的问卷调查扩大到如下20个试点评估省、自治区和直辖市：北京市、山西省、内蒙古自治区、黑龙江省、吉林省、上海市、江苏省、浙江省、安徽省、福建省、山东省、广东省、湖北省、海南省、贵州省、四川省、重庆市、云南省、青海省、宁夏回族自治区；⑥将原来800份问卷（公众卷与职业卷）6∶4的构成比例（公众卷480份，职业卷320份＝法官80份＋检察官80份＋警察80份＋律师80份），调整为7.5∶2.5的构成比例（公众卷600份，职业卷200份＝法官50份＋检察官50份＋警察50份＋律师50份），使公众卷的比例大幅度提高。

（三）2016—2019年项目实施步骤与方法

与2015年在20个省、自治区、直辖市有16 000人参与问卷调查的范围相比，中国司法文明指数2016—2019年问卷调查扩大到31个省、自治区、直辖市。

2016年、2017年在每个省、自治区、直辖市发放800份问卷，其中公众卷600份，职业卷200

---

[1] 张保生等：《中国司法文明指数报告2014》，中国政法大学出版社2015年版，第49~52页。
[2] 张保生等：《中国司法文明指数报告2014》，中国政法大学出版社2015年版，第52~53页。
[3] 张保生等：《中国司法文明指数报告2014》，中国政法大学出版社2015年版，第53页。
[4] 张保生等：《中国司法文明指数报告2014》，中国政法大学出版社2015年版，第53~54页。

份（法官、检察官、警察和律师各50份）。2016年实际收回有效样本总量为24 400份，其中职业卷样本总量为5848份，公众卷样本总量为18 552份。2017年实际收回有效样本总量为25 857份，其中职业卷样本总量为6385份，公众卷样本总量为19 472份。

2018年、2019年在每个省、自治区、直辖市发放800份问卷，其中公众卷600份，职业卷200份（法官、检察官、警察各40份；律师80份）。2018年实际收回有效样本总量为24 305份，其中职业卷样本总量为6078份，公众卷样本总量为18 227份。2019年实际收回有效样本总量为24 012份，其中职业卷样本总量为6155份，公众卷样本总量为17 857份。

2016—2019年项目实施的具体措施是：

（1）公众卷数据采集。在每个省、自治区、直辖市选择10位调查员（分别来自3个人口最多的城市）。每位调查员需回收60份合格问卷，问卷发放的对象是除法律职业者（法官、检察官、警察、律师）之外的社会公众。问卷发放对象的选择有如下要求：①调查样本中男女各半。②调查对象至少要涵盖本问卷问题Z3中13个职业中的8个职业（2016年、2017年）/问题Z4中9个职业中的6个职业（2018年、2019年），且每个职业不超过10份。③调查对象年满18周岁。尽量涵盖18~30岁、31~40岁、41~50岁、50岁以上4个年龄段，以保证各年龄段样本量的分布均衡。④调查对象尽量涵盖不同的文化程度，保证从初中到研究生每个学历段至少有5个样本。

（2）职业卷数据采集。①每个省、自治区在两个以上地区或城市发放问卷（选择省会城市和一个人口较多的城市）；直辖市则选择两个以上的行政区。②在被调查城市随机选择调查单位，尽可能兼顾省级、市级或基层法院、检察院、公安局以及规模不同的律师事务所。③在同一被调查机关（机构），尽可能兼顾不同部门的法官、检察官、警察和律师。④在同一被调查部门，尽可能兼顾不同工作年限的专业人士。⑤在问卷调查时，先由调查员讲解"中国司法文明指数"的内容、意义和调查方法，再由被调查者当场答题。

三、2020—2021年项目评估方法

（一）问卷调查方法

1. 问卷样本选取方法

《中国司法文明指数报告2020—2021》问卷分为两种类型：职业卷和公众卷。前者的受访对象是法官、检察官、警察、律师，后者的受访对象是社会普通公众，由两类问卷共同测量当地的司法文明程度。在31个省、自治区、直辖市发放800份问卷，其中公众卷600份，职业卷200份（法官、检察官、警察各40份，律师80份）。实际收回有效样本总量为24 354份，其中职业卷样本总量为6273份，公众卷总量为18 081份。

2. 职业卷数据采集方法

《中国司法文明指数报告2020—2021》调研职业卷的发放，兼顾了不同的代表性样本。具体措施是：①每个省、自治区在两个以上地区或城市发放问卷（选择省会城市和一个人口较多的城市）；直辖市则选择两个以上的行政区。②在被调查城市随机选择调查单位，尽可能兼顾省级、市级或基层法院、检察院、公安局以及规模不同的律师事务所。③在同一被调查机关（机构），尽可能兼顾不同部门的法官、检察官、警察和律师。④在同一被调查部门，尽可能兼顾不同工作年限的专业人

士。⑤在问卷调查时，先由调查员讲解"中国司法文明指数"的内容、意义和调查方法，再由被调查者当场答题。

3. 公众卷数据采集方法

《中国司法文明指数报告2020—2021》公众卷数据采集，在每个省、自治区、直辖市选择10位调查员（分别来自3个人口最多的城市）。每位调查员需回收60份合格问卷，问卷发放的对象是除法律职业者（法官、检察官、警察、律师）之外的社会公众。问卷发放对象的选择有如下要求：①调查样本中男女各半。②调查对象至少要涵盖本问卷问题Z4中9个职业中的6个职业，且每个职业不超过10份。③调查对象年满18周岁。尽量涵盖18~30岁、31~40岁、41~50岁、50岁以上4个年龄段，以保证各年龄段样本量的分布均衡。④调查对象尽量涵盖不同的文化程度，保证从初中到研究生每个学历段至少有5个样本。

（二）数据统计分析方法

1. 各级指标赋值及算分方法

《中国司法文明指数报告2020—2021》的10个一级指标赋值各占10%的比重，并将10%的比重均分给相应的二级指标；相应地，二级指标的比重又均分给对应的各个题目。具体指标的算分遵循"题目赋分→二级指标得分→一级指标得分"的计算方法。首先，根据赋值原则对67个问题逐一赋分。其次，对问题所属的二级指标算分：若二级指标下仅有一道题目，则以该题的均分作为该指标得分；若二级指标下有多道题目，则以多道题目的均分作为该指标得分。最后，在求得各二级指标的得分后，以其均分作为所属一级指标的得分。

2. 职业卷与公众卷数据加权

在二级指标得分计算过程中，对法律职业群体和公众数据作如下加权处理：职业卷与公众卷的权重为5∶5；如有客观指标，则问卷调查得分与客观数据的权重为9∶1。若某个题目在职业卷和公众卷中同时出现，则职业卷与公众卷的权重为5∶5；若某个题目只出现在某个群体的调查问卷中，则用该群体的均分作为所有群体的得分。以省、自治区、直辖市为单位，任何群体中有未答题目者，该人群在该题目上的得分则用该省、自治区、直辖市其余人群在该题目上的平均得分来补齐。

（三）客观指标及其计算

《中国司法文明指数报告2020—2021》的客观指标数据来源为：各省、自治区、直辖市高级人民法院和人民检察院向省级人民代表大会所作的年度工作报告。

客观指标的赋值方法采用排队打分法[1]，即对于统计口径相同且可以比较的指标，依据"公布按得分从100分依次递减1分，不公布得60分"的方式进行处理；对于统计口径不同或无法比较的指标则依据"公布得100分，不公布得60分"的方式进行处理，其模型为：

$$\begin{cases} S_1 = 70 + \dfrac{n-k}{n-1} \times 30 \\ S_2 = 60 \end{cases} \quad (1)$$

---

[1] 该方法最早使用者为欧洲货币基金组织，主要用于衡量28个国家的综合竞争力。西南财经大学《统计学》教材将其列为一种多指标综合评价方法。参见庞皓、杨作廪主编：《统计学》（第4版），西南财经大学出版社2004年版，第319页。

其中，S_1 表示公布数据的各个地方单项指标得分，而 S_2 表示未公布数据的各个地方单项二级指标得分。n 为参评地方总量，k 为在各个地方中的排名。而各个地方的单项各级指标得分和总得分均可使用以下公式进行计算，其中 m 表示指标数量，W 表示每项指标的权重：

$$S_{总} = \sum_{i=1}^{m} (S_i \times W_i) / \sum_{i=1}^{m} W_i \quad (2)$$

具体而言，《中国司法文明指数报告 2020—2021》的客观指标赋值方法是：[1]第一，有客观数据对应的二级指标，主客观指标分值比例为 9∶1；无客观数据对应的二级指标，按主观调查问卷得分赋值。第二，客观指标总分 100 分的分配：有客观数据对应的二级指标，但未公布客观数据的省份得 60 分。公布客观数据的省份则分为两种情况：①若该数据不适合排名，公布者皆得 100 分；②若该数据适合排名，按排名情况得分从 100 分依次递减 1 分（例如，适合排名的"一二审服判息诉率"可反映二级指标 10.3"公众接受司法裁判的意识及程度"，那么，服判息诉率最高的省份得100 分，第二名得 99 分，以此类推）。详见下表：

司法文明指数客观数据与其对应二级指标一览表

客观数据	对应二级指标
依法不批捕的案件数（省检察院年度报告）	1.1 司法权力依法行使
法定审限内结案率（高级法院年度报告）	
民商事案件简易程序适用率（高级法院年度报告）	3.1 民事审判符合公正要求
民事判决执结率（高级法院年度报告）	3.3 民事诉讼裁判得到有效执行
依法不起诉的案件数（省检察院年度报告）	4.2 审查起诉公正
宣告无罪的人数（高级法院年度报告）	4.3 刑事审判公正及时
·行政机关败诉率（高级法院年度报告） ·行政机关负责人出庭应诉人次/率（高级法院年度报告）	5.1 行政审判符合公正要求
·排除非法证据的刑事案件数（高级法院年度报告） ·检察院启动非法证据排除的案件数（省检察院年度报告）	6.2 证据依法得到采纳与排除
一审案件陪审率（高级法院年度报告）	10.1 公众参与司法的意识及程度
一二审服判息诉率（高级法院年度报告）	10.3 公众接受司法裁判的意识及程度

---

[1] 因本报告涉及两年的客观数据，所以最终取两年客观指标得分的均值纳入统计。

第四章 司法文明指数数据报告

一、31个省/自治区/直辖市得分排名分析

2020—2021年中国司法文明指数问卷调查范围，延续2019年的31个省/自治区/直辖市。调查结果显示，2020—2021年31个省/自治区/直辖市的司法文明指数平均得分为71.1分（满分为100分），相较于2019年得分70.0分提高1.1分。2020—2021年，上海以73.3分排在中国司法文明指数得分第一名，比2019年第一名浙江的72.5分高出0.8分；内蒙古以69.2分在各省/自治区/直辖市中排名最低，但比2019年的最低分（湖南）67.1分提高了2.1分。2020—2021年中国司法文明指数的省/自治区/直辖市最大分差为4.1分，相较于2019年的最高分与最低分分差5.4分，缩小了1.3分。

2020—2021年，有17个省/自治区/直辖市的得分在平均分及以上，包括上海（73.3分）、山东（73.2分）、吉林（72.6分）、宁夏（72.5分）、新疆（72.4分）、重庆（72.1分）、福建（71.9分）、天津（71.8分）、云南（71.8分）、贵州（71.6分）、湖北（71.5分）、广西（71.5分）、北京（71.4分）、四川（71.4分）、陕西（71.4分）、江苏（71.3分）、浙江（71.2分），其余14个省/自治区/直辖市的得分均在平均分（71.1分）以下。

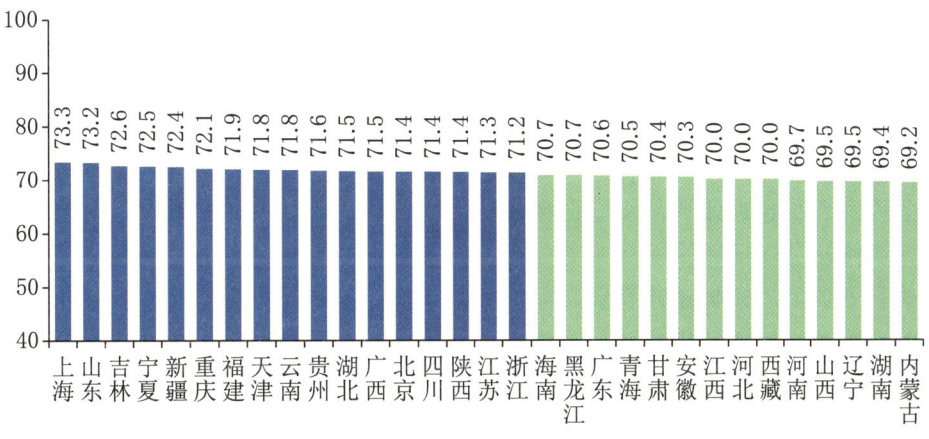

2020—2021年31个省/自治区/直辖市司法文明指数总得分分布图[1]

---

[1] 同分的数据中保留3位小数后，天津71.813分、云南71.757分；湖北71.550分、广西71.458分；北京71.448分、四川71.417分、陕西71.369分；海南70.718分、黑龙江70.708分；江西70.027分、河北69.979分、西藏69.978分；山西69.485分、辽宁69.460分。

（一）北京市（13/31）

1. 一级指标得分和排名表

序号	一级指标	得分	31个省/自治区/直辖市平均分	排名
指标1	司法权力	74.7	75.2	19/31
指标2	当事人诉讼权利	69.4	70.5	25/31
指标3	民事司法程序	72.1	72.1	16/31
指标4	刑事司法程序	71.3	71.7	18/31
指标5	行政司法程序	72.8	72.4	13/31
指标6	证据制度	71.4	69.6	5/31
指标7	司法腐败遏制	68.4	69.0	20/31
指标8	法律职业化	69.6	65.6	1/31
指标9	司法公开	76.8	76.6	13/31
指标10	司法文化	68.1	68.0	15/31
均分		71.4	71.1	13/31

2. 二级指标排名表

二级指标	排名	二级指标	排名	二级指标	排名	二级指标	排名
1.1 司法权力依法行使	25/31	2.4 当事人享有获得救济的权利	12/31	5.2 行政诉讼裁判得到有效执行	13/31	8.2 法律职业人员遵守职业伦理规范	29/31
1.2 司法权力独立行使	28/31	3.1 民事审判符合公正要求	17/31	6.1 证据裁判原则得到贯彻	1/31	8.3 法律职业人员享有职业保障	11/31
1.3 司法权力公正行使	11/31	3.2 民事诉讼中的调解自愿、合法	14/31	6.2 证据依法得到采纳与排除	8/31	9.1 司法过程依法公开	13/31
1.4 司法权力主体受到信任与认同	10/31	3.3 民事诉讼裁判得到有效执行	20/31	6.3 证明过程得到合理规范	11/31	9.2 裁判结果依法公开	13/31
1.5 司法裁判受到信任与认同	19/31	4.1 侦查措施及时合法	17/31	7.1 警察远离腐败	21/31	10.1 公众参与司法的意识及程度	25/31
2.1 当事人享有不被强迫自证其罪的权利	22/31	4.2 审查起诉公正	8/31	7.2 检察官远离腐败	20/31	10.2 公众诉诸司法的意识及程度	10/31
2.2 当事人享有获得辩护、代理的权利	11/31	4.3 刑事审判公正及时	30/31	7.3 法官远离腐败	20/31	10.3 公众接受司法裁判的意识及程度	17/31
2.3 当事人享有证据性权利	31/31	5.1 行政审判符合公正要求	13/31	8.1 法律职业人员获得职业培训	1/31	10.4 公众接受现代刑罚理念的意识及程度	5/31

3. 一级指标得分

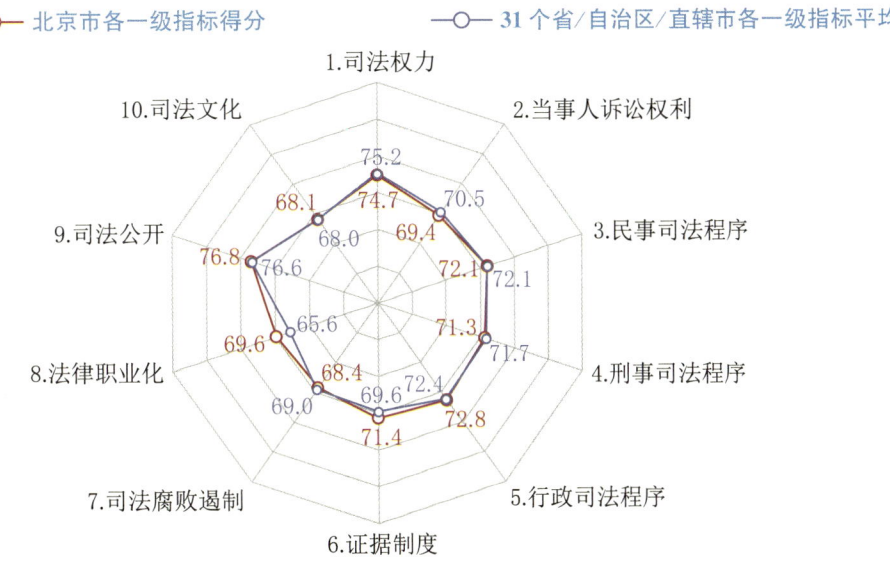

4. 二级指标得分

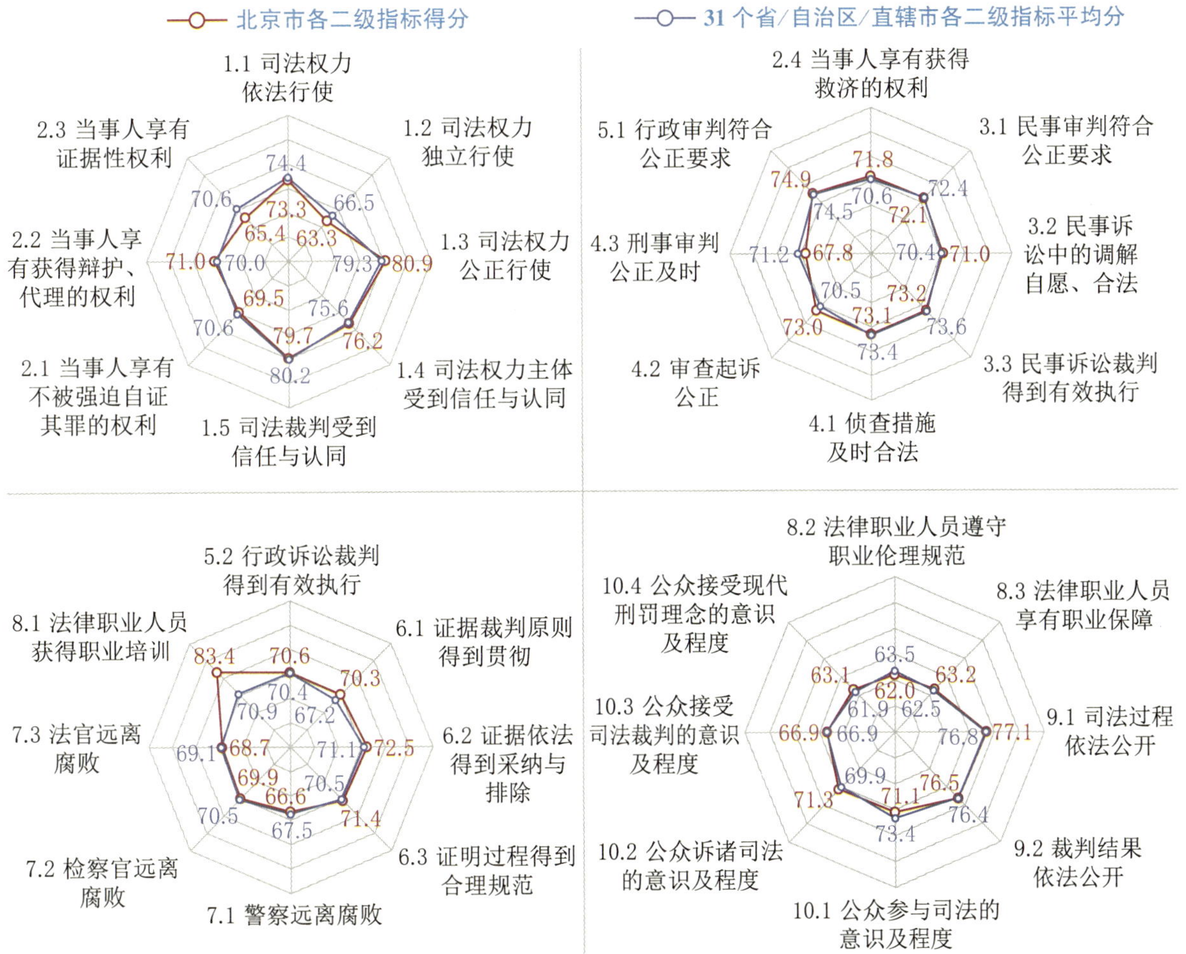

注：(1) 雷达图中，红线表示31个省/自治区/直辖市各二级指标得分；蓝线表示31个省/自治区/直辖市各二级指标平均分，下同。

(2) 雷达图的中心点（起始值）为40.0分，最外圈（最大值）为100.0分，等距同心圈间隔为10.0分，下同。

（二）天津市（8/31）

1. 一级指标得分和排名表

序 号	一级指标	得 分	31个省/自治区/直辖市平均分	排 名
指标1	司法权力	75.6	75.2	12/31
指标2	当事人诉讼权利	70.3	70.5	16/31
指标3	民事司法程序	72.9	72.1	8/31
指标4	刑事司法程序	73.0	71.7	8/31
指标5	行政司法程序	74.2	72.4	7/31
指标6	证据制度	70.6	69.6	10/31
指标7	司法腐败遏制	68.8	69.0	18/31
指标8	法律职业化	66.0	65.6	13/31
指标9	司法公开	77.3	76.6	8/31
指标10	司法文化	69.5	68.0	4/31
均 分		71.8	71.1	8/31

2. 二级指标排名表

二级指标	排 名	二级指标	排 名	二级指标	排 名	二级指标	排 名
1.1 司法权力依法行使	13/31	2.4 当事人享有获得救济的权利	28/31	5.2 行政诉讼裁判得到有效执行	1/31	8.2 法律职业人员遵守职业伦理规范	23/31
1.2 司法权力独立行使	29/31	3.1 民事审判符合公正要求	6/31	6.1 证据裁判原则得到贯彻	10/31	8.3 法律职业人员享有职业保障	17/31
1.3 司法权力公正行使	10/31	3.2 民事诉讼中的调解自愿、合法	15/31	6.2 证据依法得到采纳与排除	12/31	9.1 司法过程依法公开	12/31
1.4 司法权力主体受到信任与认同	6/31	3.3 民事诉讼裁判得到有效执行	17/31	6.3 证明过程得到合理规范	12/31	9.2 裁判结果依法公开	9/31
1.5 司法裁判受到信任与认同	7/31	4.1 侦查措施及时合法	7/31	7.1 警察远离腐败	19/31	10.1 公众参与司法的意识及程度	24/31
2.1 当事人享有不被强迫自证其罪的权利	13/31	4.2 审查起诉公正	10/31	7.2 检察官远离腐败	16/31	10.2 公众诉诸司法的意识及程度	5/31
2.2 当事人享有获得辩护、代理的权利	1/31	4.3 刑事审判公正及时	18/31	7.3 法官远离腐败	17/31	10.3 公众接受司法裁判的意识及程度	4/31
2.3 当事人享有证据性权利	23/31	5.1 行政审判符合公正要求	12/31	8.1 法律职业人员获得职业培训	7/31	10.4 公众接受现代刑罚理念的意识及程度	2/31

3. 一级指标得分

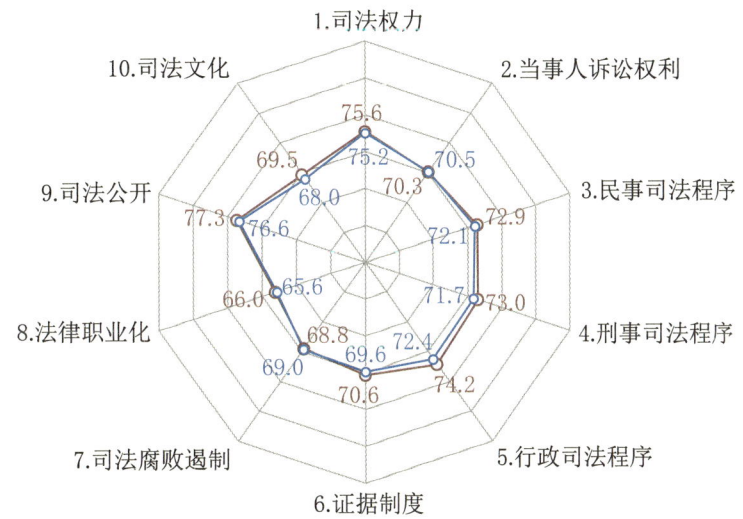

4. 二级指标得分

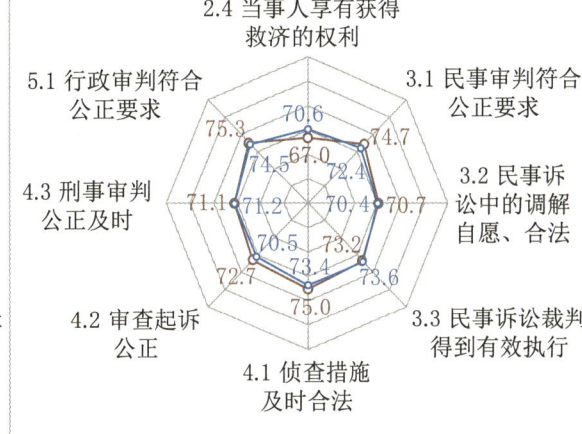

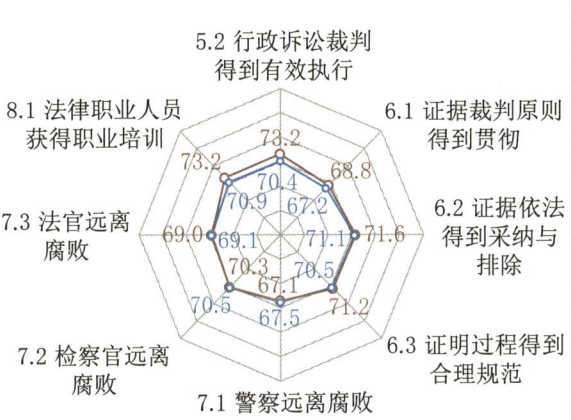

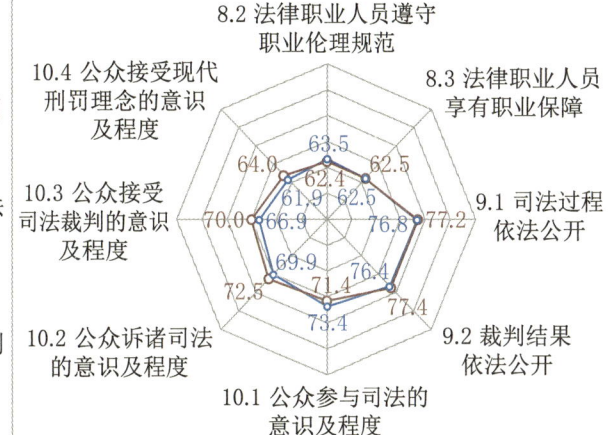

(三)河北省(25/31)

1. 一级指标得分和排名表

序 号	一级指标	得 分	31个省/自治区/直辖市平均分	排 名
指标1	司法权力	74.6	75.2	21/31
指标2	当事人诉讼权利	69.9	70.5	18/31
指标3	民事司法程序	70.5	72.1	30/31
指标4	刑事司法程序	70.3	71.7	25/31
指标5	行政司法程序	70.6	72.4	26/31
指标6	证据制度	67.9	69.6	28/31
指标7	司法腐败遏制	68.0	69.0	21/31
指标8	法律职业化	66.7	65.6	8/31
指标9	司法公开	74.1	76.6	31/31
指标10	司法文化	67.0	68.0	26/31
均 分		70.0	71.1	25/31

2. 二级指标排名表

二级指标	排 名	二级指标	排 名	二级指标	排 名	二级指标	排 名
1.1 司法权力依法行使	18/31	2.4 当事人享有获得救济的权利	20/31	5.2 行政诉讼裁判得到有效执行	25/31	8.2 法律职业人员遵守职业伦理规范	15/31
1.2 司法权力独立行使	7/31	3.1 民事审判符合公正要求	24/31	6.1 证据裁判原则得到贯彻	28/31	8.3 法律职业人员享有职业保障	7/31
1.3 司法权力公正行使	28/31	3.2 民事诉讼中的调解自愿、合法	30/31	6.2 证据依法得到采纳与排除	14/31	9.1 司法过程依法公开	31/31
1.4 司法权力主体受到信任与认同	12/31	3.3 民事诉讼裁判得到有效执行	21/31	6.3 证明过程得到合理规范	29/31	9.2 裁判结果依法公开	29/31
1.5 司法裁判受到信任与认同	24/31	4.1 侦查措施及时合法	19/31	7.1 警察远离腐败	18/31	10.1 公众参与司法的意识及程度	20/31
2.1 当事人享有不被强迫自证其罪的权利	14/31	4.2 审查起诉公正	27/31	7.2 检察官远离腐败	25/31	10.2 公众诉诸司法的意识及程度	16/31
2.2 当事人享有获得辩护、代理的权利	29/31	4.3 刑事审判公正及时	20/31	7.3 法官远离腐败	23/31	10.3 公众接受司法裁判的意识及程度	23/31
2.3 当事人享有证据性权利	9/31	5.1 行政审判符合公正要求	25/31	8.1 法律职业人员获得职业培训	8/31	10.4 公众接受现代刑罚理念的意识及程度	30/31

3. 一级指标得分

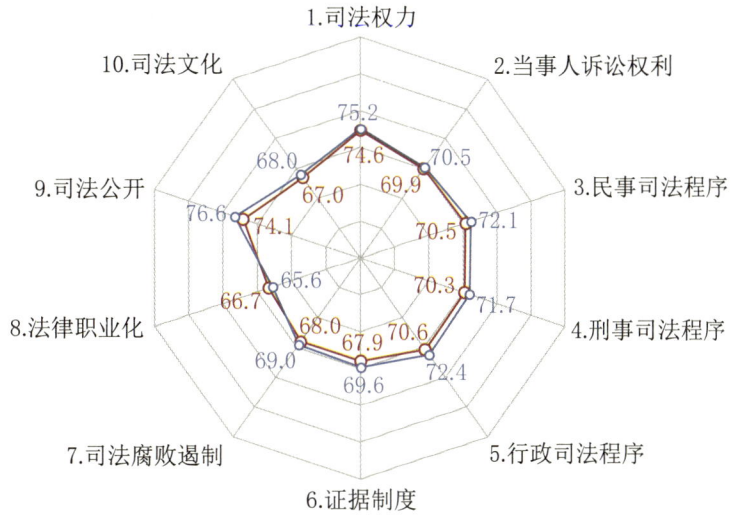

4. 二级指标得分

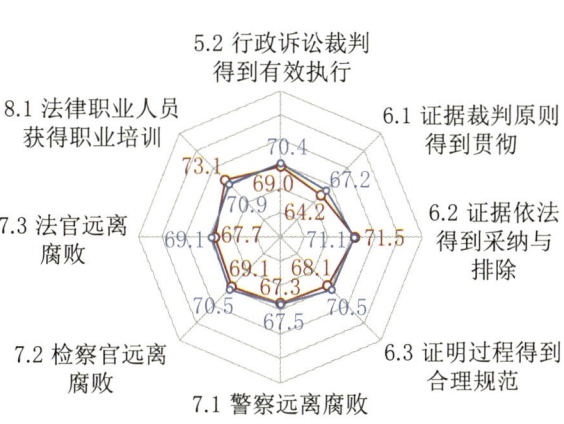

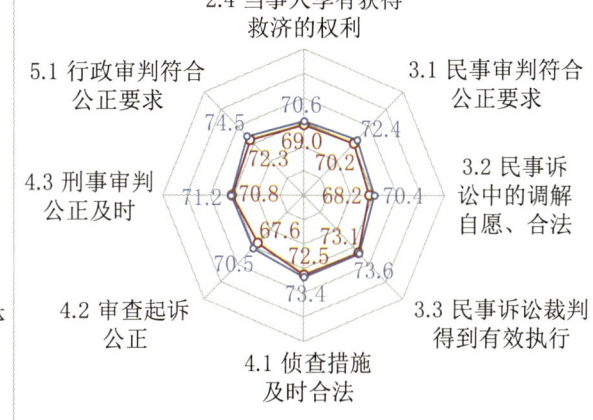

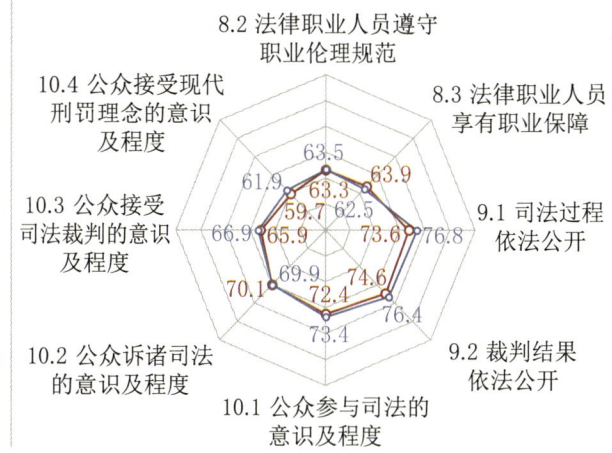

（四）山西省（28/31）

1. 一级指标得分和排名表

序号	一级指标	得分	31个省/自治区/直辖市平均分	排名
指标1	司法权力	73.3	75.2	28/31
指标2	当事人诉讼权利	70.5	70.5	13/31
指标3	民事司法程序	71.8	72.1	18/31
指标4	刑事司法程序	68.6	71.7	30/31
指标5	行政司法程序	68.3	72.4	31/31
指标6	证据制度	65.1	69.6	31/31
指标7	司法腐败遏制	67.2	69.0	25/31
指标8	法律职业化	66.6	65.6	10/31
指标9	司法公开	76.6	76.6	15/31
指标10	司法文化	66.8	68.0	28/31
均分		69.5	71.1	28/31

2. 二级指标排名表

二级指标	排名	二级指标	排名	二级指标	排名	二级指标	排名
1.1 司法权力依法行使	31/31	2.4 当事人享有获得救济的权利	13/31	5.2 行政诉讼裁判得到有效执行	24/31	8.2 法律职业人员遵守职业伦理规范	7/31
1.2 司法权力独立行使	5/31	3.1 民事审判符合公正要求	21/31	6.1 证据裁判原则得到贯彻	30/31	8.3 法律职业人员享有职业保障	8/31
1.3 司法权力公正行使	25/31	3.2 民事诉讼中的调解自愿、合法	19/31	6.2 证据依法得到采纳与排除	31/31	9.1 司法过程依法公开	6/31
1.4 司法权力主体受到信任与认同	31/31	3.3 民事诉讼裁判得到有效执行	10/31	6.3 证明过程得到合理规范	24/31	9.2 裁判结果依法公开	26/31
1.5 司法裁判受到信任与认同	27/31	4.1 侦查措施及时合法	3/31	7.1 警察远离腐败	22/31	10.1 公众参与司法的意识及程度	29/31
2.1 当事人享有不被强迫自证其罪的权利	11/31	4.2 审查起诉公正	31/31	7.2 检察官远离腐败	28/31	10.2 公众诉诸司法的意识及程度	23/31
2.2 当事人享有获得辩护、代理的权利	8/31	4.3 刑事审判公正及时	25/31	7.3 法官远离腐败	25/31	10.3 公众接受司法裁判的意识及程度	21/31
2.3 当事人享有证据性权利	27/31	5.1 行政审判符合公正要求	31/31	8.1 法律职业人员获得职业培训	14/31	10.4 公众接受现代刑罚理念的意识及程度	14/31

3. 一级指标得分

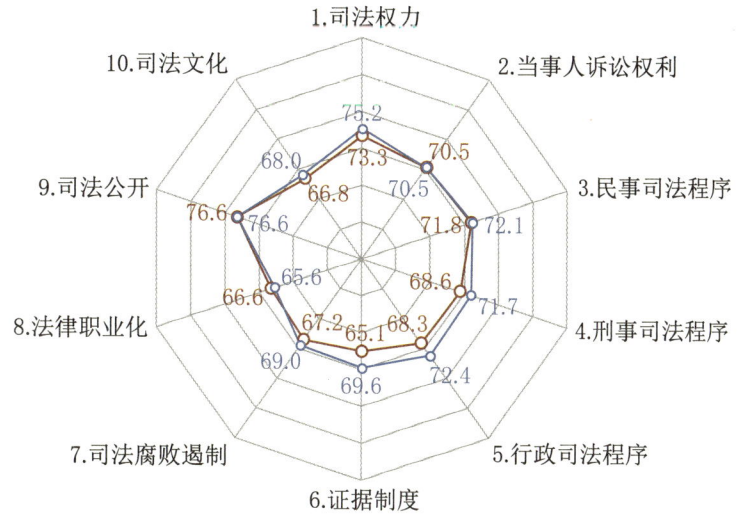

4. 二级指标得分

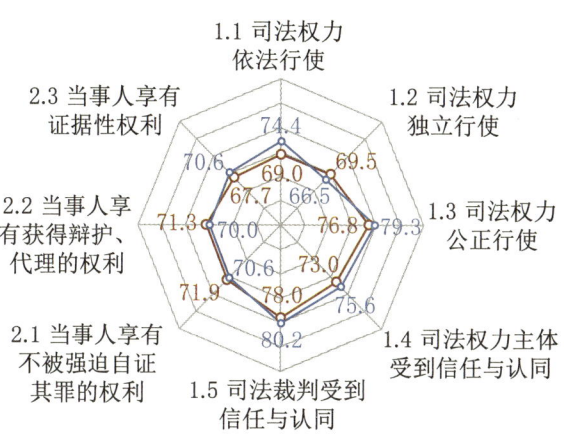

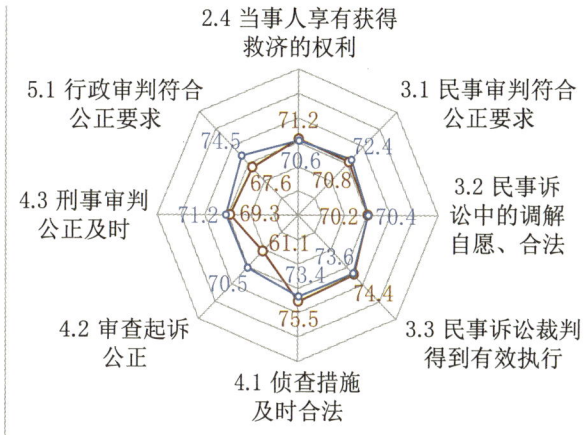

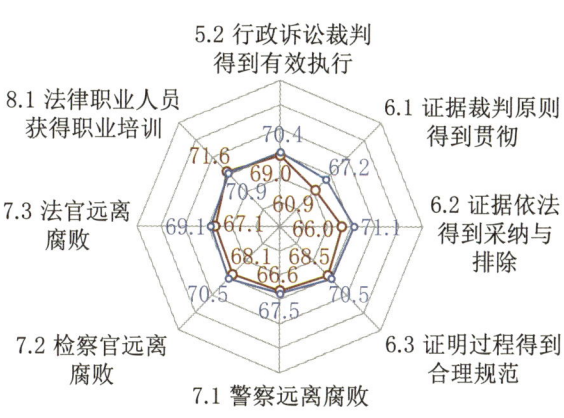

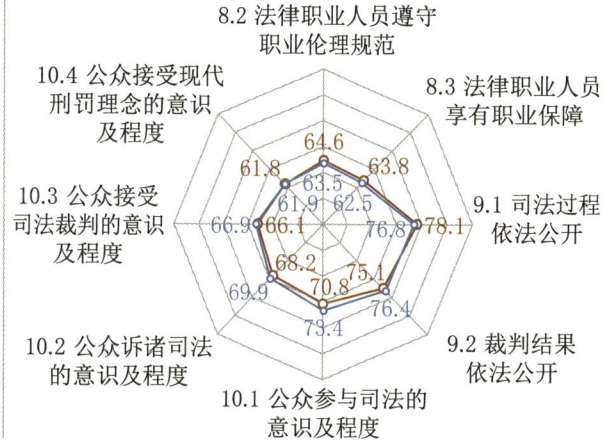

（五）内蒙古自治区（31/31）

1. 一级指标得分和排名表

序 号	一级指标	得 分	31个省/自治区/直辖市平均分	排 名
指标1	司法权力	73.0	75.2	30/31
指标2	当事人诉讼权利	68.2	70.5	30/31
指标3	民事司法程序	70.9	72.1	26/31
指标4	刑事司法程序	70.3	71.7	26/31
指标5	行政司法程序	70.8	72.4	24/31
指标6	证据制度	68.0	69.6	27/31
指标7	司法腐败遏制	65.4	69.0	31/31
指标8	法律职业化	63.3	65.6	28/31
指标9	司法公开	75.8	76.6	24/31
指标10	司法文化	66.8	68.0	27/31
均 分		69.2	71.1	31/31

2. 二级指标排名表

二级指标	排 名	二级指标	排 名	二级指标	排 名	二级指标	排 名
1.1 司法权力依法行使	15/31	2.4 当事人享有获得救济的权利	29/31	5.2 行政诉讼裁判得到有效执行	29/31	8.2 法律职业人员遵守职业伦理规范	21/31
1.2 司法权力独立行使	27/31	3.1 民事审判符合公正要求	19/31	6.1 证据裁判原则得到贯彻	24/31	8.3 法律职业人员享有职业保障	29/31
1.3 司法权力公正行使	30/31	3.2 民事诉讼中的调解自愿、合法	22/31	6.2 证据依法得到采纳与排除	22/31	9.1 司法过程依法公开	21/31
1.4 司法权力主体受到信任与认同	28/31	3.3 民事诉讼裁判得到有效执行	28/31	6.3 证明过程得到合理规范	30/31	9.2 裁判结果依法公开	24/31
1.5 司法裁判受到信任与认同	29/31	4.1 侦查措施及时合法	29/31	7.1 警察远离腐败	31/31	10.1 公众参与司法的意识及程度	28/31
2.1 当事人享有不被强迫自证其罪的权利	30/31	4.2 审查起诉公正	15/31	7.2 检察官远离腐败	31/31	10.2 公众诉诸司法的意识及程度	17/31
2.2 当事人享有获得辩护、代理的权利	26/31	4.3 刑事审判公正及时	27/31	7.3 法官远离腐败	30/31	10.3 公众接受司法裁判的意识及程度	30/31
2.3 当事人享有证据性权利	12/31	5.1 行政审判符合公正要求	18/31	8.1 法律职业人员获得职业培训	23/31	10.4 公众接受现代刑罚理念的意识及程度	3/31

48

3. 一级指标得分

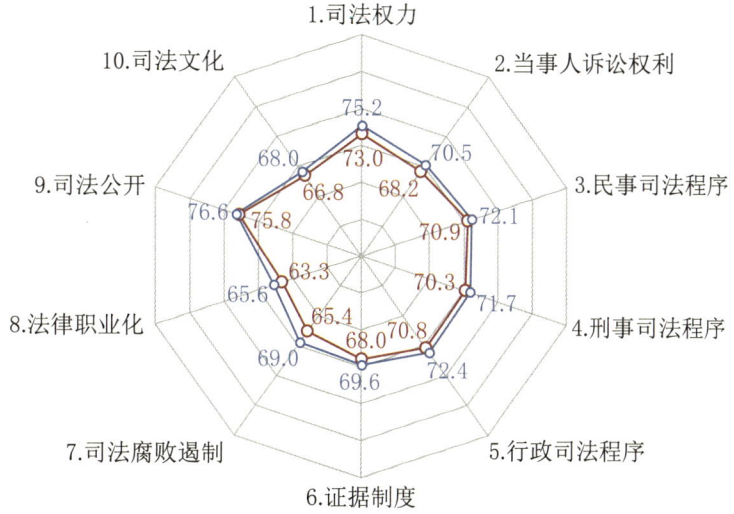

4. 二级指标得分

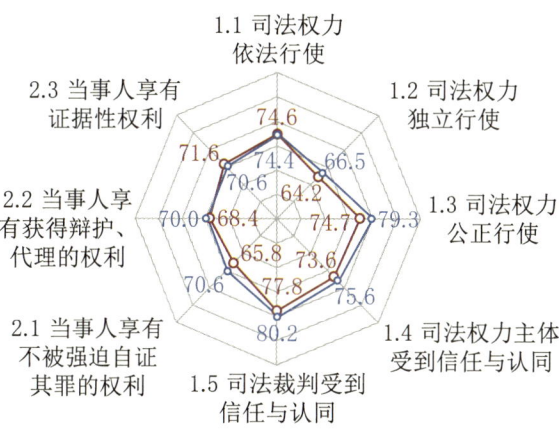

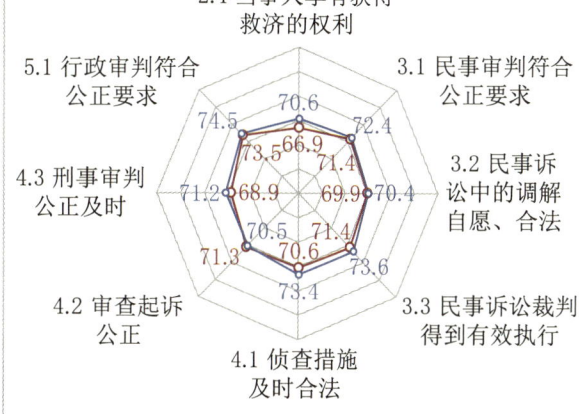

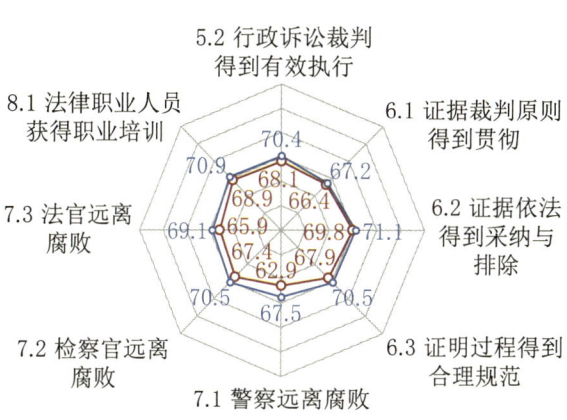

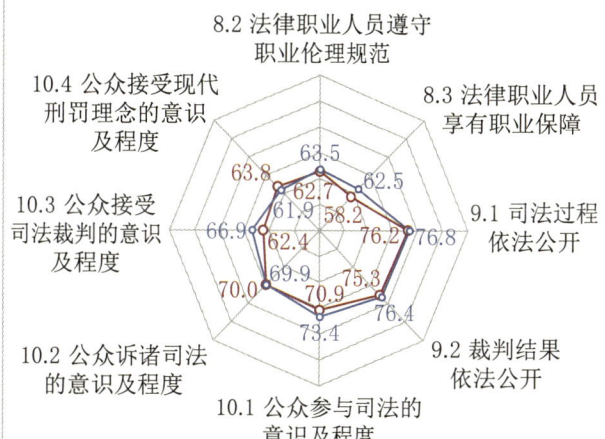

（六）辽宁省（29/31）

1. 一级指标得分和排名表

序　号	一级指标	得　分	31个省/自治区/直辖市平均分	排　名
指标1	司法权力	73.7	75.2	27/31
指标2	当事人诉讼权利	69.7	70.5	24/31
指标3	民事司法程序	70.8	72.1	27/31
指标4	刑事司法程序	68.0	71.7	31/31
指标5	行政司法程序	71.6	72.4	17/31
指标6	证据制度	66.4	69.6	30/31
指标7	司法腐败遏制	66.6	69.0	28/31
指标8	法律职业化	67.7	65.6	7/31
指标9	司法公开	74.3	76.6	30/31
指标10	司法文化	65.7	68.0	31/31
均　分		69.5	71.1	29/31

2. 二级指标排名表

二级指标	排　名	二级指标	排　名	二级指标	排　名	二级指标	排　名
1.1 司法权力依法行使	30/31	2.4 当事人享有获得救济的权利	4/31	5.2 行政诉讼裁判得到有效执行	21/31	8.2 法律职业人员遵守职业伦理规范	10/31
1.2 司法权力独立行使	2/31	3.1 民事审判符合公正要求	29/31	6.1 证据裁判原则得到贯彻	31/31	8.3 法律职业人员享有职业保障	2/31
1.3 司法权力公正行使	27/31	3.2 民事诉讼中的调解自愿、合法	29/31	6.2 证据依法得到采纳与排除	28/31	9.1 司法过程依法公开	30/31
1.4 司法权力主体受到信任与认同	25/31	3.3 民事诉讼裁判得到有效执行	5/31	6.3 证明过程得到合理规范	19/31	9.2 裁判结果依法公开	27/31
1.5 司法裁判受到信任与认同	30/31	4.1 侦查措施及时合法	30/31	7.1 警察远离腐败	27/31	10.1 公众参与司法的意识及程度	31/31
2.1 当事人享有不被强迫自证其罪的权利	25/31	4.2 审查起诉公正	30/31	7.2 检察官远离腐败	27/31	10.2 公众诉诸司法的意识及程度	29/31
2.2 当事人享有获得辩护、代理的权利	31/31	4.3 刑事审判公正及时	28/31	7.3 法官远离腐败	28/31	10.3 公众接受司法裁判的意识及程度	13/31
2.3 当事人享有证据性权利	19/31	5.1 行政审判符合公正要求	17/31	8.1 法律职业人员获得职业培训	15/31	10.4 公众接受现代刑罚理念的意识及程度	16/31

3. 一级指标得分

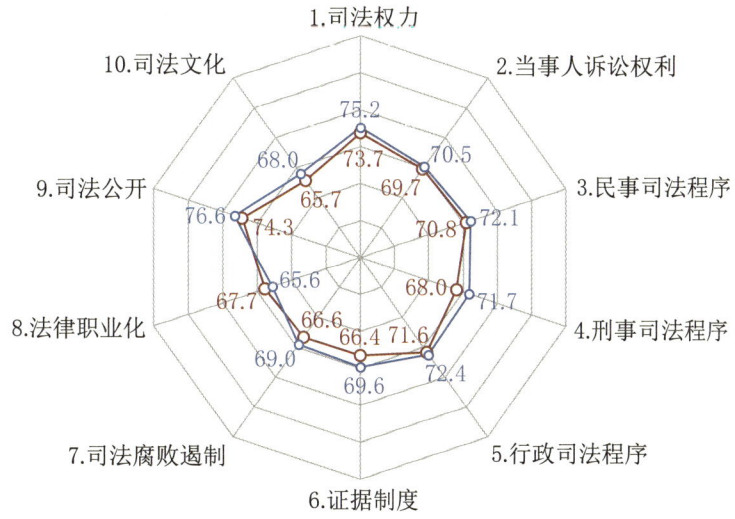

4. 二级指标得分

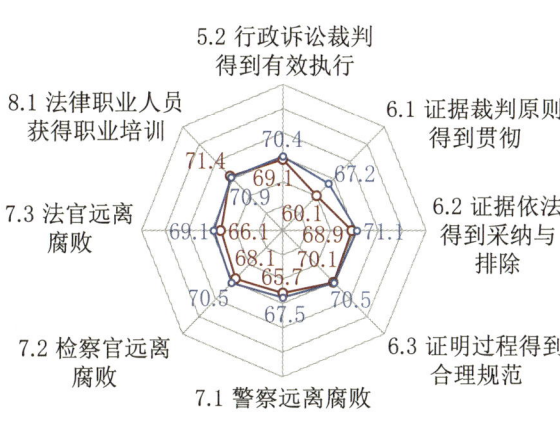

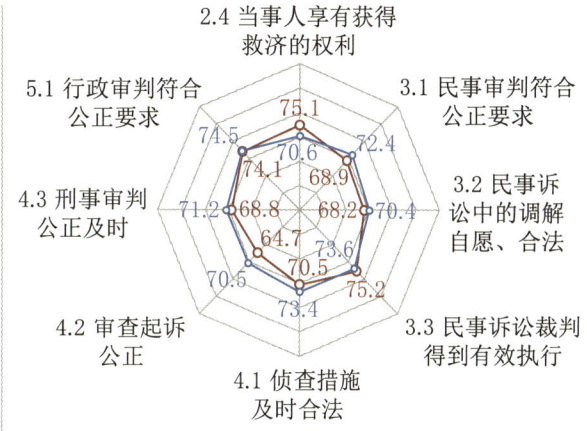

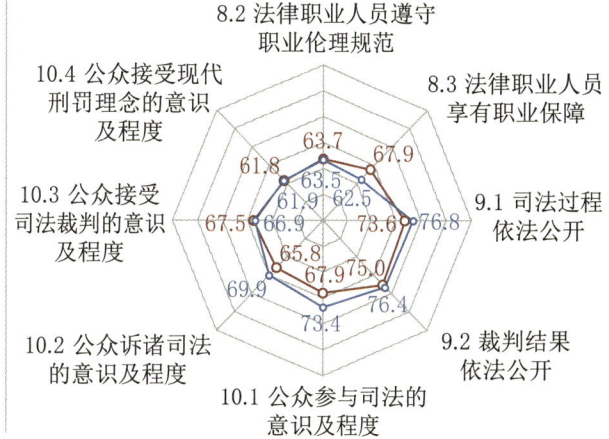

(七) 吉林省 (3/31)

1. 一级指标得分和排名表

序 号	一级指标	得 分	31 个省/自治区/直辖市平均分	排 名
指标 1	司法权力	77.6	75.2	1/31
指标 2	当事人诉讼权利	73.3	70.5	3/31
指标 3	民事司法程序	74.6	72.1	2/31
指标 4	刑事司法程序	72.1	71.7	13/31
指标 5	行政司法程序	75.2	72.4	4/31
指标 6	证据制度	70.4	69.6	12/31
指标 7	司法腐败遏制	70.1	69.0	9/31
指标 8	法律职业化	69.5	65.6	2/31
指标 9	司法公开	75.7	76.6	25/31
指标 10	司法文化	67.4	68.0	21/31
均 分		72.6	71.1	3/31

2. 二级指标排名表

二级指标	排 名	二级指标	排 名	二级指标	排 名	二级指标	排 名
1.1 司法权力依法行使	9/31	2.4 当事人享有获得救济的权利	2/31	5.2 行政诉讼裁判得到有效执行	2/31	8.2 法律职业人员遵守职业伦理规范	2/31
1.2 司法权力独立行使	1/31	3.1 民事审判符合公正要求	8/31	6.1 证据裁判原则得到贯彻	20/31	8.3 法律职业人员享有职业保障	1/31
1.3 司法权力公正行使	4/31	3.2 民事诉讼中的调解自愿、合法	8/31	6.2 证据依法得到采纳与排除	15/31	9.1 司法过程依法公开	25/31
1.4 司法权力主体受到信任与认同	9/31	3.3 民事诉讼裁判得到有效执行	2/31	6.3 证明过程得到合理规范	4/31	9.2 裁判结果依法公开	19/31
1.5 司法裁判受到信任与认同	15/31	4.1 侦查措施及时合法	9/31	7.1 警察远离腐败	9/31	10.1 公众参与司法的意识及程度	21/31
2.1 当事人享有不被强迫自证其罪的权利	5/31	4.2 审查起诉公正	25/31	7.2 检察官远离腐败	11/31	10.2 公众诉诸司法的意识及程度	27/31
2.2 当事人享有获得辩护、代理的权利	15/31	4.3 刑事审判公正及时	3/31	7.3 法官远离腐败	8/31	10.3 公众接受司法裁判的意识及程度	6/31
2.3 当事人享有证据性权利	2/31	5.1 行政审判符合公正要求	7/31	8.1 法律职业人员获得职业培训	9/31	10.4 公众接受现代刑罚理念的意识及程度	25/31

3. 一级指标得分

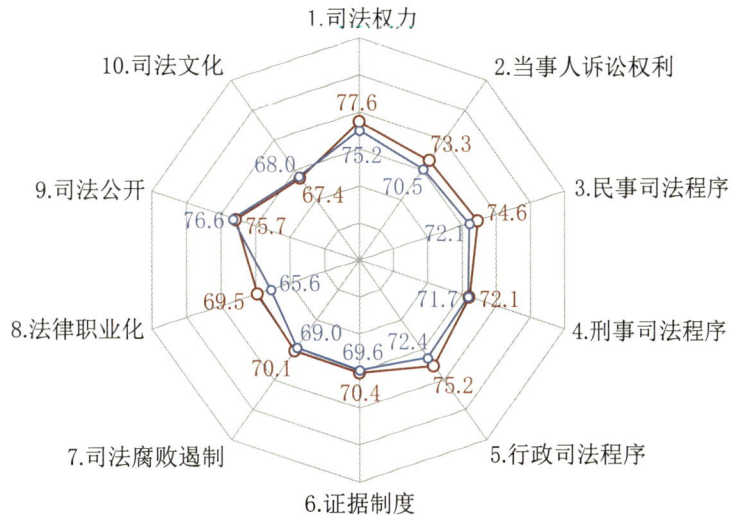

4. 二级指标得分

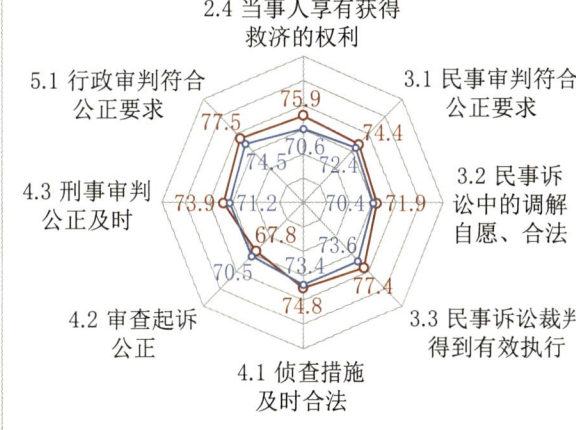

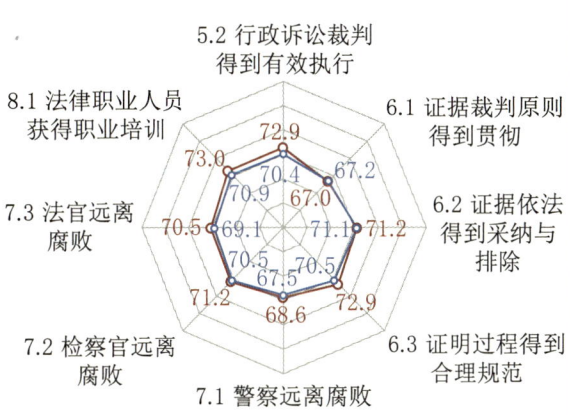

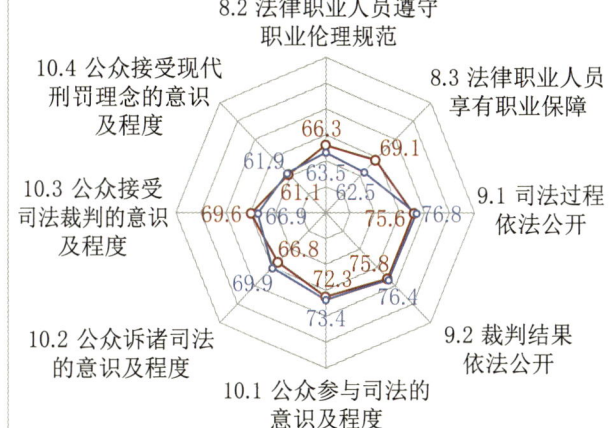

（八）黑龙江省（19/31）

1. 一级指标得分和排名表

序 号	一级指标	得 分	31个省/自治区/直辖市平均分	排 名
指标1	司法权力	75.1	75.2	17/31
指标2	当事人诉讼权利	70.3	70.5	17/31
指标3	民事司法程序	72.4	72.1	12/31
指标4	刑事司法程序	71.7	71.7	15/31
指标5	行政司法程序	75.2	72.4	5/31
指标6	证据制度	69.7	69.6	17/31
指标7	司法腐败遏制	66.4	69.0	29/31
指标8	法律职业化	62.6	65.6	30/31
指标9	司法公开	76.1	76.6	20/31
指标10	司法文化	67.6	68.0	18/31
均 分		70.7	71.1	19/31

2. 二级指标排名表

二级指标	排 名	二级指标	排 名	二级指标	排 名	二级指标	排 名
1.1 司法权力依法行使	11/31	2.4 当事人享有获得救济的权利	11/31	5.2 行政诉讼裁判得到有效执行	4/31	8.2 法律职业人员遵守职业伦理规范	24/31
1.2 司法权力独立行使	25/31	3.1 民事审判符合公正要求	18/31	6.1 证据裁判原则得到贯彻	16/31	8.3 法律职业人员享有职业保障	23/31
1.3 司法权力公正行使	9/31	3.2 民事诉讼中的调解自愿、合法	21/31	6.2 证据依法得到采纳与排除	17/31	9.1 司法过程依法公开	23/31
1.4 司法权力主体受到信任与认同	20/31	3.3 民事诉讼裁判得到有效执行	4/31	6.3 证明过程得到合理规范	16/31	9.2 裁判结果依法公开	14/31
1.5 司法裁判受到信任与认同	18/31	4.1 侦查措施及时合法	23/31	7.1 警察远离腐败	28/31	10.1 公众参与司法的意识及程度	14/31
2.1 当事人享有不被强迫自证其罪的权利	28/31	4.2 审查起诉公正	13/31	7.2 检察官远离腐败	30/31	10.2 公众诉诸司法的意识及程度	28/31
2.2 当事人享有获得辩护、代理的权利	27/31	4.3 刑事审判公正及时	21/31	7.3 法官远离腐败	29/31	10.3 公众接受司法裁判的意识及程度	10/31
2.3 当事人享有证据性权利	5/31	5.1 行政审判符合公正要求	6/31	8.1 法律职业人员获得职业培训	30/31	10.4 公众接受现代刑罚理念的意识及程度	9/31

3. 一级指标得分

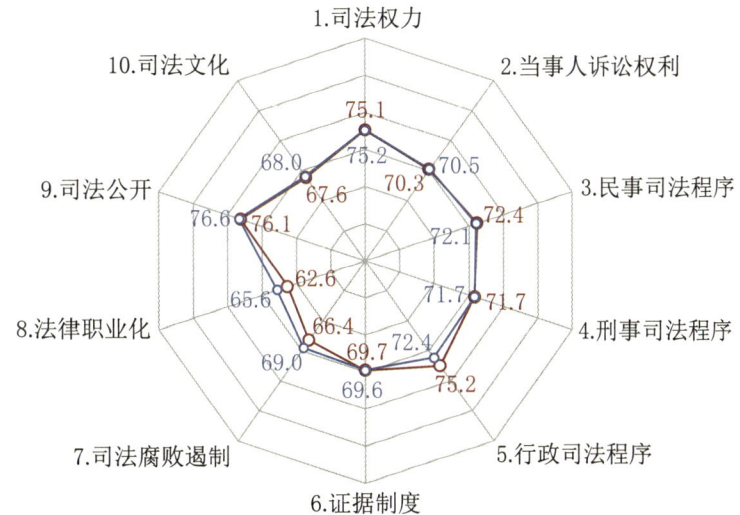

4. 二级指标得分

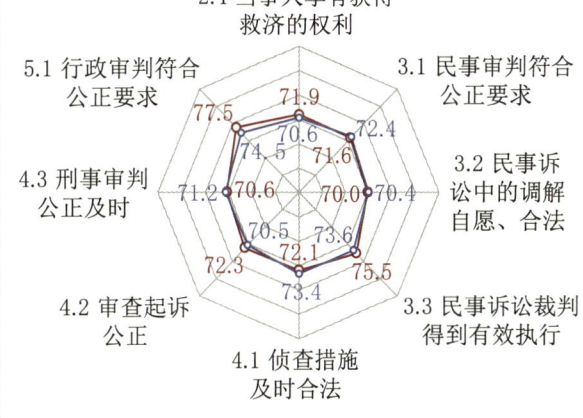

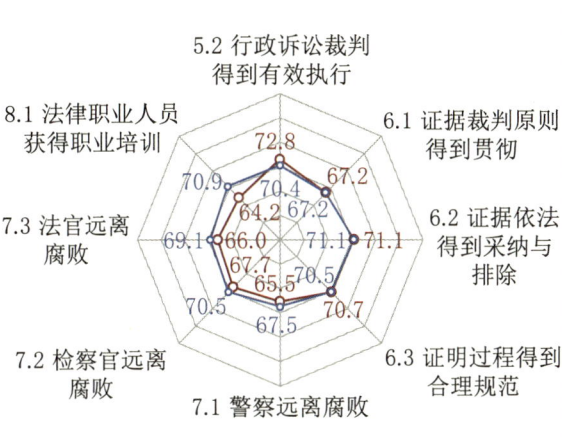

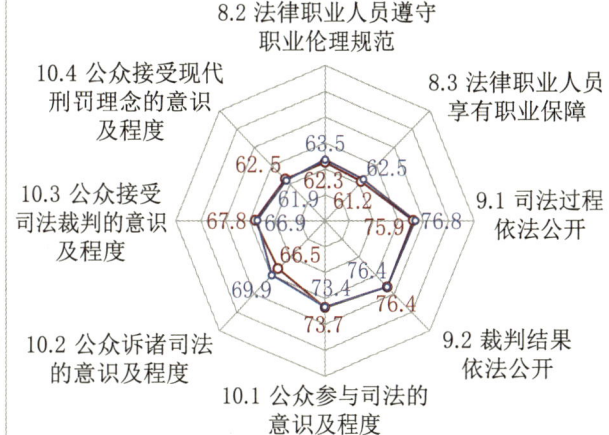

（九）上海市（1/31）

1. 一级指标得分和排名表

序　号	一级指标	得　分	31个省/自治区/直辖市平均分	排　名
指标1	司法权力	77.3	75.2	2/31
指标2	当事人诉讼权利	73.6	70.5	2/31
指标3	民事司法程序	74.0	72.1	3/31
指标4	刑事司法程序	74.0	71.7	3/31
指标5	行政司法程序	75.8	72.4	2/31
指标6	证据制度	71.3	69.6	7/31
指标7	司法腐败遏制	71.0	69.0	4/31
指标8	法律职业化	68.4	65.6	4/31
指标9	司法公开	78.0	76.6	6/31
指标10	司法文化	69.4	68.0	6/31
均　　分		73.3	71.1	1/31

2. 二级指标排名表

二级指标	排　名	二级指标	排　名	二级指标	排　名	二级指标	排　名
1.1 司法权力依法行使	3/31	2.4 当事人享有获得救济的权利	8/31	5.2 行政诉讼裁判得到有效执行	3/31	8.2 法律职业人员遵守职业伦理规范	11/31
1.2 司法权力独立行使	6/31	3.1 民事审判符合公正要求	4/31	6.1 证据裁判原则得到贯彻	15/31	8.3 法律职业人员享有职业保障	9/31
1.3 司法权力公正行使	16/31	3.2 民事诉讼中的调解自愿、合法	9/31	6.2 证据依法得到采纳与排除	3/31	9.1 司法过程依法公开	9/31
1.4 司法权力主体受到信任与认同	4/31	3.3 民事诉讼裁判得到有效执行	6/31	6.3 证明过程得到合理规范	6/31	9.2 裁判结果依法公开	3/31
1.5 司法裁判受到信任与认同	2/31	4.1 侦查措施及时合法	4/31	7.1 警察远离腐败	10/31	10.1 公众参与司法的意识及程度	22/31
2.1 当事人享有不被强迫自证其罪的权利	1/31	4.2 审查起诉公正	4/31	7.2 检察官远离腐败	3/31	10.2 公众诉诸司法的意识及程度	4/31
2.2 当事人享有获得辩护、代理的权利	2/31	4.3 刑事审判公正及时	8/31	7.3 法官远离腐败	4/31	10.3 公众接受司法裁判的意识及程度	5/31
2.3 当事人享有证据性权利	10/31	5.1 行政审判符合公正要求	3/31	8.1 法律职业人员获得职业培训	3/31	10.4 公众接受现代刑罚理念的意识及程度	4/31

3. 一级指标得分

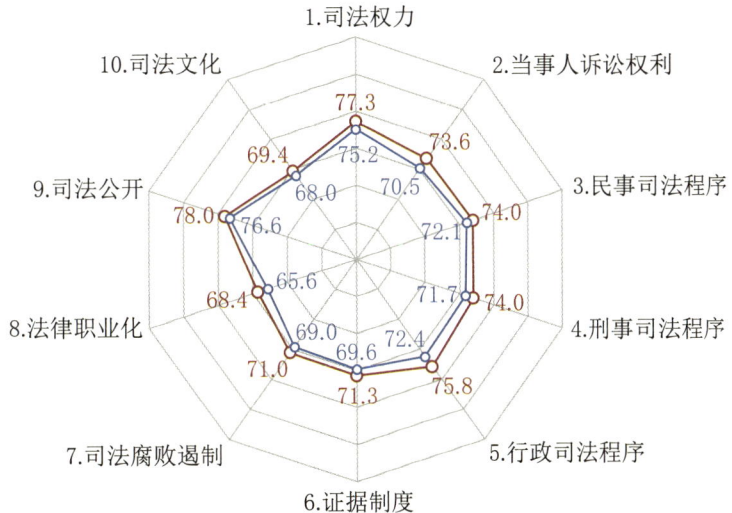

4. 二级指标得分

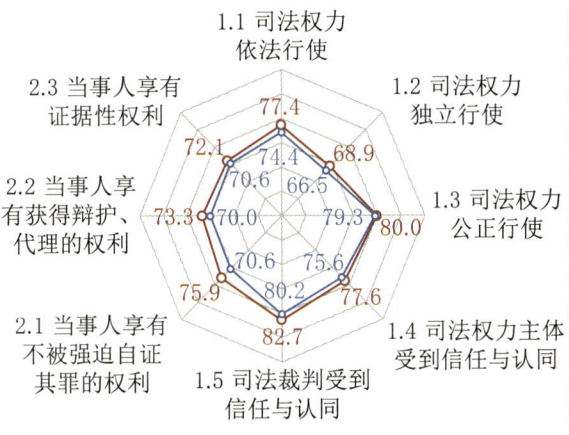

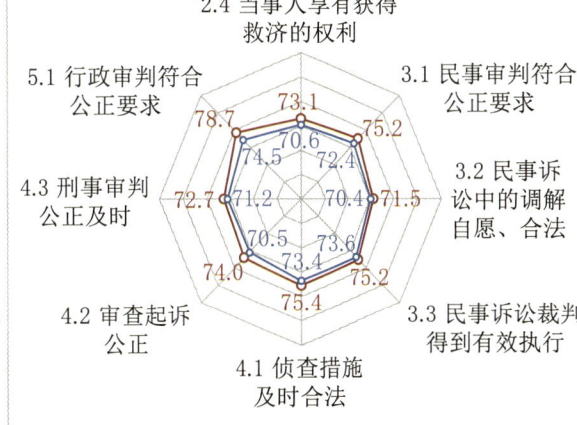

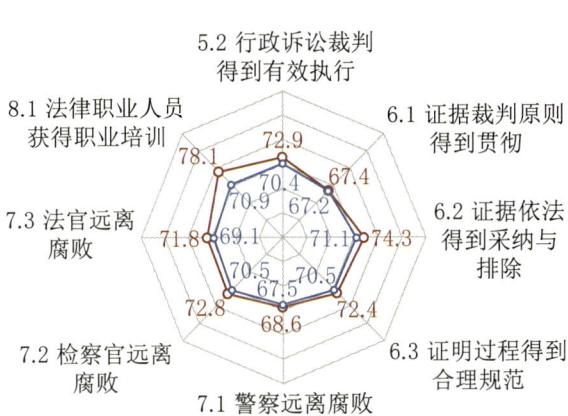

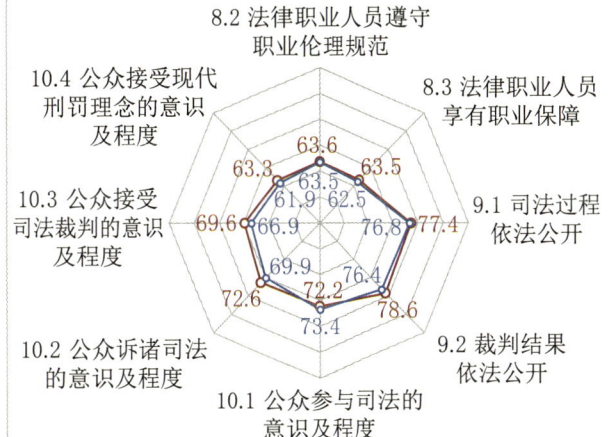

（十）江苏省（16/31）

1. 一级指标得分和排名表

序 号	一级指标	得 分	31个省/自治区/直辖市平均分	排 名
指标1	司法权力	74.9	75.2	18/31
指标2	当事人诉讼权利	70.5	70.5	14/31
指标3	民事司法程序	73.4	72.1	4/31
指标4	刑事司法程序	70.8	71.7	22/31
指标5	行政司法程序	73.6	72.4	11/31
指标6	证据制度	69.0	69.6	20/31
指标7	司法腐败遏制	70.2	69.0	8/31
指标8	法律职业化	64.9	65.6	20/31
指标9	司法公开	76.5	76.6	16/31
指标10	司法文化	69.0	68.0	9/31
均 分		71.3	71.1	16/31

2. 二级指标排名表

二级指标	排 名	二级指标	排 名	二级指标	排 名	二级指标	排 名
1.1 司法权力依法行使	29/31	2.4 当事人享有获得救济的权利	23/31	5.2 行政诉讼裁判得到有效执行	5/31	8.2 法律职业人员遵守职业伦理规范	19/31
1.2 司法权力独立行使	21/31	3.1 民事审判符合公正要求	3/31	6.1 证据裁判原则得到贯彻	11/31	8.3 法律职业人员享有职业保障	16/31
1.3 司法权力公正行使	23/31	3.2 民事诉讼中的调解自愿、合法	4/31	6.2 证据依法得到采纳与排除	23/31	9.1 司法过程依法公开	20/31
1.4 司法权力主体受到信任与认同	3/31	3.3 民事诉讼裁判得到有效执行	25/31	6.3 证明过程得到合理规范	23/31	9.2 裁判结果依法公开	12/31
1.5 司法裁判受到信任与认同	4/31	4.1 侦查措施及时合法	10/31	7.1 警察远离腐败	11/31	10.1 公众参与司法的意识及程度	10/31
2.1 当事人享有不被强迫自证其罪的权利	12/31	4.2 审查起诉公正	26/31	7.2 检察官远离腐败	6/31	10.2 公众诉诸司法的意识及程度	5/31
2.2 当事人享有获得辩护、代理的权利	9/31	4.3 刑事审判公正及时	24/31	7.3 法官远离腐败	10/31	10.3 公众接受司法裁判的意识及程度	22/31
2.3 当事人享有证据性权利	18/31	5.1 行政审判符合公正要求	15/31	8.1 法律职业人员获得职业培训	22/31	10.4 公众接受现代刑罚理念的意识及程度	6/31

第四章 司法文明指数数据报告

3. 一级指标得分

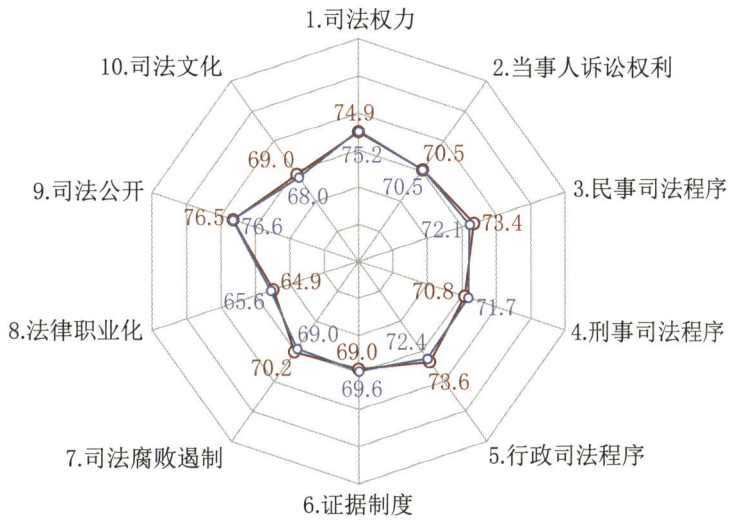

4. 二级指标得分

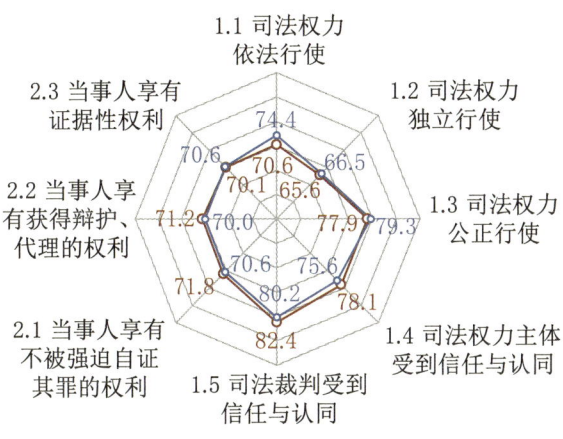

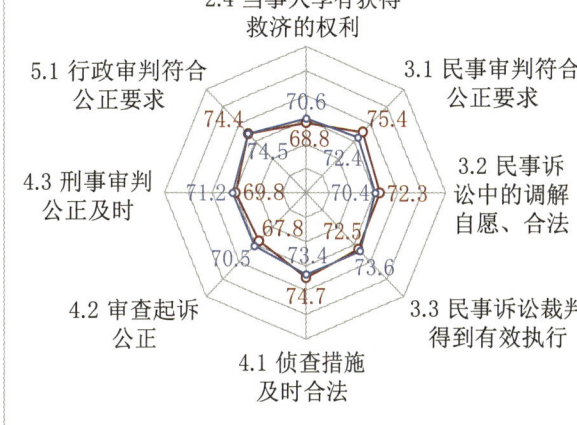

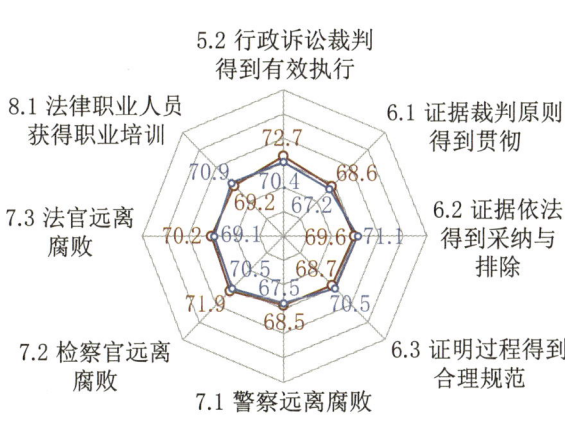

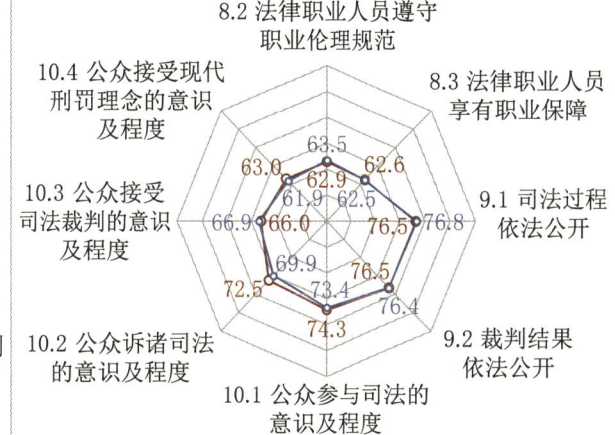

(十一) 浙江省 (17/31)

1. 一级指标得分和排名表

序　号	一级指标	得　分	31个省/自治区/直辖市平均分	排　名
指标1	司法权力	75.3	75.2	14/31
指标2	当事人诉讼权利	69.9	70.5	19/31
指标3	民事司法程序	70.9	72.1	25/31
指标4	刑事司法程序	70.2	71.7	27/31
指标5	行政司法程序	73.2	72.4	12/31
指标6	证据制度	69.7	69.6	16/31
指标7	司法腐败遏制	70.3	69.0	6/31
指标8	法律职业化	67.9	65.6	6/31
指标9	司法公开	77.2	76.6	10/31
指标10	司法文化	67.5	68.0	20/31
均　分		71.2	71.1	17/31

2. 二级指标排名表

二级指标	排　名	二级指标	排　名	二级指标	排　名	二级指标	排　名
1.1 司法权力依法行使	28/31	2.4 当事人享有获得救济的权利	1/31	5.2 行政诉讼裁判得到有效执行	12/31	8.2 法律职业人员遵守职业伦理规范	4/31
1.2 司法权力独立行使	10/31	3.1 民事审判符合公正要求	16/31	6.1 证据裁判原则得到贯彻	14/31	8.3 法律职业人员享有职业保障	3/31
1.3 司法权力公正行使	20/31	3.2 民事诉讼中的调解自愿、合法	31/31	6.2 证据依法得到采纳与排除	29/31	9.1 司法过程依法公开	10/31
1.4 司法权力主体受到信任与认同	8/31	3.3 民事诉讼裁判得到有效执行	1/31	6.3 证明过程得到合理规范	8/31	9.2 裁判结果依法公开	10/31
1.5 司法裁判受到信任与认同	9/31	4.1 侦查措施及时合法	22/31	7.1 警察远离腐败	5/31	10.1 公众参与司法的意识及程度	23/31
2.1 当事人享有不被强迫自证其罪的权利	31/31	4.2 审查起诉公正	28/31	7.2 检察官远离腐败	12/31	10.2 公众诉诸司法的意识及程度	9/31
2.2 当事人享有获得辩护、代理的权利	19/31	4.3 刑事审判公正及时	17/31	7.3 法官远离腐败	6/31	10.3 公众接受司法裁判的意识及程度	26/31
2.3 当事人享有证据性权利	25/31	5.1 行政审判符合公正要求	8/31	8.1 法律职业人员获得职业培训	13/31	10.4 公众接受现代刑罚理念的意识及程度	18/31

3. 一级指标得分

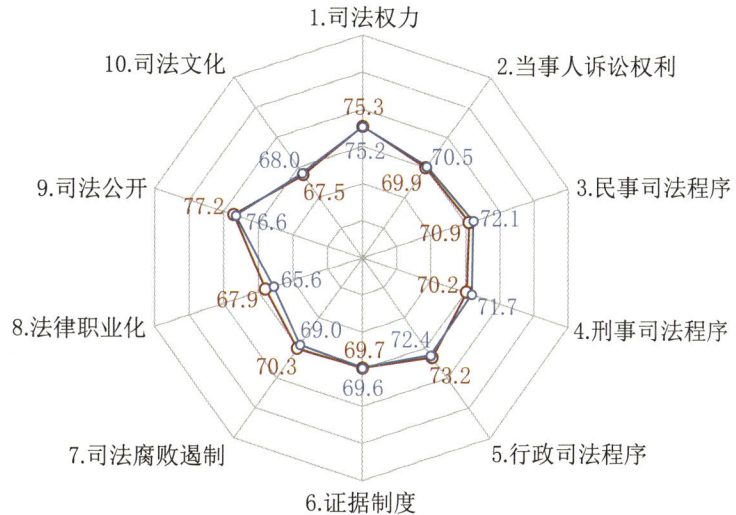

4. 二级指标得分

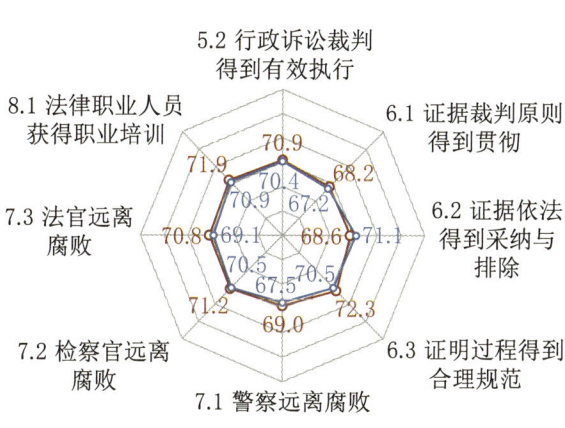

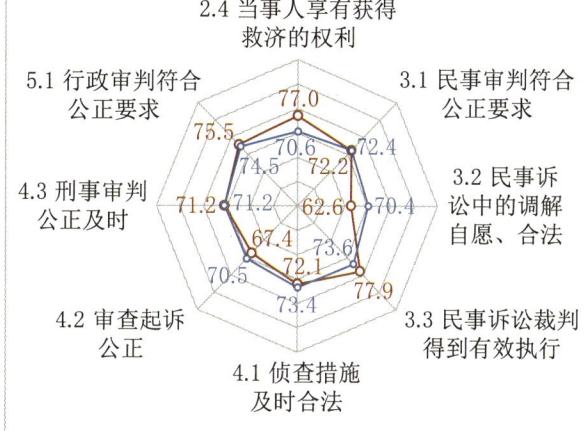

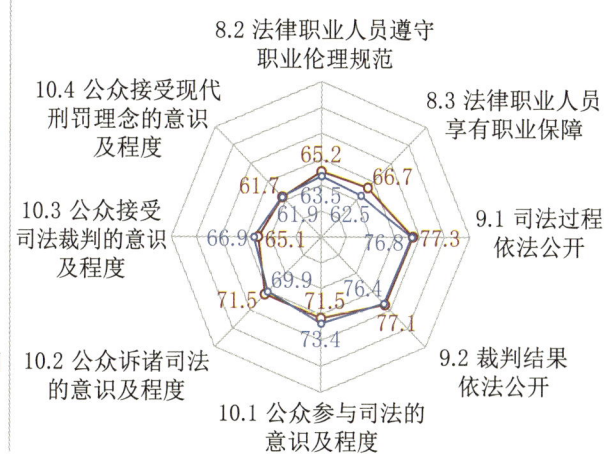

（十二）安徽省（23/31）

1. 一级指标得分和排名表

序　号	一级指标	得　分	31个省/自治区/直辖市平均分	排　名
指标1	司法权力	74.7	75.2	20/31
指标2	当事人诉讼权利	67.9	70.5	31/31
指标3	民事司法程序	72.8	72.1	9/31
指标4	刑事司法程序	71.1	71.7	20/31
指标5	行政司法程序	73.7	72.4	10/31
指标6	证据制度	68.2	69.6	23/31
指标7	司法腐败遏制	66.9	69.0	26/31
指标8	法律职业化	62.9	65.6	29/31
指标9	司法公开	76.2	76.6	18/31
指标10	司法文化	69.0	68.0	8/31
均　　分		70.3	71.1	23/31

2. 二级指标排名表

二级指标	排　名	二级指标	排　名	二级指标	排　名	二级指标	排　名
1.1 司法权力依法行使	24/31	2.4 当事人享有获得救济的权利	30/31	5.2 行政诉讼裁判得到有效执行	8/31	8.2 法律职业人员遵守职业伦理规范	26/31
1.2 司法权力独立行使	30/31	3.1 民事审判符合公正要求	14/31	6.1 证据裁判原则得到贯彻	12/31	8.3 法律职业人员享有职业保障	26/31
1.3 司法权力公正行使	5/31	3.2 民事诉讼中的调解自愿、合法	12/31	6.2 证据依法得到采纳与排除	25/31	9.1 司法过程依法公开	16/31
1.4 司法权力主体受到信任与认同	13/31	3.3 民事诉讼裁判得到有效执行	9/31	6.3 证明过程得到合理规范	31/31	9.2 裁判结果依法公开	22/31
1.5 司法裁判受到信任与认同	11/31	4.1 侦查措施及时合法	8/31	7.1 警察远离腐败	29/31	10.1 公众参与司法的意识及程度	3/31
2.1 当事人享有不被强迫自证其罪的权利	19/31	4.2 审查起诉公正	29/31	7.2 检察官远离腐败	24/31	10.2 公众诉诸司法的意识及程度	8/31
2.2 当事人享有获得辩护、代理的权利	18/31	4.3 刑事审判公正及时	11/31	7.3 法官远离腐败	27/31	10.3 公众接受司法裁判的意识及程度	24/31
2.3 当事人享有证据性权利	30/31	5.1 行政审判符合公正要求	10/31	8.1 法律职业人员获得职业培训	26/31	10.4 公众接受现代刑罚理念的意识及程度	24/31

3. 一级指标得分

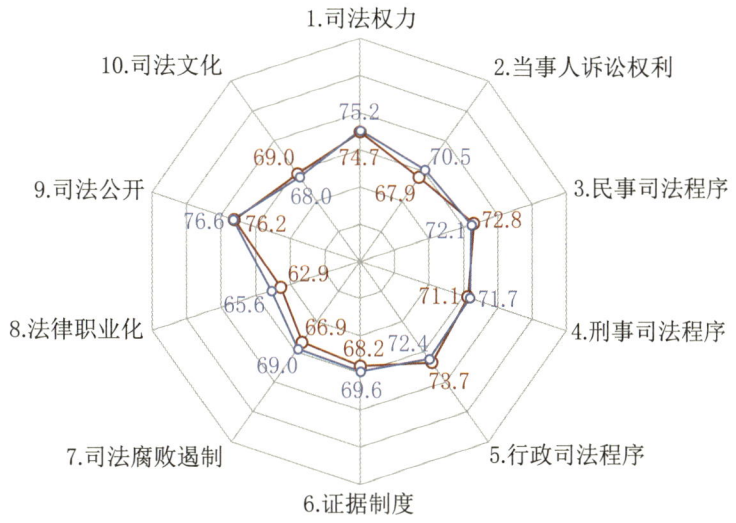

4. 二级指标得分

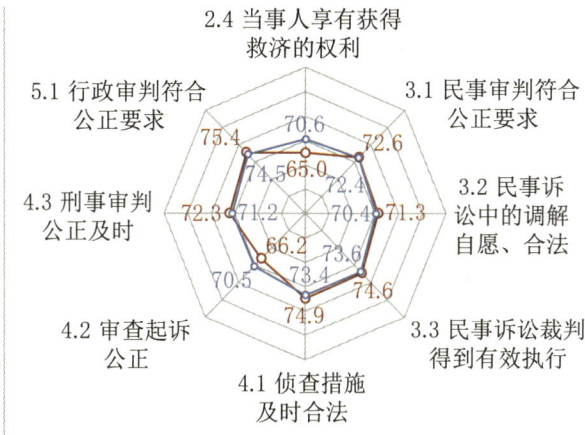

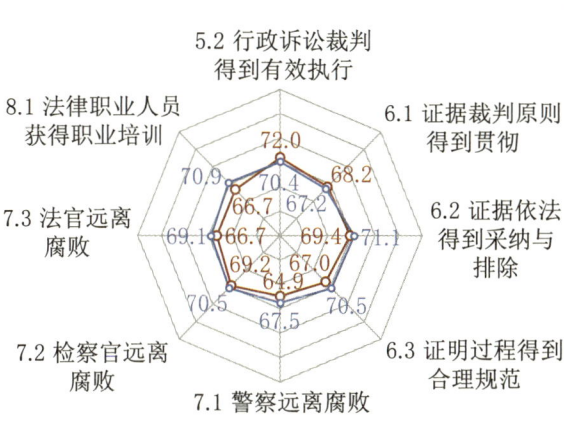

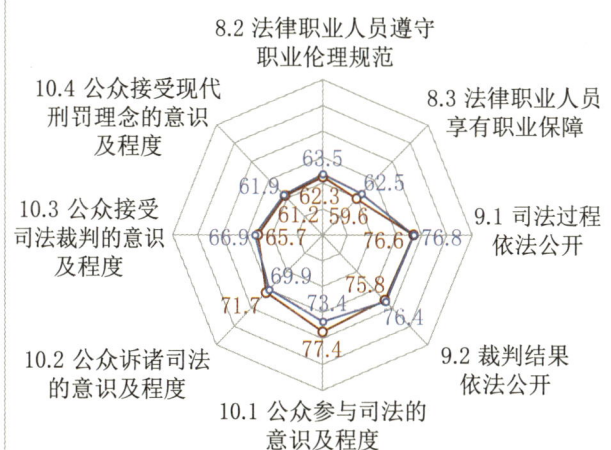

(十三) 福建省 (7/31)

1. 一级指标得分和排名表

序号	一级指标	得分	31个省/自治区/直辖市平均分	排名
指标1	司法权力	76.1	75.2	9/31
指标2	当事人诉讼权利	70.9	70.5	10/31
指标3	民事司法程序	73.0	72.1	7/31
指标4	刑事司法程序	73.9	71.7	4/31
指标5	行政司法程序	73.7	72.4	9/31
指标6	证据制度	70.2	69.6	13/31
指标7	司法腐败遏制	69.9	69.0	10/31
指标8	法律职业化	63.4	65.6	26/31
指标9	司法公开	78.2	76.6	5/31
指标10	司法文化	70.0	68.0	2/31
均分		71.9	71.1	7/31

2. 二级指标排名表

二级指标	排名	二级指标	排名	二级指标	排名	二级指标	排名
1.1 司法权力依法行使	2/31	2.4 当事人享有获得救济的权利	16/31	5.2 行政诉讼裁判得到有效执行	7/31	8.2 法律职业人员遵守职业伦理规范	28/31
1.2 司法权力独立行使	12/31	3.1 民事审判符合公正要求	5/31	6.1 证据裁判原则得到贯彻	22/31	8.3 法律职业人员享有职业保障	22/31
1.3 司法权力公正行使	14/31	3.2 民事诉讼中的调解自愿、合法	17/31	6.2 证据依法得到采纳与排除	7/31	9.1 司法过程依法公开	4/31
1.4 司法权力主体受到信任与认同	16/31	3.3 民事诉讼裁判得到有效执行	19/31	6.3 证明过程得到合理规范	10/31	9.2 裁判结果依法公开	7/31
1.5 司法裁判受到信任与认同	17/31	4.1 侦查措施及时合法	6/31	7.1 警察远离腐败	16/31	10.1 公众参与司法的意识及程度	5/31
2.1 当事人享有不被强迫自证其罪的权利	7/31	4.2 审查起诉公正	5/31	7.2 检察官远离腐败	7/31	10.2 公众诉诸司法的意识及程度	11/31
2.2 当事人享有获得辩护、代理的权利	13/31	4.3 刑事审判公正及时	9/31	7.3 法官远离腐败	9/31	10.3 公众接受司法裁判的意识及程度	2/31
2.3 当事人享有证据性权利	15/31	5.1 行政审判符合公正要求	11/31	8.1 法律职业人员获得职业培训	27/31	10.4 公众接受现代刑罚理念的意识及程度	10/31

3. 一级指标得分

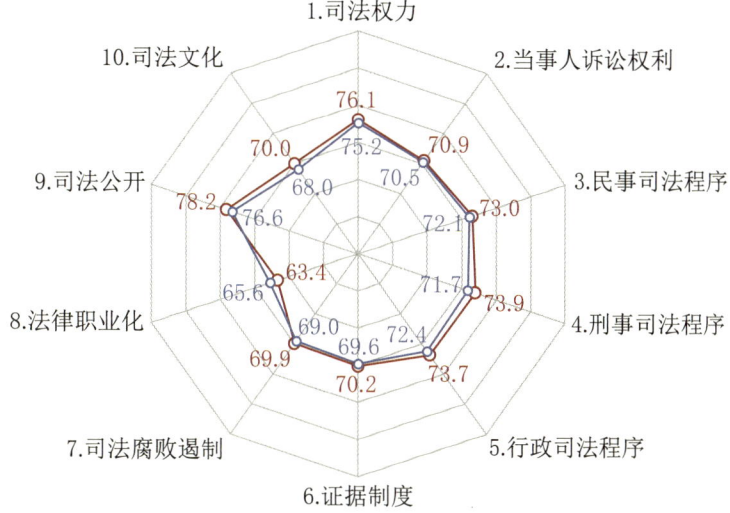

4. 二级指标得分

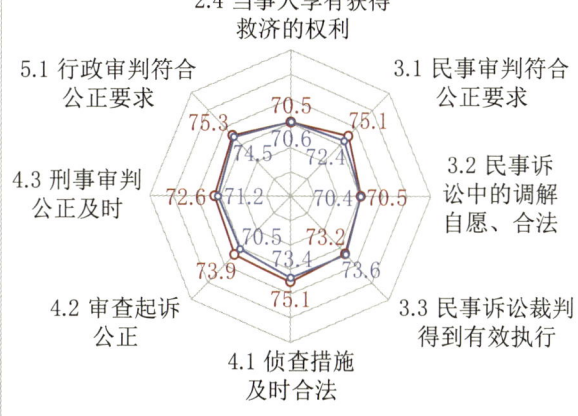

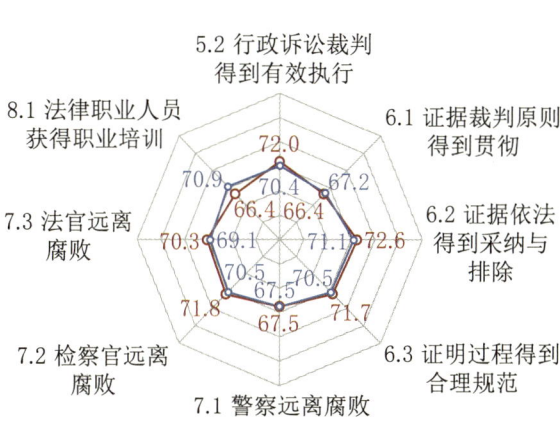

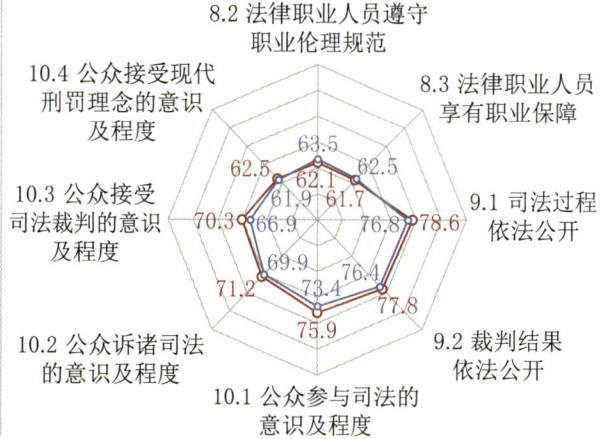

(十四)江西省(24/31)

1. 一级指标得分和排名表

序号	一级指标	得分	31个省/自治区/直辖市平均分	排名
指标1	司法权力	74.4	75.2	23/31
指标2	当事人诉讼权利	69.8	70.5	20/31
指标3	民事司法程序	71.0	72.1	24/31
指标4	刑事司法程序	71.1	71.7	21/31
指标5	行政司法程序	70.2	72.4	29/31
指标6	证据制度	68.8	69.6	21/31
指标7	司法腐败遏制	67.8	69.0	23/31
指标8	法律职业化	65.0	65.6	18/31
指标9	司法公开	75.2	76.6	27/31
指标10	司法文化	67.0	68.0	25/31
均分		70.0	71.1	24/31

2. 二级指标排名表

二级指标	排名	二级指标	排名	二级指标	排名	二级指标	排名
1.1 司法权力依法行使	16/31	2.4 当事人享有获得救济的权利	18/31	5.2 行政诉讼裁判得到有效执行	23/31	8.2 法律职业人员遵守职业伦理规范	22/31
1.2 司法权力独立行使	22/31	3.1 民事审判符合公正要求	28/31	6.1 证据裁判原则得到贯彻	26/31	8.3 法律职业人员享有职业保障	19/31
1.3 司法权力公正行使	19/31	3.2 民事诉讼中的调解自愿、合法	16/31	6.2 证据依法得到采纳与排除	18/31	9.1 司法过程依法公开	26/31
1.4 司法权力主体受到信任与认同	23/31	3.3 民事诉讼裁判得到有效执行	16/31	6.3 证明过程得到合理规范	21/31	9.2 裁判结果依法公开	28/31
1.5 司法裁判受到信任与认同	26/31	4.1 侦查措施及时合法	24/31	7.1 警察远离腐败	25/31	10.1 公众参与司法的意识及程度	27/31
2.1 当事人享有不被强迫自证其罪的权利	23/31	4.2 审查起诉公正	18/31	7.2 检察官远离腐败	23/31	10.2 公众诉诸司法的意识及程度	25/31
2.2 当事人享有获得辩护、代理的权利	22/31	4.3 刑事审判公正及时	19/31	7.3 法官远离腐败	21/31	10.3 公众接受司法裁判的意识及程度	8/31
2.3 当事人享有证据性权利	14/31	5.1 行政审判符合公正要求	29/31	8.1 法律职业人员获得职业培训	18/31	10.4 公众接受现代刑罚理念的意识及程度	26/31

3. 一级指标得分

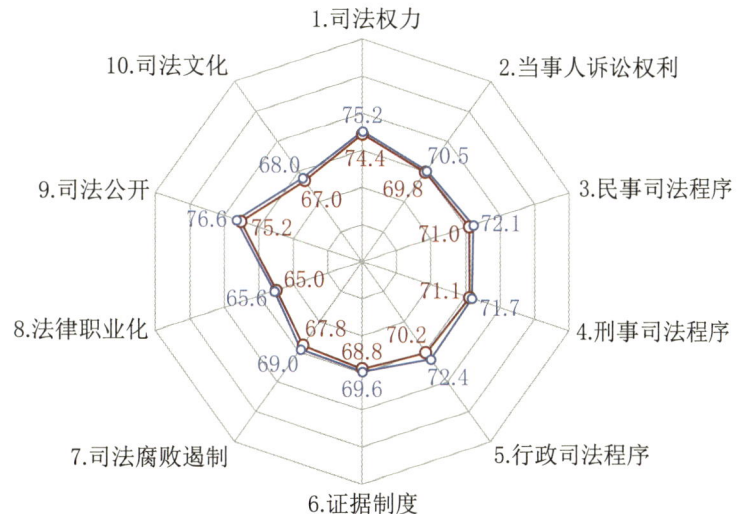

4. 二级指标得分

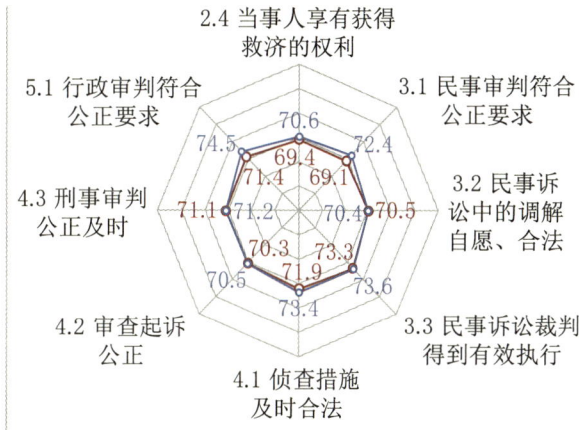

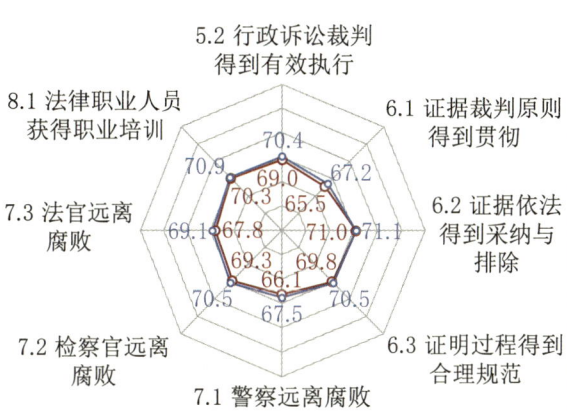

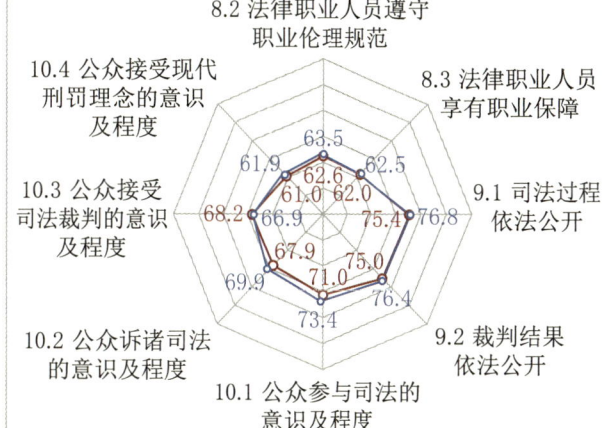

(十五) 山东省 (2/31)

1. 一级指标得分和排名表

序 号	一级指标	得 分	31个省/自治区/直辖市平均分	排 名
指标1	司法权力	77.0	75.2	5/31
指标2	当事人诉讼权利	73.8	70.5	1/31
指标3	民事司法程序	75.2	72.1	1/31
指标4	刑事司法程序	75.8	71.7	1/31
指标5	行政司法程序	76.9	72.4	1/31
指标6	证据制度	72.6	69.6	1/31
指标7	司法腐败遏制	69.5	69.0	14/31
指标8	法律职业化	63.3	65.6	27/31
指标9	司法公开	78.8	76.6	2/31
指标10	司法文化	69.1	68.0	7/31
均 分		73.2	71.1	2/31

2. 二级指标排名表

二级指标	排 名	二级指标	排 名	二级指标	排 名	二级指标	排 名
1.1 司法权力依法行使	5/31	2.4 当事人享有获得救济的权利	7/31	5.2 行政诉讼裁判得到有效执行	6/31	8.2 法律职业人员遵守职业伦理规范	27/31
1.2 司法权力独立行使	16/31	3.1 民事审判符合公正要求	1/31	6.1 证据裁判原则得到贯彻	9/31	8.3 法律职业人员享有职业保障	24/31
1.3 司法权力公正行使	12/31	3.2 民事诉讼中的调解自愿、合法	1/31	6.2 证据依法得到采纳与排除	1/31	9.1 司法过程依法公开	5/31
1.4 司法权力主体受到信任与认同	2/31	3.3 民事诉讼裁判得到有效执行	7/31	6.3 证明过程得到合理规范	1/31	9.2 裁判结果依法公开	1/31
1.5 司法裁判受到信任与认同	1/31	4.1 侦查措施及时合法	2/31	7.1 警察远离腐败	8/31	10.1 公众参与司法的意识及程度	16/31
2.1 当事人享有不被强迫自证其罪的权利	4/31	4.2 审查起诉公正	1/31	7.2 检察官远离腐败	13/31	10.2 公众诉诸司法的意识及程度	3/31
2.2 当事人享有获得辩护、代理的权利	6/31	4.3 刑事审判公正及时	1/31	7.3 法官远离腐败	19/31	10.3 公众接受司法裁判的意识及程度	16/31
2.3 当事人享有证据性权利	1/31	5.1 行政审判符合公正要求	1/31	8.1 法律职业人员获得职业培训	25/31	10.4 公众接受现代刑罚理念的意识及程度	7/31

3. 一级指标得分

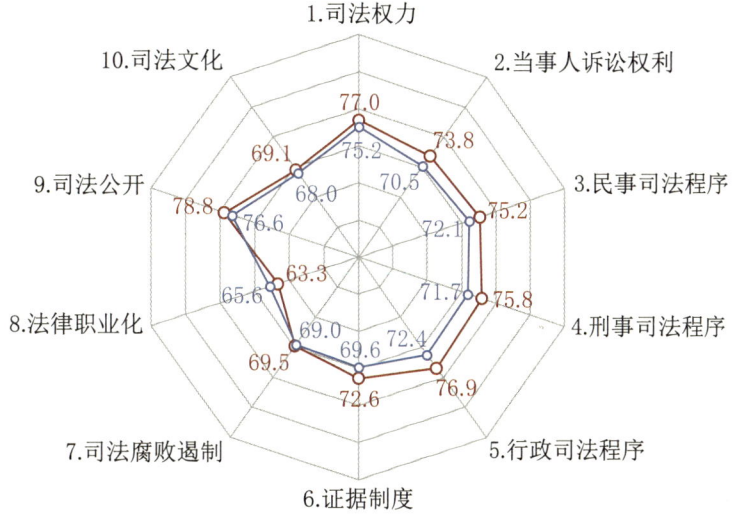

4. 二级指标得分

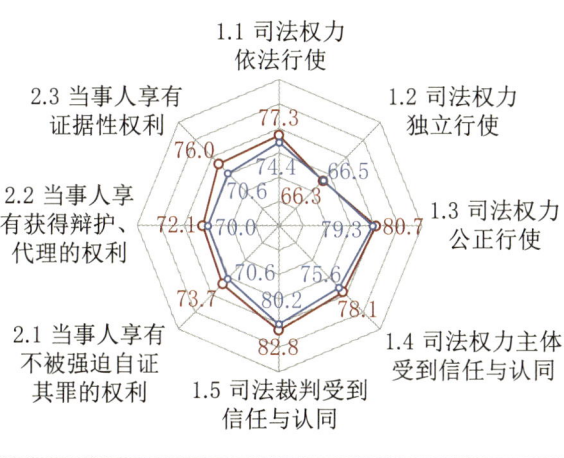

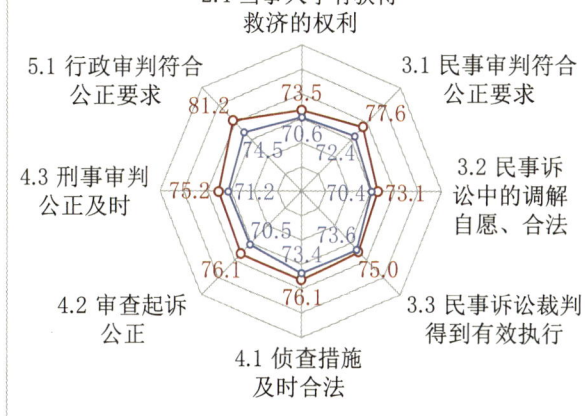

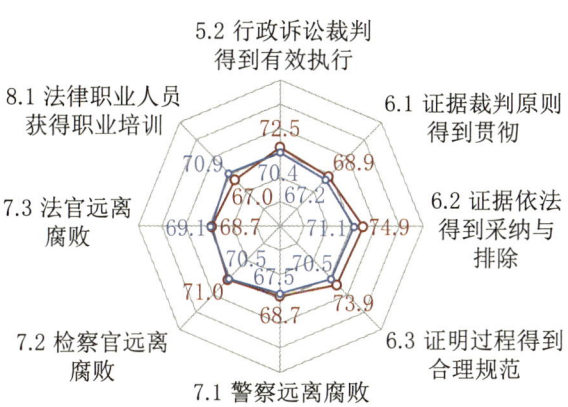

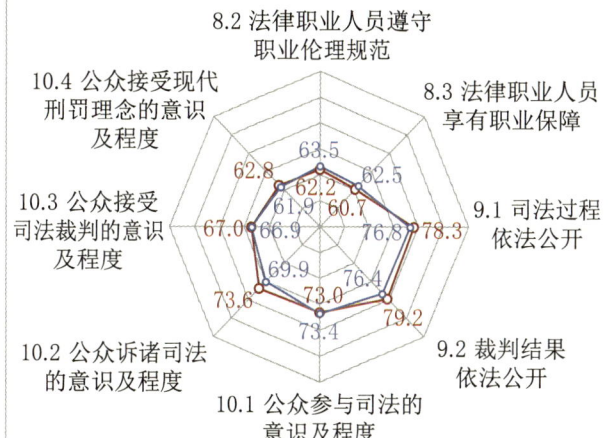

（十六）河南省（27/31）

1. 一级指标得分和排名表

序　号	一级指标	得　分	31个省/自治区/直辖市平均分	排　名
指标1	司法权力	73.1	75.2	29/31
指标2	当事人诉讼权利	68.9	70.5	28/31
指标3	民事司法程序	69.0	72.1	31/31
指标4	刑事司法程序	68.8	71.7	29/31
指标5	行政司法程序	70.9	72.4	22/31
指标6	证据制度	66.5	69.6	29/31
指标7	司法腐败遏制	67.9	69.0	22/31
指标8	法律职业化	68.7	65.6	3/31
指标9	司法公开	74.9	76.6	28/31
指标10	司法文化	68.0	68.0	16/31
均　　分		69.7	71.1	27/31

2. 二级指标排名表

二级指标	排　名	二级指标	排　名	二级指标	排　名	二级指标	排　名
1.1 司法权力依法行使	27/31	2.4 当事人享有获得救济的权利	27/31	5.2 行政诉讼裁判得到有效执行	18/31	8.2 法律职业人员遵守职业伦理规范	13/31
1.2 司法权力独立行使	15/31	3.1 民事审判符合公正要求	30/31	6.1 证据裁判原则得到贯彻	29/31	8.3 法律职业人员享有职业保障	4/31
1.3 司法权力公正行使	29/31	3.2 民事诉讼中的调解自愿、合法	28/31	6.2 证据依法得到采纳与排除	30/31	9.1 司法过程依法公开	29/31
1.4 司法权力主体受到信任与认同	27/31	3.3 民事诉讼裁判得到有效执行	31/31	6.3 证明过程得到合理规范	26/31	9.2 裁判结果依法公开	30/31
1.5 司法裁判受到信任与认同	28/31	4.1 侦查措施及时合法	27/31	7.1 警察远离腐败	20/31	10.1 公众参与司法的意识及程度	17/31
2.1 当事人享有不被强迫自证其罪的权利	21/31	4.2 审查起诉公正	24/31	7.2 检察官远离腐败	21/31	10.2 公众诉诸司法的意识及程度	13/31
2.2 当事人享有获得辩护、代理的权利	16/31	4.3 刑事审判公正及时	31/31	7.3 法官远离腐败	22/31	10.3 公众接受司法裁判的意识及程度	20/31
2.3 当事人享有证据性权利	24/31	5.1 行政审判符合公正要求	27/31	8.1 法律职业人员获得职业培训	4/31	10.4 公众接受现代刑罚理念的意识及程度	19/31

第四章 司法文明指数数据报告

3. 一级指标得分

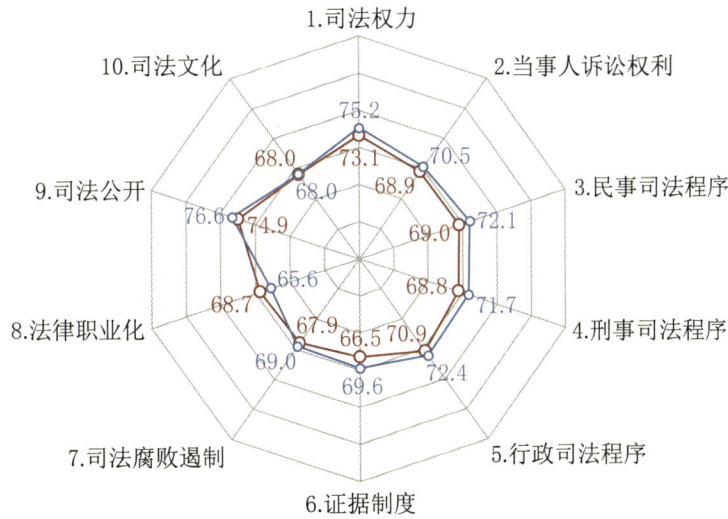

4. 二级指标得分

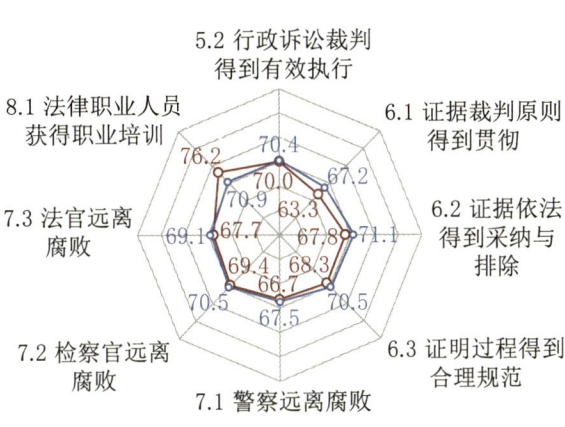

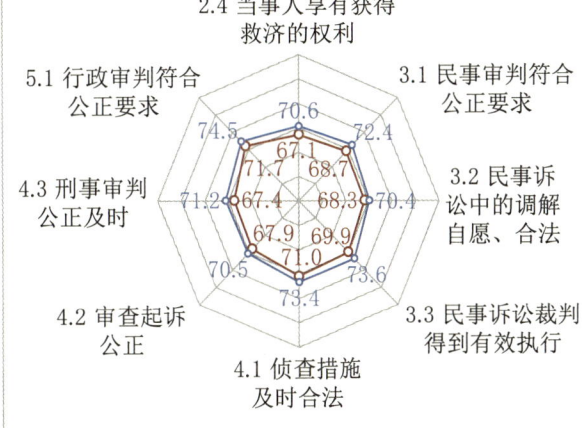

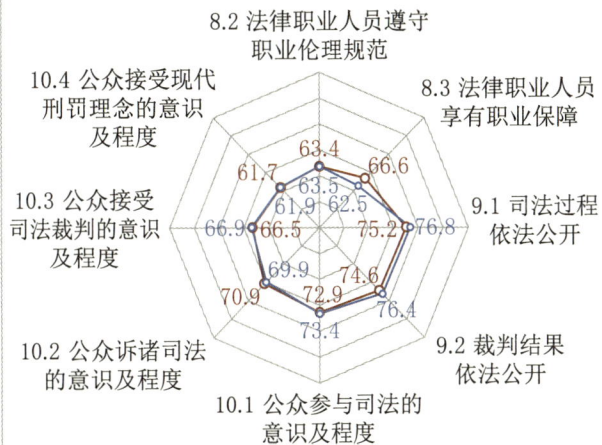

（十七）湖北省（11/31）

1. 一级指标得分和排名表

序 号	一级指标	得 分	31个省/自治区/直辖市平均分	排 名
指标1	司法权力	75.3	75.2	16/31
指标2	当事人诉讼权利	71.4	70.5	6/31
指标3	民事司法程序	72.3	72.1	14/31
指标4	刑事司法程序	72.3	71.7	11/31
指标5	行政司法程序	72.7	72.4	14/31
指标6	证据制度	70.4	69.6	11/31
指标7	司法腐败遏制	69.8	69.0	11/31
指标8	法律职业化	65.8	65.6	14/31
指标9	司法公开	76.0	76.6	22/31
指标10	司法文化	69.5	68.0	5/31
均 分		71.5	71.1	11/31

2. 二级指标排名表

二级指标	排 名	二级指标	排 名	二级指标	排 名	二级指标	排 名
1.1 司法权力依法行使	22/31	2.4 当事人享有获得救济的权利	14/31	5.2 行政诉讼裁判得到有效执行	14/31	8.2 法律职业人员遵守职业伦理规范	6/31
1.2 司法权力独立行使	8/31	3.1 民事审判符合公正要求	20/31	6.1 证据裁判原则得到贯彻	17/31	8.3 法律职业人员享有职业保障	12/31
1.3 司法权力公正行使	8/31	3.2 民事诉讼中的调解自愿、合法	3/31	6.2 证据依法得到采纳与排除	13/31	9.1 司法过程依法公开	22/31
1.4 司法权力主体受到信任与认同	22/31	3.3 民事诉讼裁判得到有效执行	18/31	6.3 证明过程得到合理规范	7/31	9.2 裁判结果依法公开	17/31
1.5 司法裁判受到信任与认同	23/31	4.1 侦查措施及时合法	11/31	7.1 警察远离腐败	15/31	10.1 公众参与司法的意识及程度	6/31
2.1 当事人享有不被强迫自证其罪的权利	3/31	4.2 审查起诉公正	20/31	7.2 检察官远离腐败	9/31	10.2 公众诉诸司法的意识及程度	19/31
2.2 当事人享有获得辩护、代理的权利	10/31	4.3 刑事审判公正及时	7/31	7.3 法官远离腐败	7/31	10.3 公众接受司法裁判的意识及程度	12/31
2.3 当事人享有证据性权利	22/31	5.1 行政审判符合公正要求	14/31	8.1 法律职业人员获得职业培训	21/31	10.4 公众接受现代刑罚理念的意识及程度	1/31

3. 一级指标得分

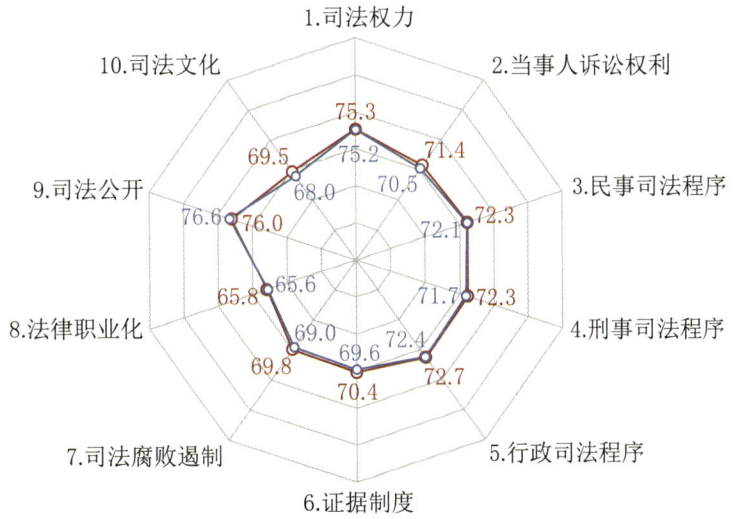

4. 二级指标得分

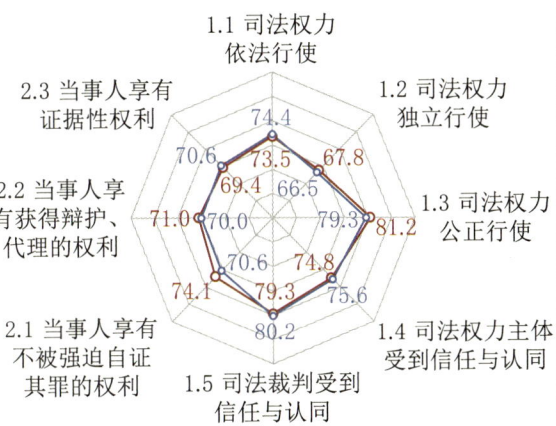

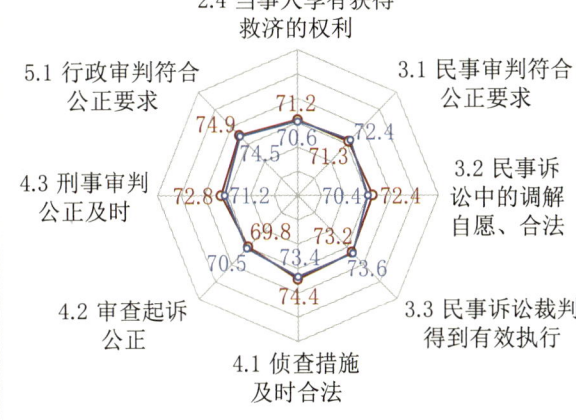

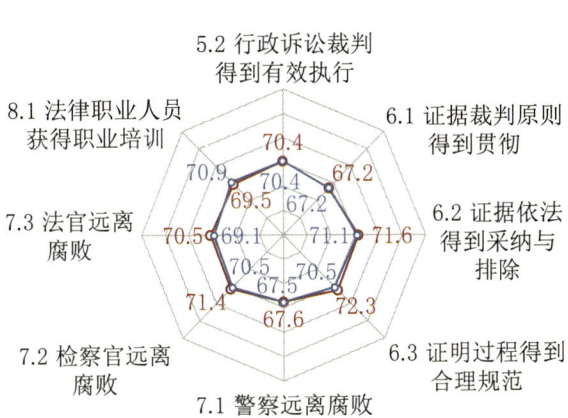

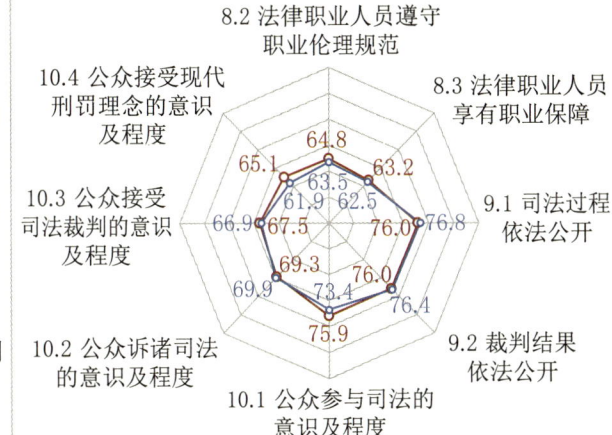

(十八) 湖南省 (30/31)

1. 一级指标得分和排名表

序 号	一级指标	得 分	31个省/自治区/直辖市平均分	排 名
指标1	司法权力	72.2	75.2	31/31
指标2	当事人诉讼权利	69.8	70.5	21/31
指标3	民事司法程序	71.8	72.1	19/31
指标4	刑事司法程序	71.3	71.7	19/31
指标5	行政司法程序	69.5	72.4	30/31
指标6	证据制度	68.6	69.6	22/31
指标7	司法腐败遏制	66.3	69.0	30/31
指标8	法律职业化	63.4	65.6	25/31
指标9	司法公开	74.7	76.6	29/31
指标10	司法文化	66.2	68.0	29/31
均 分		69.4	71.1	30/31

2. 二级指标排名表

二级指标	排 名	二级指标	排 名	二级指标	排 名	二级指标	排 名
1.1 司法权力依法行使	20/31	2.4 当事人享有获得救济的权利	21/31	5.2 行政诉讼裁判得到有效执行	30/31	8.2 法律职业人员遵守职业伦理规范	31/31
1.2 司法权力独立行使	31/31	3.1 民事审判符合公正要求	12/31	6.1 证据裁判原则得到贯彻	18/31	8.3 法律职业人员享有职业保障	31/31
1.3 司法权力公正行使	26/31	3.2 民事诉讼中的调解自愿、合法	27/31	6.2 证据依法得到采纳与排除	24/31	9.1 司法过程依法公开	28/31
1.4 司法权力主体受到信任与认同	30/31	3.3 民事诉讼裁判得到有效执行	23/31	6.3 证明过程得到合理规范	22/31	9.2 裁判结果依法公开	31/31
1.5 司法裁判受到信任与认同	31/31	4.1 侦查措施及时合法	26/31	7.1 警察远离腐败	26/31	10.1 公众参与司法的意识及程度	25/31
2.1 当事人享有不被强迫自证其罪的权利	8/31	4.2 审查起诉公正	9/31	7.2 检察官远离腐败	29/31	10.2 公众诉诸司法的意识及程度	31/31
2.2 当事人享有获得辩护、代理的权利	28/31	4.3 刑事审判公正及时	26/31	7.3 法官远离腐败	31/31	10.3 公众接受司法裁判的意识及程度	19/31
2.3 当事人享有证据性权利	17/31	5.1 行政审判符合公正要求	30/31	8.1 法律职业人员获得职业培训	12/31	10.4 公众接受现代刑罚理念的意识及程度	20/31

3. 一级指标得分

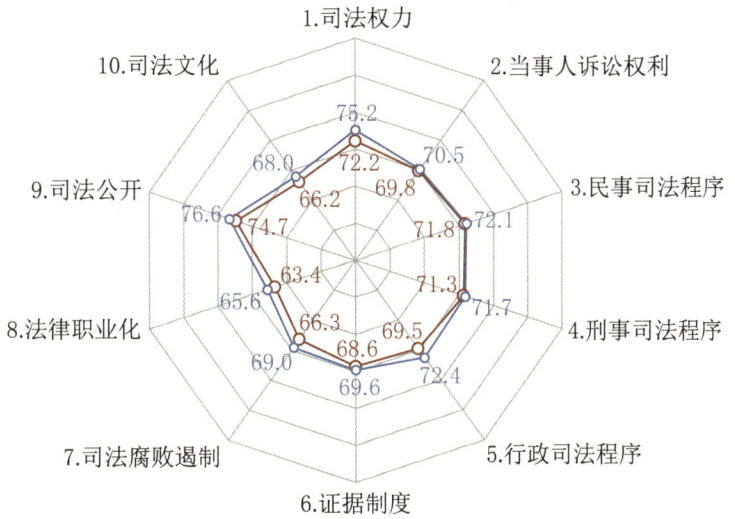

4. 二级指标得分

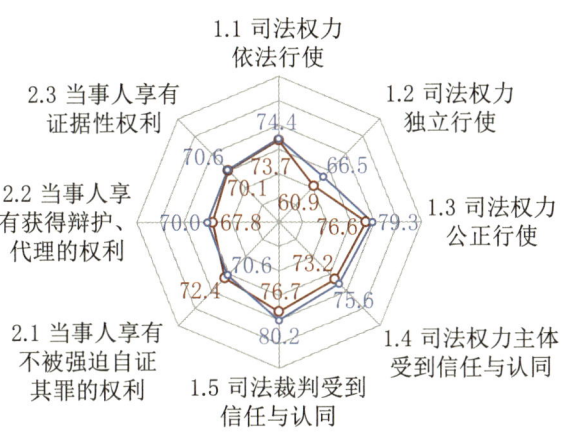

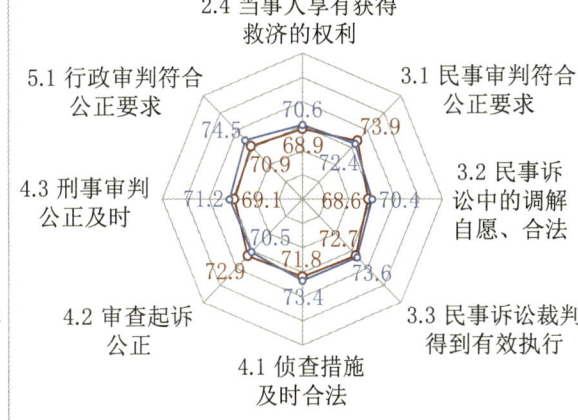

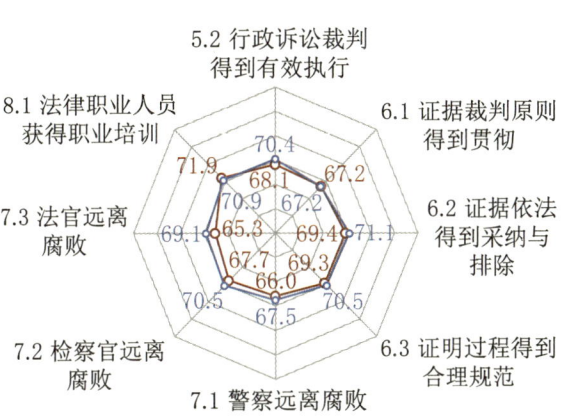

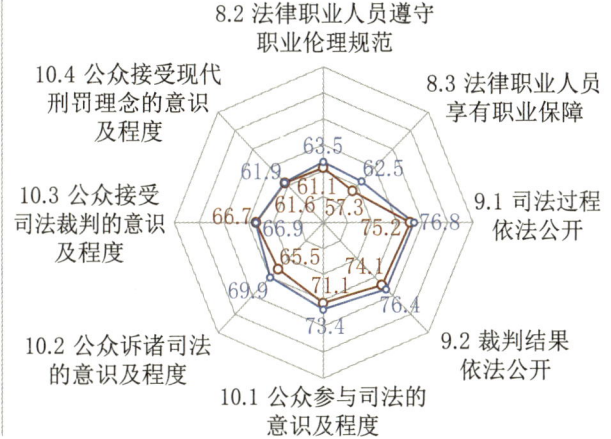

（十九）广东省（20/31）

1. 一级指标得分和排名表

序　号	一级指标	得　分	31个省/自治区/直辖市平均分	排　名
指标1	司法权力	74.4	75.2	24/31
指标2	当事人诉讼权利	68.6	70.5	29/31
指标3	民事司法程序	71.7	72.1	20/31
指标4	刑事司法程序	71.4	71.7	16/31
指标5	行政司法程序	72.0	72.4	15/31
指标6	证据制度	68.1	69.6	26/31
指标7	司法腐败遏制	68.8	69.0	19/31
指标8	法律职业化	65.0	65.6	16/31
指标9	司法公开	76.1	76.6	21/31
指标10	司法文化	70.3	68.0	1/31
均　　分		70.6	71.1	20/31

2. 二级指标排名表

二级指标	排　名	二级指标	排　名	二级指标	排　名	二级指标	排　名
1.1 司法权力依法行使	17/31	2.4 当事人享有获得救济的权利	26/31	5.2 行政诉讼裁判得到有效执行	26/31	8.2 法律职业人员遵守职业伦理规范	25/31
1.2 司法权力独立行使	23/31	3.1 民事审判符合公正要求	11/31	6.1 证据裁判原则得到贯彻	19/31	8.3 法律职业人员享有职业保障	20/31
1.3 司法权力公正行使	22/31	3.2 民事诉讼中的调解自愿、合法	18/31	6.2 证据依法得到采纳与排除	27/31	9.1 司法过程依法公开	17/31
1.4 司法权力主体受到信任与认同	19/31	3.3 民事诉讼裁判得到有效执行	29/31	6.3 证明过程得到合理规范	25/31	9.2 裁判结果依法公开	23/31
1.5 司法裁判受到信任与认同	22/31	4.1 侦查措施及时合法	15/31	7.1 警察远离腐败	23/31	10.1 公众参与司法的意识及程度	2/31
2.1 当事人享有不被强迫自证其罪的权利	24/31	4.2 审查起诉公正	21/31	7.2 检察官远离腐败	15/31	10.2 公众诉诸司法的意识及程度	2/31
2.2 当事人享有获得辩护、代理的权利	14/31	4.3 刑事审判公正及时	15/31	7.3 法官远离腐败	14/31	10.3 公众接受司法裁判的意识及程度	18/31
2.3 当事人享有证据性权利	28/31	5.1 行政审判符合公正要求	9/31	8.1 法律职业人员获得职业培训	16/31	10.4 公众接受现代刑罚理念的意识及程度	12/31

3. 一级指标得分

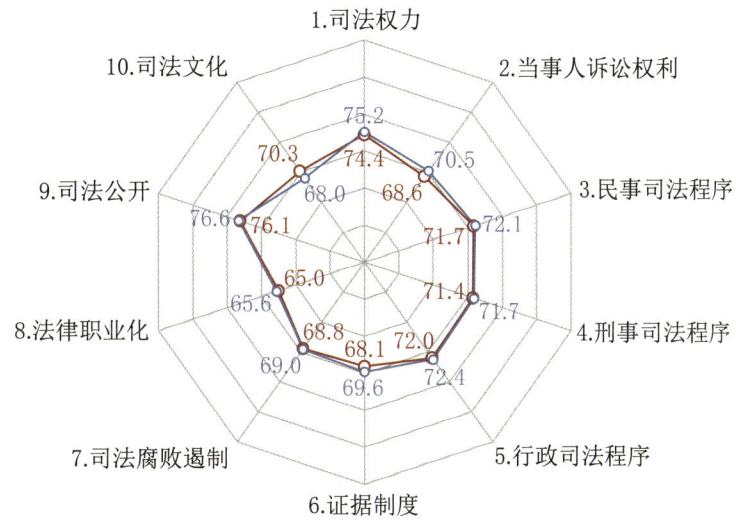

4. 二级指标得分

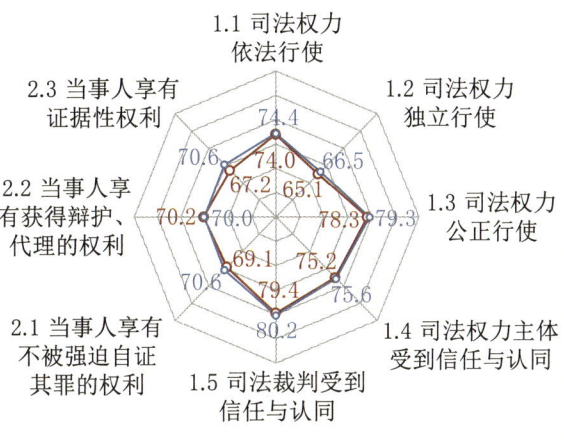

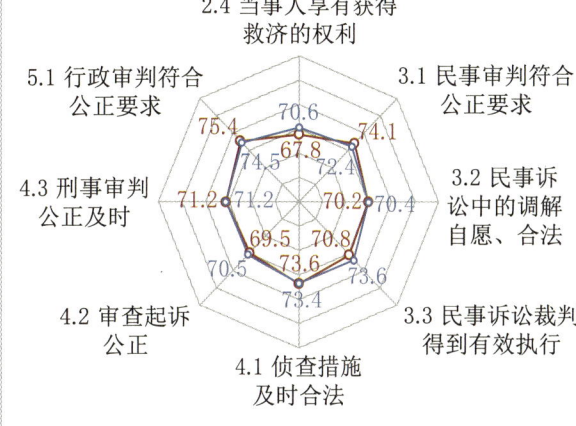

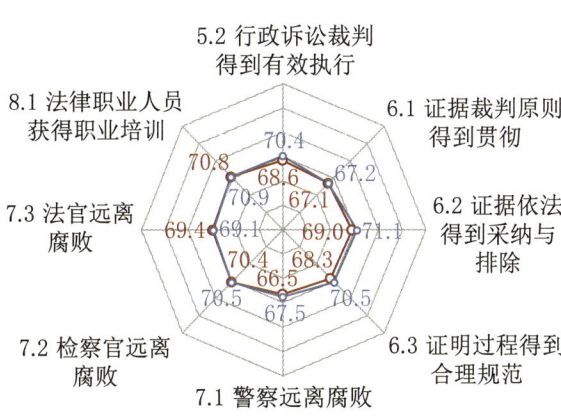

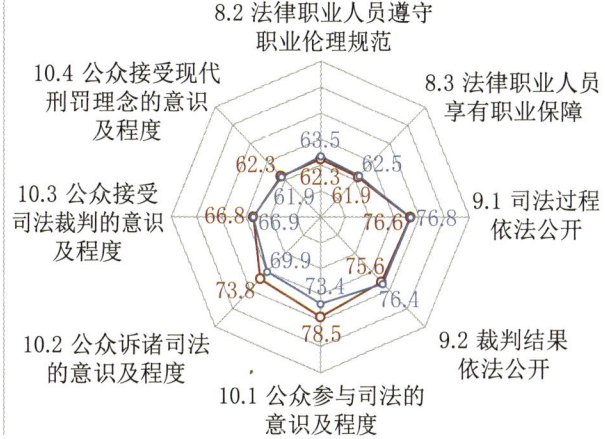

(二十) 广西壮族自治区 (12/31)

1. 一级指标得分和排名表

序 号	一级指标	得 分	31个省/自治区/直辖市平均分	排 名
指标1	司法权力	75.5	75.2	13/31
指标2	当事人诉讼权利	70.6	70.5	12/31
指标3	民事司法程序	72.8	72.1	11/31
指标4	刑事司法程序	72.9	71.7	9/31
指标5	行政司法程序	71.2	72.4	21/31
指标6	证据制度	71.3	69.6	8/31
指标7	司法腐败遏制	67.7	69.0	24/31
指标8	法律职业化	68.3	65.6	5/31
指标9	司法公开	76.9	76.6	11/31
指标10	司法文化	67.2	68.0	24/31
均 分		71.5	71.1	12/31

2. 二级指标排名表

二级指标	排 名	二级指标	排 名	二级指标	排 名	二级指标	排 名
1.1 司法权力依法行使	12/31	2.4 当事人享有获得救济的权利	9/31	5.2 行政诉讼裁判得到有效执行	28/31	8.2 法律职业人员遵守职业伦理规范	30/31
1.2 司法权力独立行使	26/31	3.1 民事审判符合公正要求	9/31	6.1 证据裁判原则得到贯彻	5/31	8.3 法律职业人员享有职业保障	18/31
1.3 司法权力公正行使	2/31	3.2 民事诉讼中的调解自愿、合法	6/31	6.2 证据依法得到采纳与排除	5/31	9.1 司法过程依法公开	7/31
1.4 司法权力主体受到信任与认同	17/31	3.3 民事诉讼裁判得到有效执行	27/31	6.3 证明过程得到合理规范	14/31	9.2 裁判结果依法公开	18/31
1.5 司法裁判受到信任与认同	14/31	4.1 侦查措施及时合法	25/31	7.1 警察远离腐败	24/31	10.1 公众参与司法的意识及程度	30/31
2.1 当事人享有不被强迫自证其罪的权利	17/31	4.2 审查起诉公正	2/31	7.2 检察官远离腐败	22/31	10.2 公众诉诸司法的意识及程度	21/31
2.2 当事人享有获得辩护、代理的权利	20/31	4.3 刑事审判公正及时	10/31	7.3 法官远离腐败	24/31	10.3 公众接受司法裁判的意识及程度	14/31
2.3 当事人享有证据性权利	21/31	5.1 行政审判符合公正要求	16/31	8.1 法律职业人员获得职业培训	2/31	10.4 公众接受现代刑罚理念的意识及程度	11/31

3. 一级指标得分

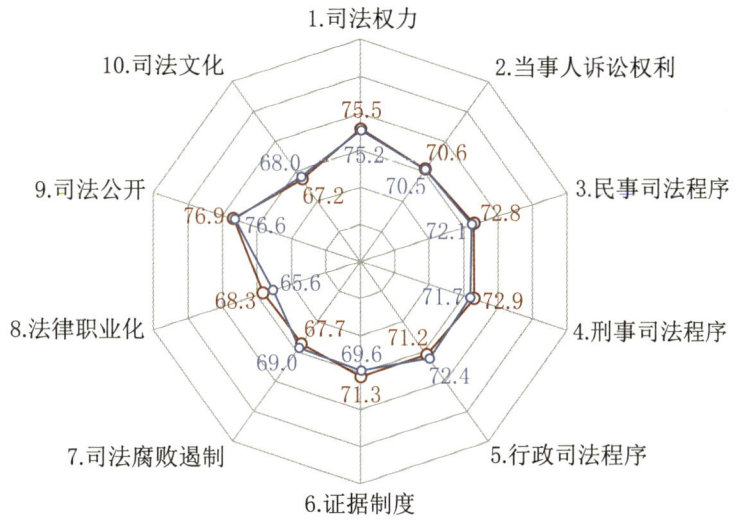

4. 二级指标得分

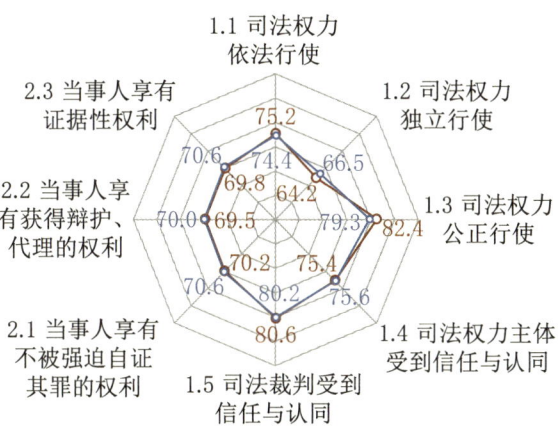

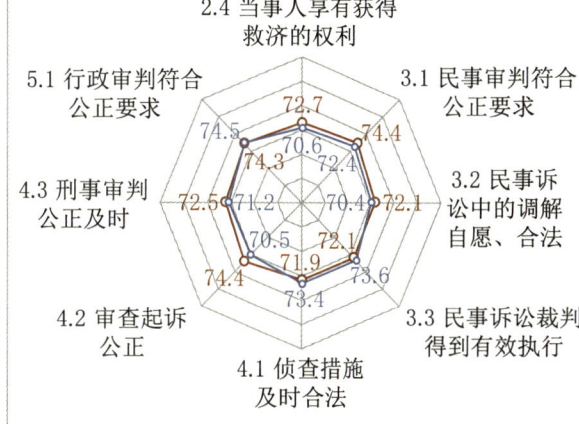

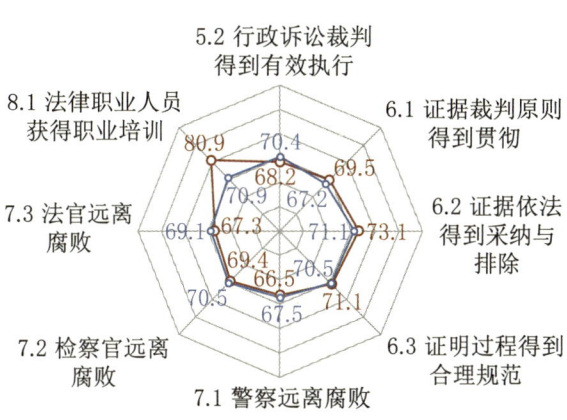

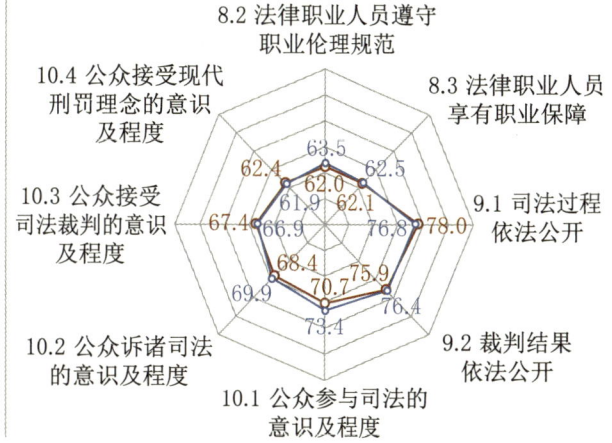

(二十一) 海南省 (18/31)

1. 一级指标得分和排名表

序 号	一级指标	得 分	31个省/自治区/直辖市平均分	排 名
指标1	司法权力	75.3	75.2	15/31
指标2	当事人诉讼权利	70.9	70.5	11/31
指标3	民事司法程序	72.1	72.1	17/31
指标4	刑事司法程序	72.2	71.7	12/31
指标5	行政司法程序	71.6	72.4	18/31
指标6	证据制度	69.4	69.6	18/31
指标7	司法腐败遏制	66.6	69.0	27/31
指标8	法律职业化	64.5	65.6	23/31
指标9	司法公开	76.4	76.6	17/31
指标10	司法文化	68.2	68.0	14/31
均 分		70.7	71.1	18/31

2. 二级指标排名表

二级指标	排 名	二级指标	排 名	二级指标	排 名	二级指标	排 名
1.1 司法权力依法行使	14/31	2.4 当事人享有获得救济的权利	17/31	5.2 行政诉讼裁判得到有效执行	19/31	8.2 法律职业人员遵守职业伦理规范	18/31
1.2 司法权力独立行使	14/31	3.1 民事审判符合公正要求	26/31	6.1 证据裁判原则得到贯彻	25/31	8.3 法律职业人员享有职业保障	25/31
1.3 司法权力公正行使	18/31	3.2 民事诉讼中的调解自愿、合法	5/31	6.2 证据依法得到采纳与排除	11/31	9.1 司法过程依法公开	15/31
1.4 司法权力主体受到信任与认同	14/31	3.3 民事诉讼裁判得到有效执行	13/31	6.3 证明过程得到合理规范	17/31	9.2 裁判结果依法公开	21/31
1.5 司法裁判受到信任与认同	20/31	4.1 侦查措施及时合法	14/31	7.1 警察远离腐败	30/31	10.1 公众参与司法的意识及程度	4/31
2.1 当事人享有不被强迫自证其罪的权利	20/31	4.2 审查起诉公正	14/31	7.2 检察官远离腐败	26/31	10.2 公众诉诸司法的意识及程度	15/31
2.2 当事人享有获得辩护、代理的权利	17/31	4.3 刑事审判公正及时	22/31	7.3 法官远离腐败	26/31	10.3 公众接受司法裁判的意识及程度	27/31
2.3 当事人享有证据性权利	4/31	5.1 行政审判符合公正要求	19/31	8.1 法律职业人员获得职业培训	20/31	10.4 公众接受现代刑罚理念的意识及程度	15/31

3. 一级指标得分

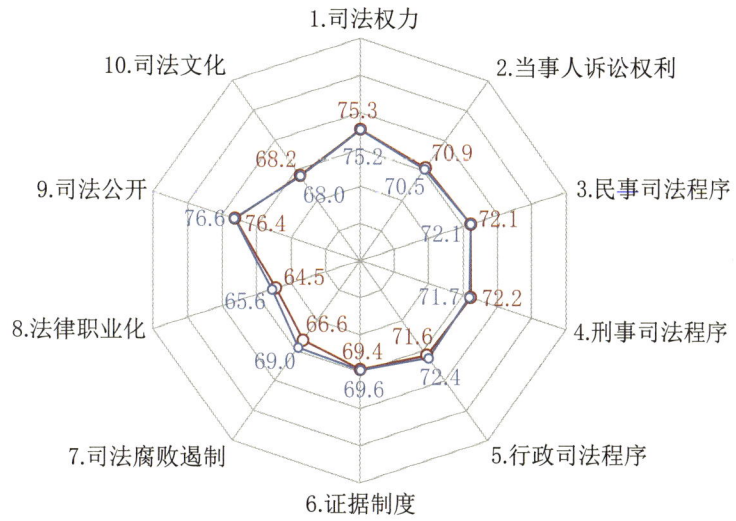

4. 二级指标得分

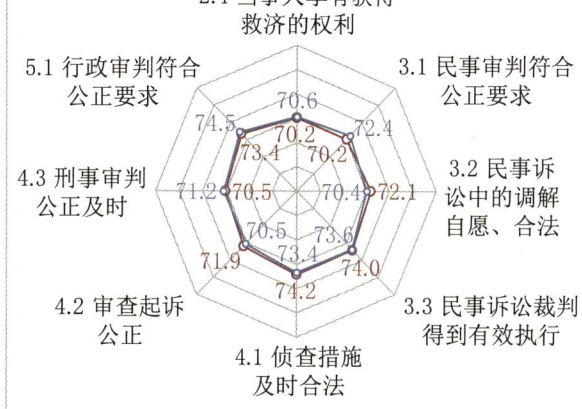

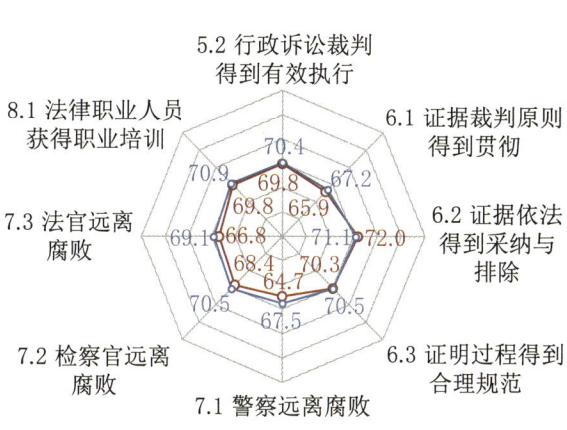

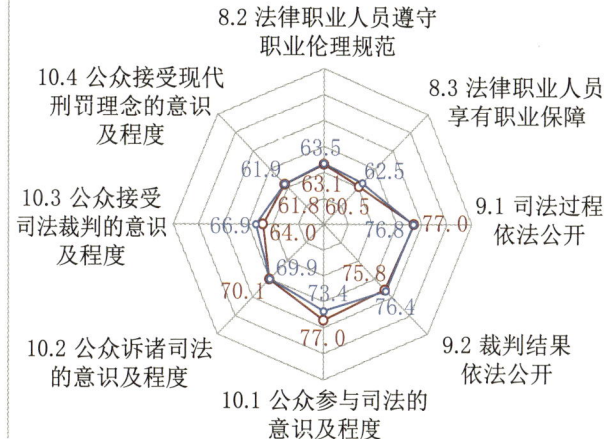

(二十二)重庆市(6/31)

1. 一级指标得分和排名表

序 号	一级指标	得 分	31个省/自治区/直辖市平均分	排 名
指标1	司法权力	76.2	75.2	8/31
指标2	当事人诉讼权利	72.5	70.5	4/31
指标3	民事司法程序	71.5	72.1	21/31
指标4	刑事司法程序	73.6	71.7	5/31
指标5	行政司法程序	74.4	72.4	6/31
指标6	证据制度	71.6	69.6	3/31
指标7	司法腐败遏制	68.9	69.0	17/31
指标8	法律职业化	64.9	65.6	19/31
指标9	司法公开	78.3	76.6	4/31
指标10	司法文化	68.5	68.0	12/31
均 分		72.1	71.1	6/31

2. 二级指标排名表

二级指标	排 名	二级指标	排 名	二级指标	排 名	二级指标	排 名
1.1 司法权力依法行使	4/31	2.4 当事人享有获得救济的权利	10/31	5.2 行政诉讼裁判得到有效执行	11/31	8.2 法律职业人员遵守职业伦理规范	14/31
1.2 司法权力独立行使	20/31	3.1 民事审判符合公正要求	22/31	6.1 证据裁判原则得到贯彻	4/31	8.3 法律职业人员享有职业保障	30/31
1.3 司法权力公正行使	17/31	3.2 民事诉讼中的调解自愿、合法	20/31	6.2 证据依法得到采纳与排除	6/31	9.1 司法过程依法公开	3/31
1.4 司法权力主体受到信任与认同	7/31	3.3 民事诉讼裁判得到有效执行	14/31	6.3 证明过程得到合理规范	5/31	9.2 裁判结果依法公开	8/31
1.5 司法裁判受到信任与认同	10/31	4.1 侦查措施及时合法	12/31	7.1 警察远离腐败	13/31	10.1 公众参与司法的意识及程度	18/31
2.1 当事人享有不被强迫自证其罪的权利	2/31	4.2 审查起诉公正	3/31	7.2 检察官远离腐败	19/31	10.2 公众诉诸司法的意识及程度	26/31
2.2 当事人享有获得辩护、代理的权利	7/31	4.3 刑事审判公正及时	12/31	7.3 法官远离腐败	18/31	10.3 公众接受司法裁判的意识及程度	1/31
2.3 当事人享有证据性权利	13/31	5.1 行政审判符合公正要求	5/31	8.1 法律职业人员获得职业培训	6/31	10.4 公众接受现代刑罚理念的意识及程度	13/31

3. 一级指标得分

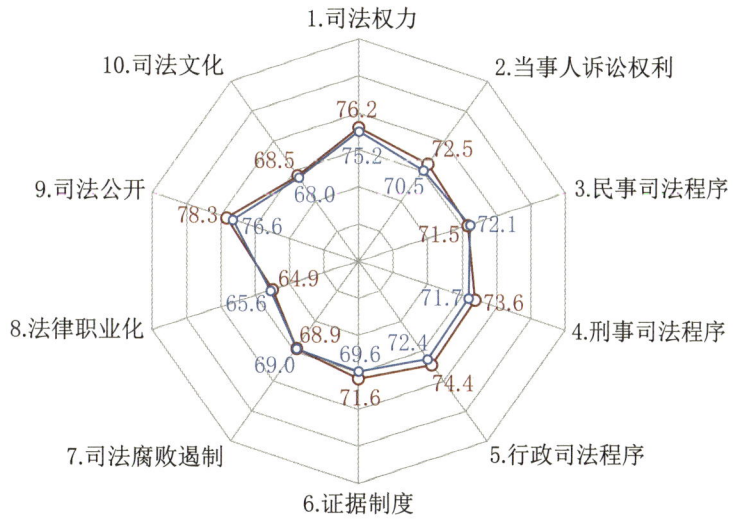

4. 二级指标得分

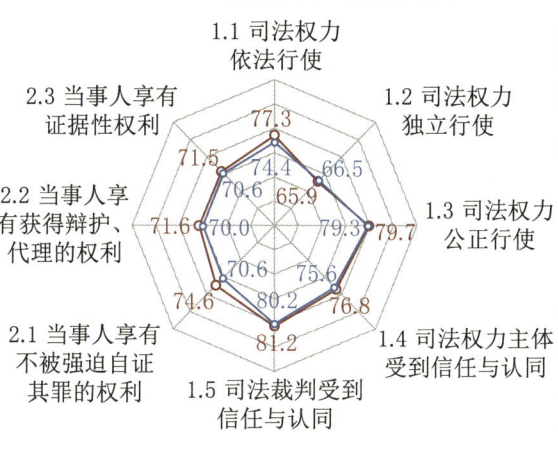

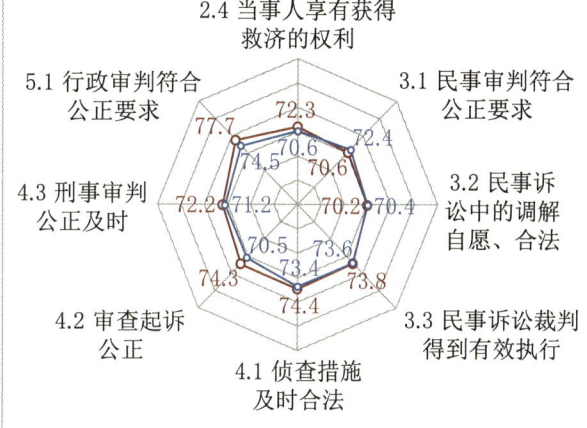

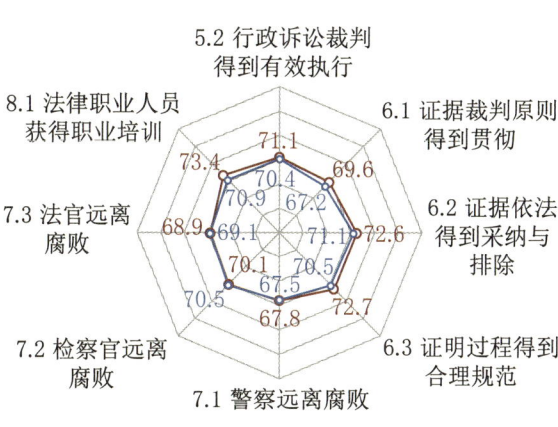

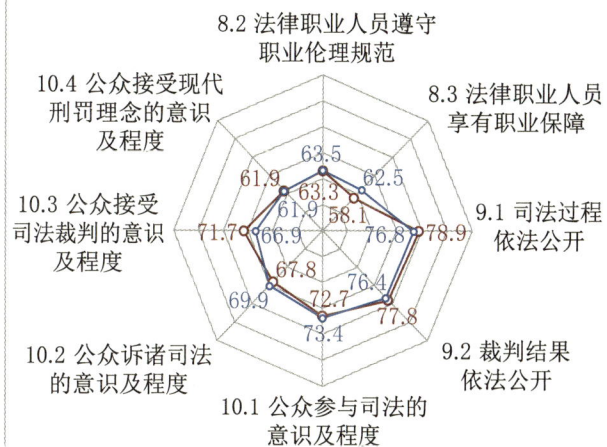

(二十三）四川省（14/31）

1. 一级指标得分和排名表

序 号	一级指标	得 分	31个省/自治区/直辖市平均分	排 名
指标1	司法权力	76.4	75.2	7/31
指标2	当事人诉讼权利	71.2	70.5	9/31
指标3	民事司法程序	71.5	72.1	23/31
指标4	刑事司法程序	73.4	71.7	7/31
指标5	行政司法程序	70.8	72.4	25/31
指标6	证据制度	71.4	69.6	4/31
指标7	司法腐败遏制	70.6	69.0	5/31
指标8	法律职业化	64.8	65.6	22/31
指标9	司法公开	76.6	76.6	14/31
指标10	司法文化	67.5	68.0	19/31
均 分		71.4	71.1	14/31

2. 二级指标排名表

二级指标	排 名	二级指标	排 名	二级指标	排 名	二级指标	排 名
1.1 司法权力依法行使	6/31	2.4 当事人享有获得救济的权利	25/31	5.2 行政诉讼裁判得到有效执行	27/31	8.2 法律职业人员遵守职业伦理规范	20/31
1.2 司法权力独立行使	17/31	3.1 民事审判符合公正要求	15/31	6.1 证据裁判原则得到贯彻	3/31	8.3 法律职业人员享有职业保障	27/31
1.3 司法权力公正行使	3/31	3.2 民事诉讼中的调解自愿、合法	7/31	6.2 证据依法得到采纳与排除	4/31	9.1 司法过程依法公开	14/31
1.4 司法权力主体受到信任与认同	11/31	3.3 民事诉讼裁判得到有效执行	30/31	6.3 证明过程得到合理规范	15/31	9.2 裁判结果依法公开	15/31
1.5 司法裁判受到信任与认同	12/31	4.1 侦查措施及时合法	13/31	7.1 警察远离腐败	6/31	10.1 公众参与司法的意识及程度	13/31
2.1 当事人享有不被强迫自证其罪的权利	6/31	4.2 审查起诉公正	7/31	7.2 检察官远离腐败	5/31	10.2 公众诉诸司法的意识及程度	24/31
2.2 当事人享有获得辩护、代理的权利	4/31	4.3 刑事审判公正及时	6/31	7.3 法官远离腐败	5/31	10.3 公众接受司法裁判的意识及程度	15/31
2.3 当事人享有证据性权利	11/31	5.1 行政审判符合公正要求	20/31	8.1 法律职业人员获得职业培训	11/31	10.4 公众接受现代刑罚理念的意识及程度	23/31

3. 一级指标得分

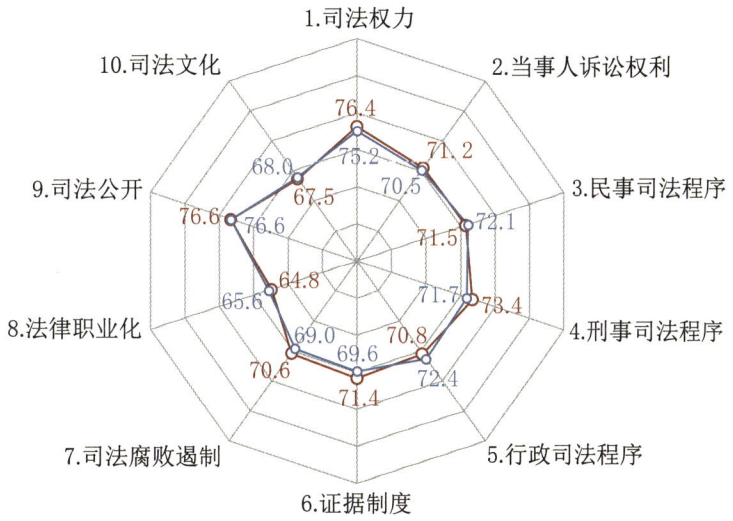

4. 二级指标得分

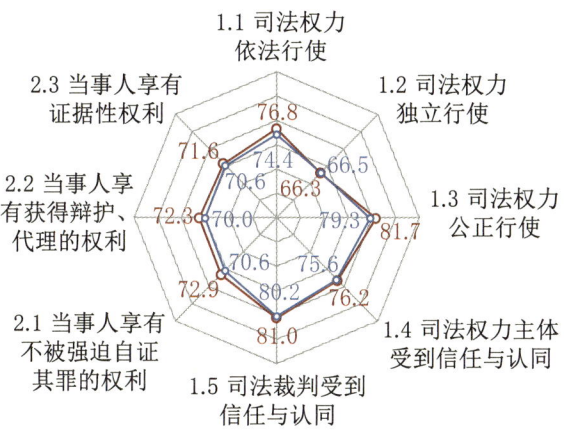

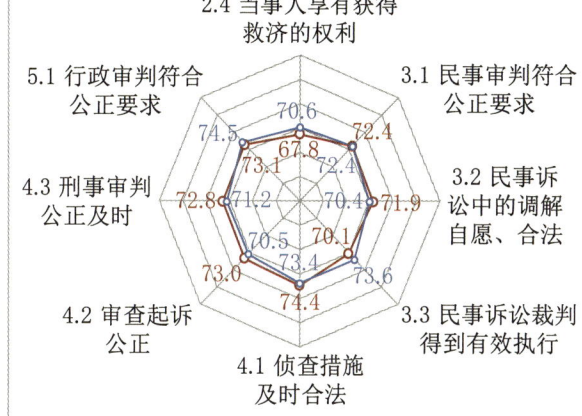

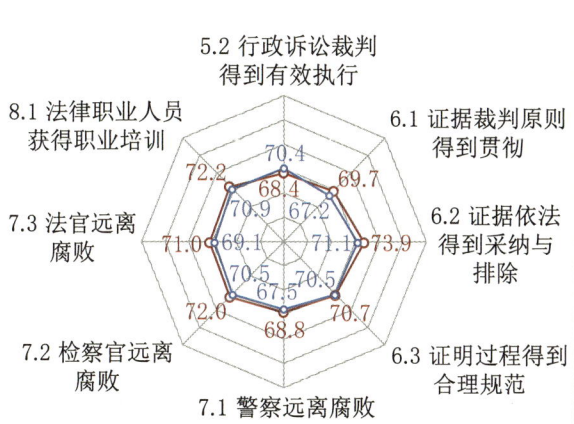

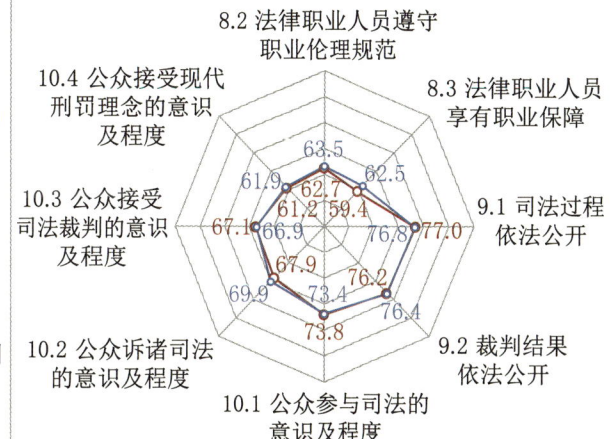

(二十四) 贵州省 (10/31)

1. 一级指标得分和排名表

序号	一级指标	得 分	31个省/自治区/直辖市平均分	排 名
指标1	司法权力	75.7	75.2	11/31
指标2	当事人诉讼权利	70.4	70.5	15/31
指标3	民事司法程序	72.3	72.1	15/31
指标4	刑事司法程序	71.8	71.7	14/31
指标5	行政司法程序	71.7	72.4	16/31
指标6	证据制度	72.6	69.6	2/31
指标7	司法腐败遏制	69.2	69.0	15/31
指标8	法律职业化	65.0	65.6	17/31
指标9	司法公开	78.5	76.6	3/31
指标10	司法文化	68.9	68.0	10/31
均 分		71.6	71.1	10/31

2. 二级指标排名表

二级指标	排名	二级指标	排名	二级指标	排名	二级指标	排名
1.1 司法权力依法行使	1/31	2.4 当事人享有获得救济的权利	6/31	5.2 行政诉讼裁判得到有效执行	9/31	8.2 法律职业人员遵守职业伦理规范	12/31
1.2 司法权力独立行使	24/31	3.1 民事审判符合公正要求	13/31	6.1 证据裁判原则得到贯彻	6/31	8.3 法律职业人员享有职业保障	15/31
1.3 司法权力公正行使	13/31	3.2 民事诉讼中的调解自愿、合法	23/31	6.2 证据依法得到采纳与排除	2/31	9.1 司法过程依法公开	2/31
1.4 司法权力主体受到信任与认同	29/31	3.3 民事诉讼裁判得到有效执行	12/31	6.3 证明过程得到合理规范	3/31	9.2 裁判结果依法公开	5/31
1.5 司法裁判受到信任与认同	5/31	4.1 侦查措施及时合法	28/31	7.1 警察远离腐败	12/31	10.1 公众参与司法的意识及程度	12/31
2.1 当事人享有不被强迫自证其罪的权利	29/31	4.2 审查起诉公正	6/31	7.2 检察官远离腐败	18/31	10.2 公众诉诸司法的意识及程度	7/31
2.2 当事人享有获得辩护、代理的权利	24/31	4.3 刑事审判公正及时	13/31	7.3 法官远离腐败	13/31	10.3 公众接受司法裁判的意识及程度	9/31
2.3 当事人享有证据性权利	8/31	5.1 行政审判符合公正要求	28/31	8.1 法律职业人员获得职业培训	24/31	10.4 公众接受现代刑罚理念的意识及程度	22/31

3. 一级指标得分

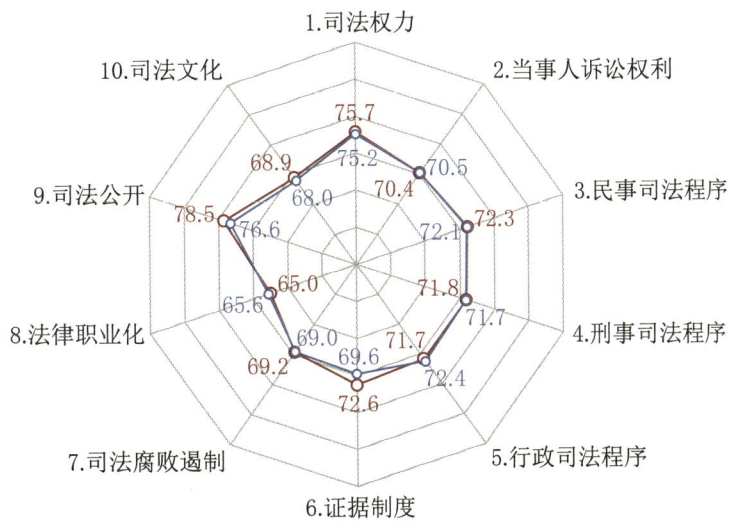

4. 二级指标得分

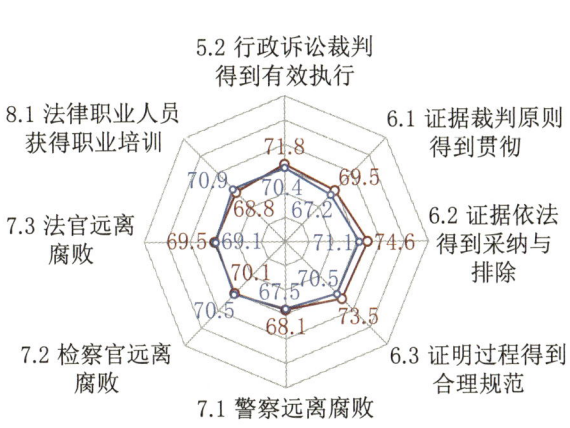

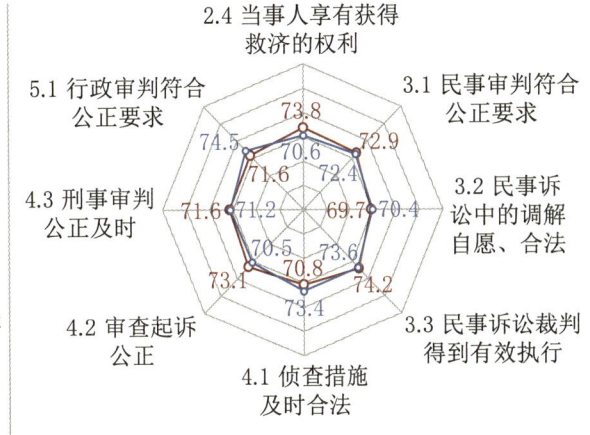

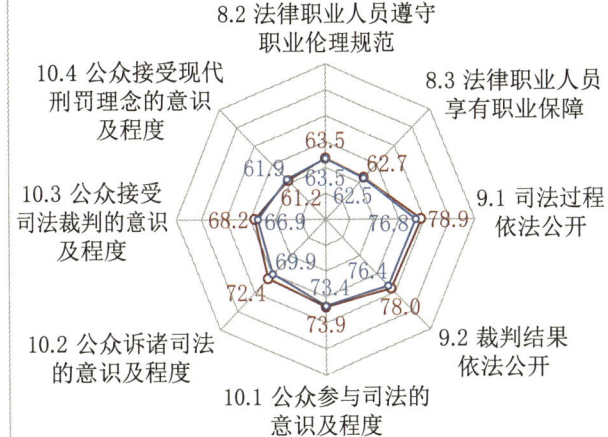

(二十五)云南省（9/31）

1. 一级指标得分和排名表

序 号	一级指标	得 分	31个省/自治区/直辖市平均分	排 名
指标1	司法权力	77.1	75.2	4/31
指标2	当事人诉讼权利	71.6	70.5	5/31
指标3	民事司法程序	72.8	72.1	10/31
指标4	刑事司法程序	70.5	71.7	23/31
指标5	行政司法程序	75.6	72.4	3/31
指标6	证据制度	71.4	69.6	6/31
指标7	司法腐败遏制	69.1	69.0	16/31
指标8	法律职业化	64.8	65.6	21/31
指标9	司法公开	77.2	76.6	9/31
指标10	司法文化	67.3	68.0	22/31
均 分		71.8	71.1	9/31

2. 二级指标排名表

二级指标	排 名	二级指标	排 名	二级指标	排 名	二级指标	排 名
1.1 司法权力依法行使	10/31	2.4 当事人享有获得救济的权利	3/31	5.2 行政诉讼裁判得到有效执行	10/31	8.2 法律职业人员遵守职业伦理规范	8/31
1.2 司法权力独立行使	4/31	3.1 民事审判符合公正要求	2/31	6.1 证据裁判原则得到贯彻	8/31	8.3 法律职业人员享有职业保障	6/31
1.3 司法权力公正行使	1/31	3.2 民事诉讼中的调解自愿、合法	26/31	6.2 证据依法得到采纳与排除	19/31	9.1 司法过程依法公开	18/31
1.4 司法权力主体受到信任与认同	15/31	3.3 民事诉讼裁判得到有效执行	11/31	6.3 证明过程得到合理规范	2/31	9.2 裁判结果依法公开	6/31
1.5 司法裁判受到信任与认同	6/31	4.1 侦查措施及时合法	16/31	7.1 警察远离腐败	14/31	10.1 公众参与司法的意识及程度	15/31
2.1 当事人享有不被强迫自证其罪的权利	9/31	4.2 审查起诉公正	19/31	7.2 检察官远离腐败	17/31	10.2 公众诉诸司法的意识及程度	13/31
2.2 当事人享有获得辩护、代理的权利	12/31	4.3 刑事审判公正及时	29/31	7.3 法官远离腐败	16/31	10.3 公众接受司法裁判的意识及程度	31/31
2.3 当事人享有证据性权利	26/31	5.1 行政审判符合公正要求	2/31	8.1 法律职业人员获得职业培训	28/31	10.4 公众接受现代刑罚理念的意识及程度	8/31

3. 一级指标得分

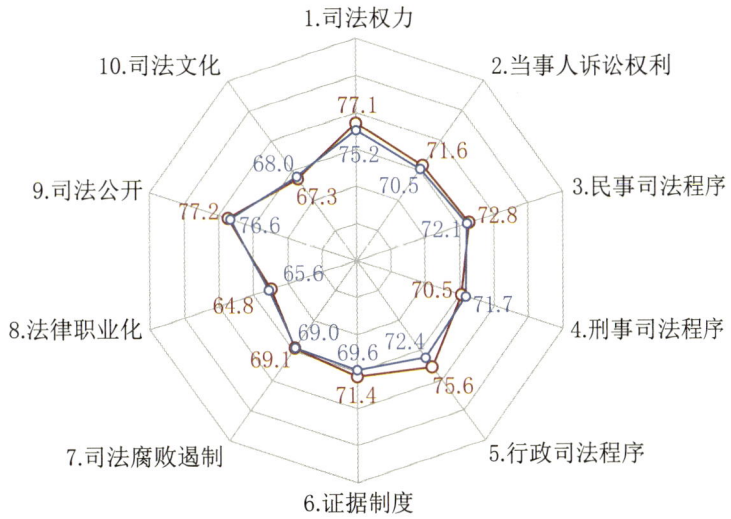

4. 二级指标得分

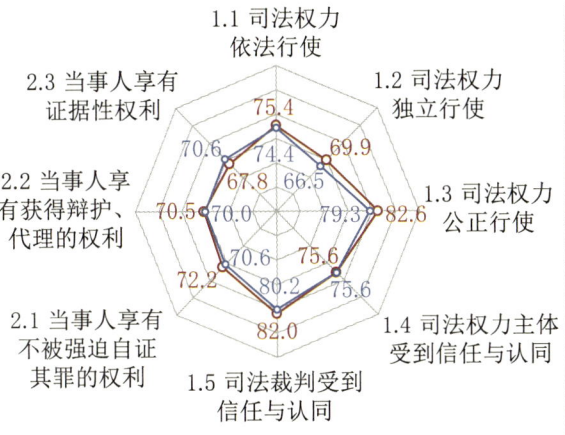

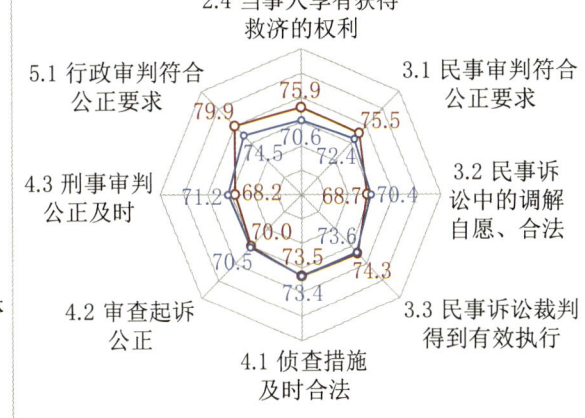

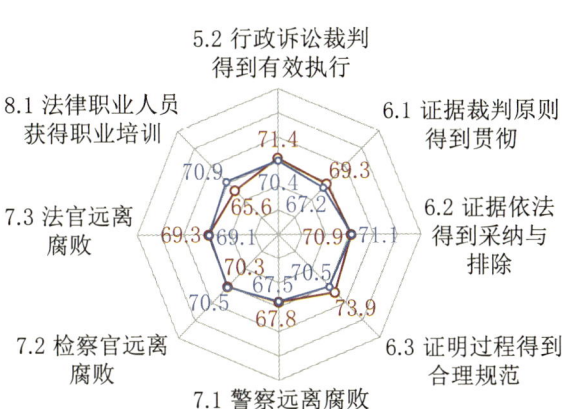

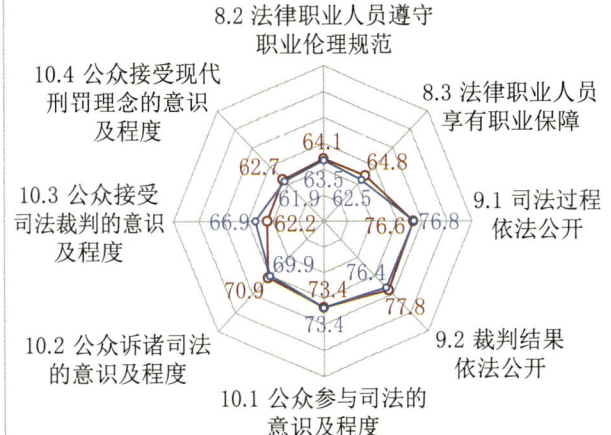

（二十六）西藏自治区（26/31）

1. 一级指标得分和排名表

序　号	一级指标	得　分	31个省/自治区/直辖市平均分	排　名
指标1	司法权力	74.3	75.2	25/31
指标2	当事人诉讼权利	69.8	70.5	22/31
指标3	民事司法程序	70.8	72.1	28/31
指标4	刑事司法程序	69.8	71.7	28/31
指标5	行政司法程序	71.5	72.4	19/31
指标6	证据制度	68.2	69.6	24/31
指标7	司法腐败遏制	71.2	69.0	3/31
指标8	法律职业化	62.6	65.6	31/31
指标9	司法公开	75.8	76.6	23/31
指标10	司法文化	65.8	68.0	30/31
均　　分		70.0	71.1	26/31

2. 二级指标排名表

二级指标	排　名	二级指标	排　名	二级指标	排　名	二级指标	排　名
1.1 司法权力依法行使	23/31	2.4 当事人享有获得救济的权利	24/31	5.2 行政诉讼裁判得到有效执行	17/31	8.2 法律职业人员遵守职业伦理规范	5/31
1.2 司法权力独立行使	19/31	3.1 民事审判符合公正要求	23/31	6.1 证据裁判原则得到贯彻	23/31	8.3 法律职业人员享有职业保障	5/31
1.3 司法权力公正行使	24/31	3.2 民事诉讼中的调解自愿、合法	24/31	6.2 证据依法得到采纳与排除	20/31	9.1 司法过程依法公开	19/31
1.4 司法权力主体受到信任与认同	18/31	3.3 民事诉讼裁判得到有效执行	26/31	6.3 证明过程得到合理规范	28/31	9.2 裁判结果依法公开	25/31
1.5 司法裁判受到信任与认同	25/31	4.1 侦查措施及时合法	31/31	7.1 警察远离腐败	4/31	10.1 公众参与司法的意识及程度	7/31
2.1 当事人享有不被强迫自证其罪的权利	26/31	4.2 审查起诉公正	22/31	7.2 检察官远离腐败	4/31	10.2 公众诉诸司法的意识及程度	30/31
2.2 当事人享有获得辩护、代理的权利	21/31	4.3 刑事审判公正及时	16/31	7.3 法官远离腐败	3/31	10.3 公众接受司法裁判的意识及程序	29/31
2.3 当事人享有证据性权利	7/31	5.1 行政审判符合公正要求	21/31	8.1 法律职业人员获得职业培训	31/31	10.4 公众接受现代刑罚理念的意识及程度	31/31

3. 一级指标得分

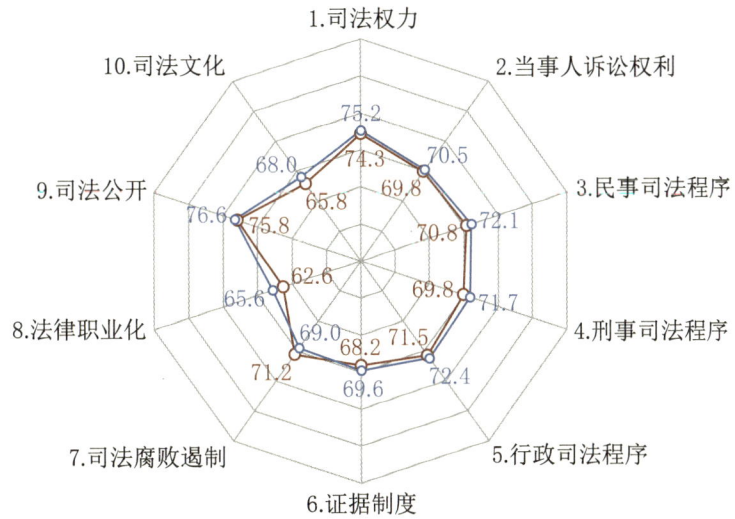

4. 二级指标得分

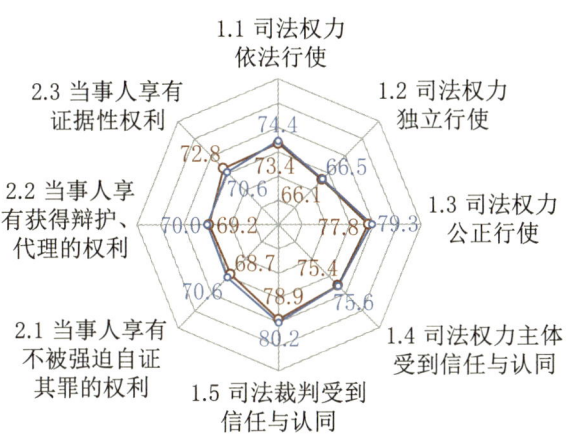

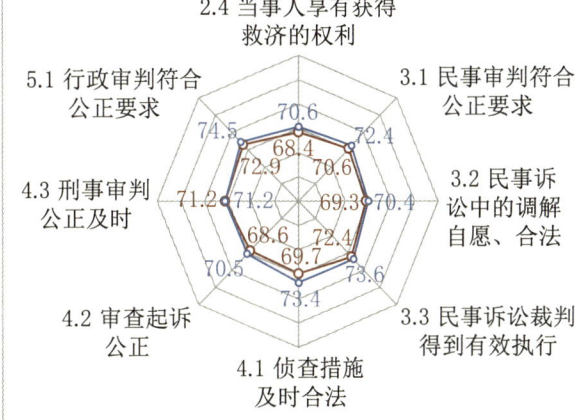

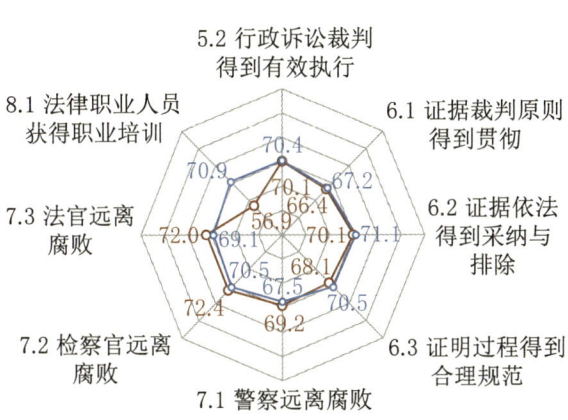

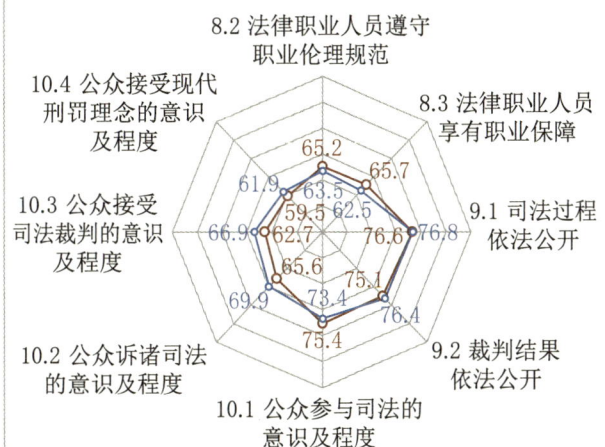

(二十七) 陕西省 (15/31)

1. 一级指标得分和排名表

序号	一级指标	得分	31个省/自治区/直辖市平均分	排名
指标1	司法权力	76.0	75.2	10/31
指标2	当事人诉讼权利	69.1	70.5	27/31
指标3	民事司法程序	73.0	72.1	6/31
指标4	刑事司法程序	72.7	71.7	10/31
指标5	行政司法程序	74.2	72.4	8/31
指标6	证据制度	70.2	69.6	14/31
指标7	司法腐败遏制	69.7	69.0	12/31
指标8	法律职业化	65.5	65.6	15/31
指标9	司法公开	76.1	76.6	19/31
指标10	司法文化	67.3	68.0	23/31
均分		71.4	71.1	15/31

2. 二级指标排名表

二级指标	排名	二级指标	排名	二级指标	排名	二级指标	排名
1.1 司法权力依法行使	7/31	2.4 当事人享有获得救济的权利	19/31	5.2 行政诉讼裁判得到有效执行	15/31	8.2 法律职业人员遵守职业伦理规范	16/31
1.2 司法权力独立行使	13/31	3.1 民事审判符合公正要求	10/31	6.1 证据裁判原则得到贯彻	13/31	8.3 法律职业人员享有职业保障	28/31
1.3 司法权力公正行使	7/31	3.2 民事诉讼中的调解自愿、合法	13/31	6.2 证据依法得到采纳与排除	10/31	9.1 司法过程依法公开	24/31
1.4 司法权力主体受到信任与认同	24/31	3.3 民事诉讼裁判得到有效执行	15/31	6.3 证明过程得到合理规范	18/31	9.2 裁判结果依法公开	11/31
1.5 司法裁判受到信任与认同	13/31	4.1 侦查措施及时合法	20/31	7.1 警察远离腐败	17/31	10.1 公众参与司法的意识及程度	8/31
2.1 当事人享有不被强迫自证其罪的权利	27/31	4.2 审查起诉公正	11/31	7.2 检察官远离腐败	8/31	10.2 公众诉诸司法的意识及程度	22/31
2.2 当事人享有获得辩护、代理的权利	23/31	4.3 刑事审判公正及时	5/31	7.3 法官远离腐败	11/31	10.3 公众接受司法裁判的意识及程度	25/31
2.3 当事人享有证据性权利	20/31	5.1 行政审判符合公正要求	4/31	8.1 法律职业人员获得职业培训	5/31	10.4 公众接受现代刑罚理念的意识及程度	27/31

3. 一级指标得分

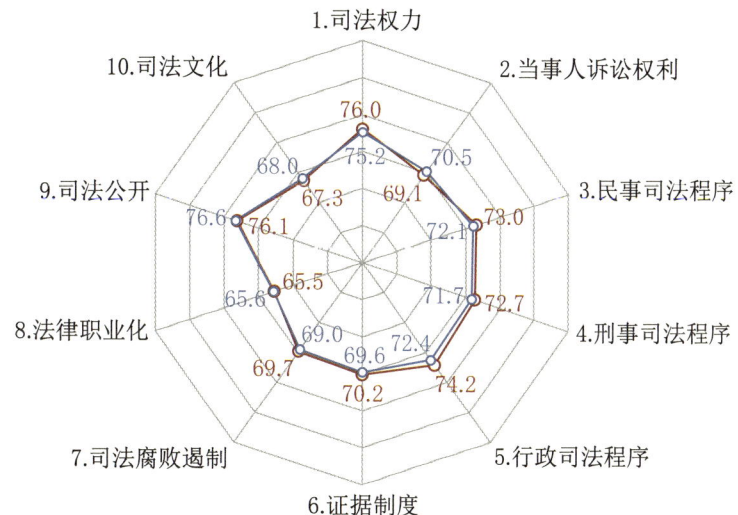

4. 二级指标得分

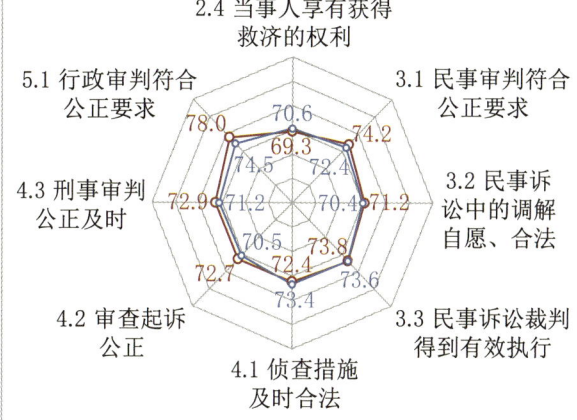

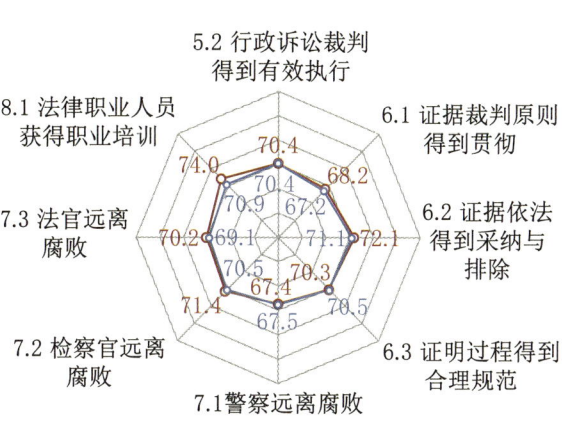

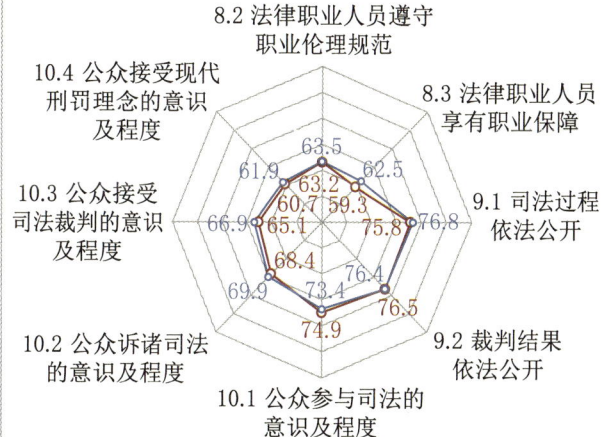

（二十八）甘肃省（22/31）

1. 一级指标得分和排名表

序 号	一级指标	得 分	31个省/自治区/直辖市平均分	排 名
指标1	司法权力	74.5	75.2	22/31
指标2	当事人诉讼权利	69.7	70.5	23/31
指标3	民事司法程序	70.7	72.1	29/31
指标4	刑事司法程序	70.5	71.7	24/31
指标5	行政司法程序	70.5	72.4	27/31
指标6	证据制度	68.2	69.6	25/31
指标7	司法腐败遏制	69.6	69.0	13/31
指标8	法律职业化	66.1	65.6	12/31
指标9	司法公开	75.6	76.6	26/31
指标10	司法文化	68.8	68.0	11/31
均 分		70.4	71.1	22/31

2. 二级指标排名表

二级指标	排 名	二级指标	排 名	二级指标	排 名	二级指标	排 名
1.1 司法权力依法行使	19/31	2.4 当事人享有获得救济的权利	15/31	5.2 行政诉讼裁判得到有效执行	22/31	8.2 法律职业人员遵守职业伦理规范	9/31
1.2 司法权力独立行使	11/31	3.1 民事审判符合公正要求	31/31	6.1 证据裁判原则得到贯彻	21/31	8.3 法律职业人员享有职业保障	21/31
1.3 司法权力公正行使	21/31	3.2 民事诉讼中的调解自愿、合法	25/31	6.2 证据依法得到采纳与排除	21/31	9.1 司法过程依法公开	27/31
1.4 司法权力主体受到信任与认同	26/31	3.3 民事诉讼裁判得到有效执行	8/31	6.3 证明过程得到合理规范	27/31	9.2 裁判结果依法公开	20/31
1.5 司法裁判受到信任与认同	21/31	4.1 侦查措施及时合法	18/31	7.1 警察远离腐败	7/31	10.1 公众参与司法的意识及程度	1/31
2.1 当事人享有不被强迫自证其罪的权利	15/31	4.2 审查起诉公正	23/31	7.2 检察官远离腐败	14/31	10.2 公众诉诸司法的意识及程度	12/31
2.2 当事人享有获得辩护、代理的权利	30/31	4.3 刑事审判公正及时	23/31	7.3 法官远离腐败	15/31	10.3 公众接受司法裁判的意识及程度	28/31
2.3 当事人享有证据性权利	16/31	5.1 行政审判符合公正要求	26/31	8.1 法律职业人员获得职业培训	10/31	10.4 公众接受现代刑罚理念的意识及程度	21/31

3. 一级指标得分

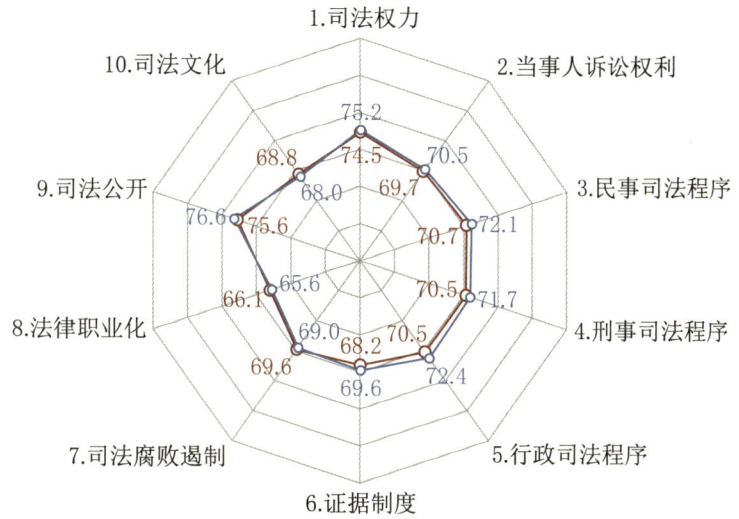

4. 二级指标得分

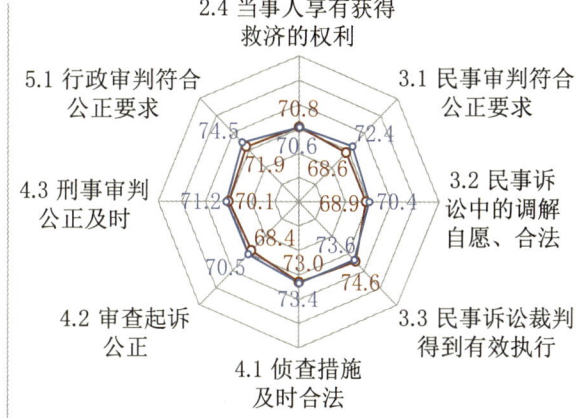

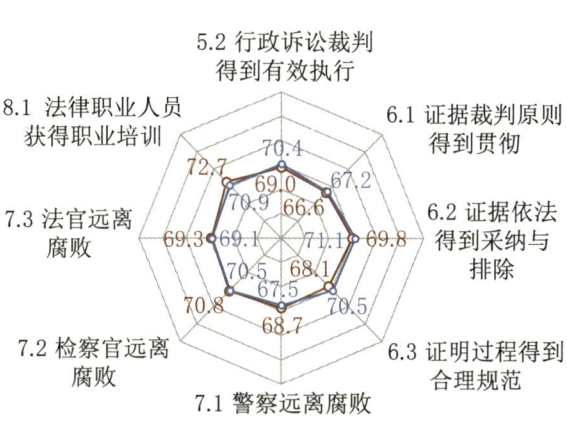

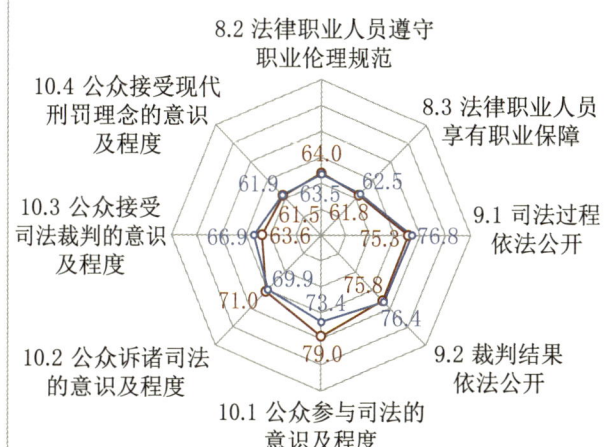

(二十九) 青海省 (21/31)

1. 一级指标得分和排名表

序 号	一级指标	得 分	31个省/自治区/直辖市平均分	排 名
指标1	司法权力	73.8	75.2	26/31
指标2	当事人诉讼权利	69.2	70.5	26/31
指标3	民事司法程序	72.3	72.1	13/31
指标4	刑事司法程序	71.4	71.7	17/31
指标5	行政司法程序	70.3	72.4	28/31
指标6	证据制度	69.1	69.6	19/31
指标7	司法腐败遏制	70.2	69.0	7/31
指标8	法律职业化	63.7	65.6	24/31
指标9	司法公开	76.9	76.6	12/31
指标10	司法文化	67.8	68.0	17/31
均 分		70.5	71.1	21/31

2. 二级指标排名表

二级指标	排 名	二级指标	排 名	二级指标	排 名	二级指标	排 名
1.1 司法权力依法行使	26/31	2.4 当事人享有获得救济的权利	31/31	5.2 行政诉讼裁判得到有效执行	31/31	8.2 法律职业人员遵守职业伦理规范	17/31
1.2 司法权力独立行使	18/31	3.1 民事审判符合公正要求	27/31	6.1 证据裁判原则得到贯彻	27/31	8.3 法律职业人员享有职业保障	13/31
1.3 司法权力公正行使	31/31	3.2 民事诉讼中的调解自愿、合法	10/31	6.2 证据依法得到采纳与排除	9/31	9.1 司法过程依法公开	8/31
1.4 司法权力主体受到信任与认同	21/31	3.3 民事诉讼裁判得到有效执行	3/31	6.3 证明过程得到合理规范	20/31	9.2 裁判结果依法公开	16/31
1.5 司法裁判受到信任与认同	16/31	4.1 侦查措施及时合法	21/31	7.1 警察远离腐败	3/31	10.1 公众参与司法的意识及程度	19/31
2.1 当事人享有不被强迫自证其罪的权利	18/31	4.2 审查起诉公正	17/31	7.2 检察官远离腐败	10/31	10.2 公众诉诸司法的意识及程度	18/31
2.2 当事人享有获得辩护、代理的权利	25/31	4.3 刑事审判公正及时	14/31	7.3 法官远离腐败	12/31	10.3 公众接受司法裁判的意识及程度	7/31
2.3 当事人享有证据性权利	3/31	5.1 行政审判符合公正要求	22/31	8.1 法律职业人员获得职业培训	29/31	10.4 公众接受现代刑罚理念的意识及程度	28/31

3. 一级指标得分

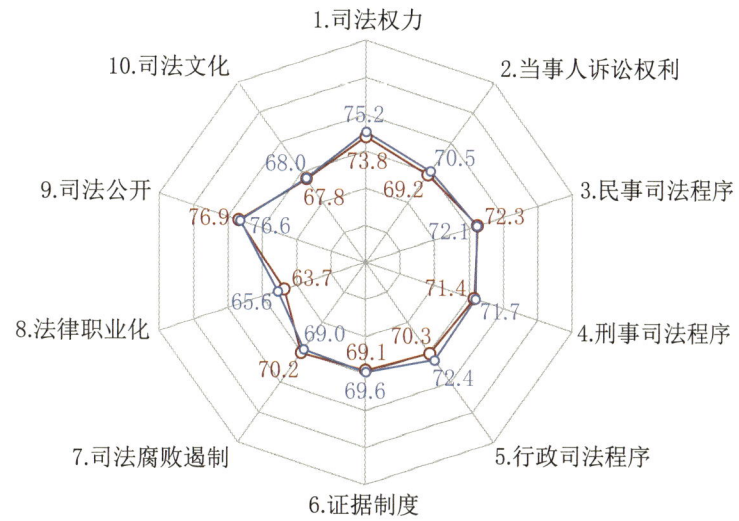

4. 二级指标得分

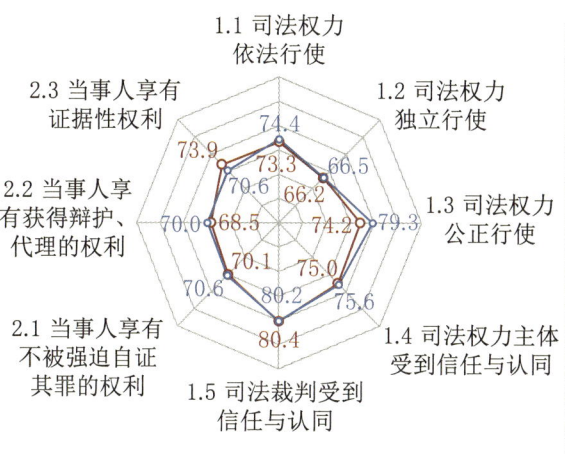

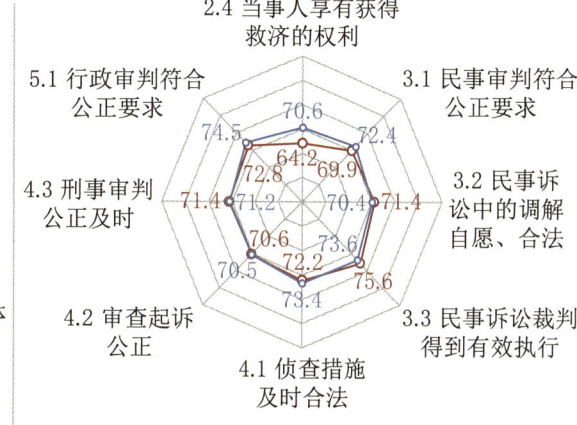

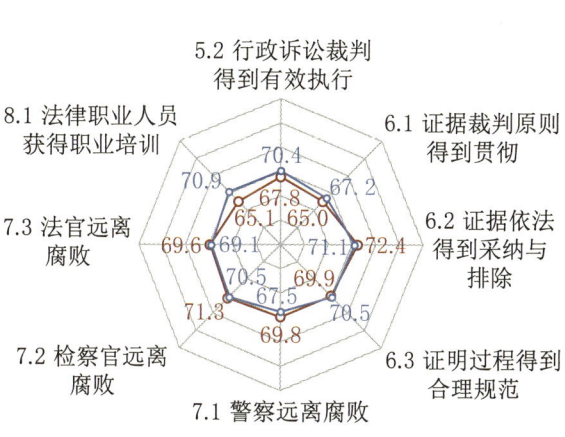

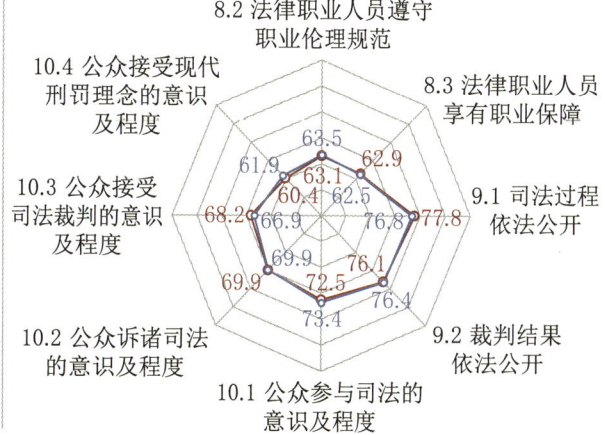

（三十）宁夏回族自治区（4/31）

1. 一级指标得分和排名表

序 号	一级指标	得 分	31个省/自治区/直辖市平均分	排 名
指标1	司法权力	76.6	75.2	6/31
指标2	当事人诉讼权利	71.3	70.5	7/31
指标3	民事司法程序	73.3	72.1	5/31
指标4	刑事司法程序	74.5	71.7	2/31
指标5	行政司法程序	70.8	72.4	23/31
指标6	证据制度	69.9	69.6	15/31
指标7	司法腐败遏制	72.5	69.0	2/31
指标8	法律职业化	66.4	65.6	11/31
指标9	司法公开	79.8	76.6	1/31
指标10	司法文化	69.5	68.0	3/31
均 分		72.5	71.1	4/31

2. 二级指标排名表

二级指标	排 名	二级指标	排 名	二级指标	排 名	二级指标	排 名
1.1 司法权力依法行使	21/31	2.4 当事人享有获得救济的权利	5/31	5.2 行政诉讼裁判得到有效执行	20/31	8.2 法律职业人员遵守职业伦理规范	3/31
1.2 司法权力独立行使	3/31	3.1 民事审判符合公正要求	7/31	6.1 证据裁判原则得到贯彻	7/31	8.3 法律职业人员享有职业保障	10/31
1.3 司法权力公正行使	15/31	3.2 民事诉讼中的调解自愿、合法	2/31	6.2 证据依法得到采纳与排除	26/31	9.1 司法过程依法公开	1/31
1.4 司法权力主体受到信任与认同	5/31	3.3 民事诉讼裁判得到有效执行	24/31	6.3 证明过程得到合理规范	13/31	9.2 裁判结果依法公开	2/31
1.5 司法裁判受到信任与认同	8/31	4.1 侦查措施及时合法	1/31	7.1 警察远离腐败	2/31	10.1 公众参与司法的意识及程度	9/31
2.1 当事人享有不被强迫自证其罪的权利	10/31	4.2 审查起诉公正	16/31	7.2 检察官远离腐败	2/31	10.2 公众诉诸司法的意识及程度	1/31
2.2 当事人享有获得辩护、代理的权利	5/31	4.3 刑事审判公正及时	2/31	7.3 法官远离腐败	2/31	10.3 公众接受司法裁判的意识及程度	11/31
2.3 当事人享有证据性权利	29/31	5.1 行政审判符合公正要求	23/31	8.1 法律职业人员获得职业培训	17/31	10.4 公众接受现代刑罚理念的意识及程度	17/31

3. 一级指标得分

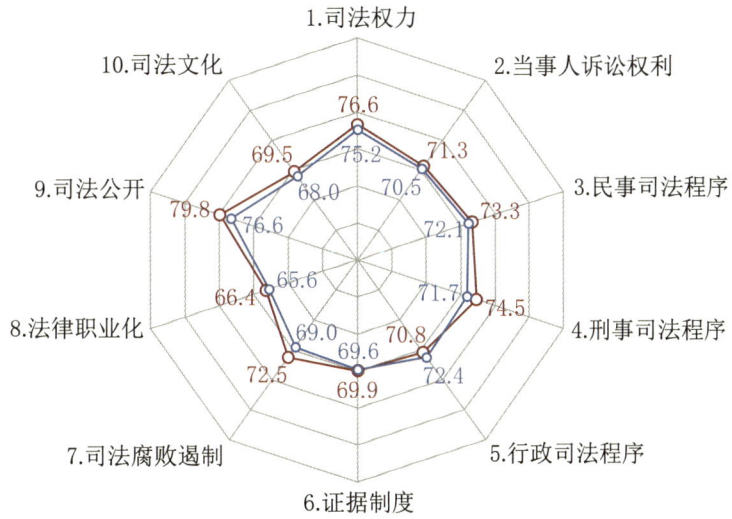

4. 二级指标得分

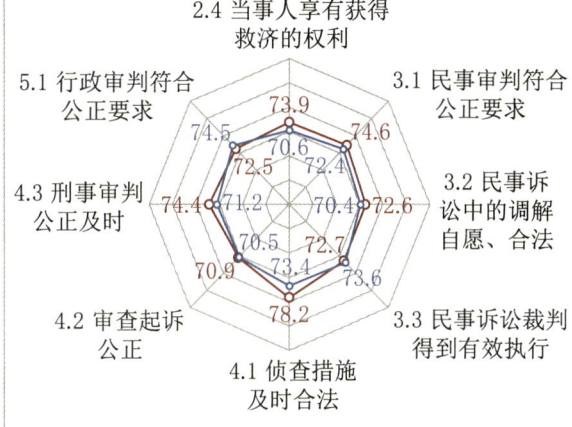

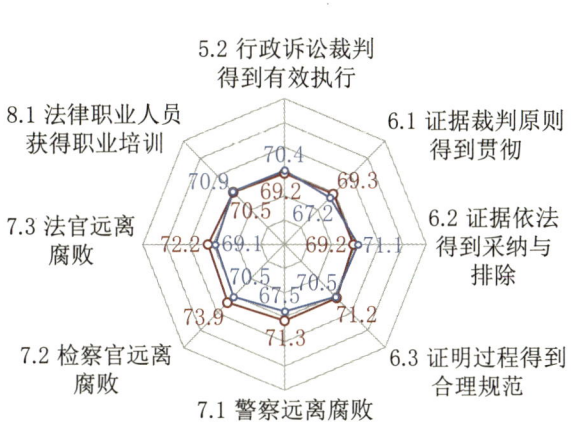

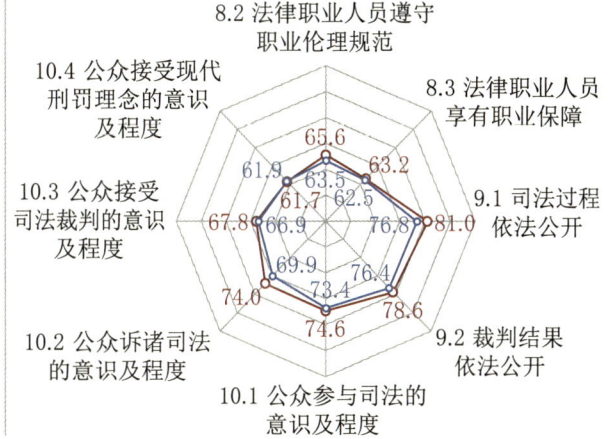

（三十一）新疆维吾尔自治区（5/31）

1. 一级指标得分和排名表

序 号	一级指标	得 分	31个省/自治区/直辖市平均分	排 名
指标1	司法权力	77.3	75.2	3/31
指标2	当事人诉讼权利	71.2	70.5	8/31
指标3	民事司法程序	71.5	72.1	22/31
指标4	刑事司法程序	73.6	71.7	6/31
指标5	行政司法程序	71.3	72.4	20/31
指标6	证据制度	71.1	69.6	9/31
指标7	司法腐败遏制	75.1	69.0	1/31
指标8	法律职业化	66.7	65.6	9/31
指标9	司法公开	77.7	76.6	7/31
指标10	司法文化	68.3	68.0	13/31
均 分		72.4	71.1	5/31

2. 二级指标排名表

二级指标	排 名	二级指标	排 名	二级指标	排 名	二级指标	排 名
1.1 司法权力依法行使	8/31	2.4 当事人享有获得救济的权利	22/31	5.2 行政诉讼裁判得到有效执行	16/31	8.2 法律职业人员遵守职业伦理规范	1/31
1.2 司法权力独立行使	9/31	3.1 民事审判符合公正要求	25/31	6.1 证据裁判原则得到贯彻	2/31	8.3 法律职业人员享有职业保障	14/31
1.3 司法权力公正行使	6/31	3.2 民事诉讼中的调解自愿、合法	11/31	6.2 证据依法得到采纳与排除	16/31	9.1 司法过程依法公开	11/31
1.4 司法权力主体受到信任与认同	1/31	3.3 民事诉讼裁判得到有效执行	22/31	6.3 证明过程得到合理规范	9/31	9.2 裁判结果依法公开	4/31
1.5 司法裁判受到信任与认同	3/31	4.1 侦查措施及时合法	5/31	7.1 警察远离腐败	1/31	10.1 公众参与司法的意识及程度	11/31
2.1 当事人享有不被强迫自证其罪的权利	16/31	4.2 审查起诉公正	12/31	7.2 检察官远离腐败	1/31	10.2 公众诉诸司法的意识及程度	20/31
2.2 当事人享有获得辩护、代理的权利	3/31	4.3 刑事审判公正及时	4/31	7.3 法官远离腐败	1/31	10.3 公众接受司法裁判的意识及程度	3/31
2.3 当事人享有证据性权利	6/31	5.1 行政审判符合公正要求	24/31	8.1 法律职业人员获得职业培训	19/31	10.4 公众接受现代刑罚理念的意识及程度	29/31

3. 一级指标得分

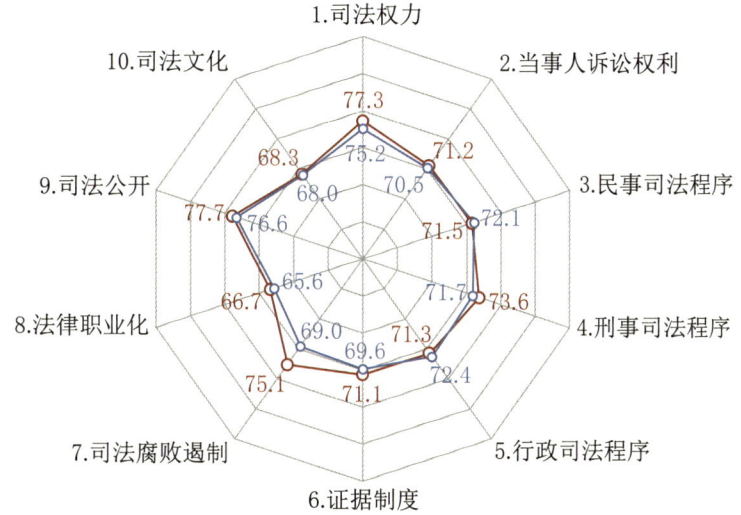

4. 二级指标得分

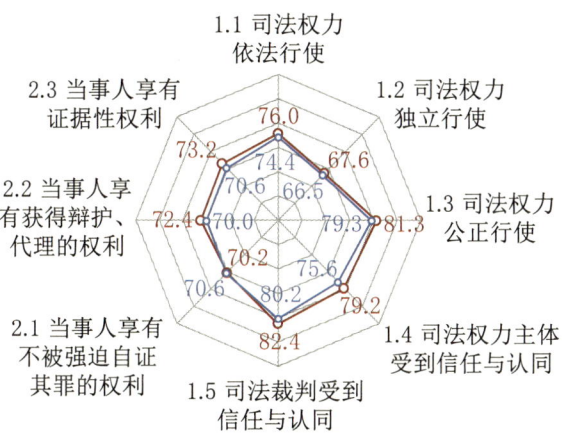

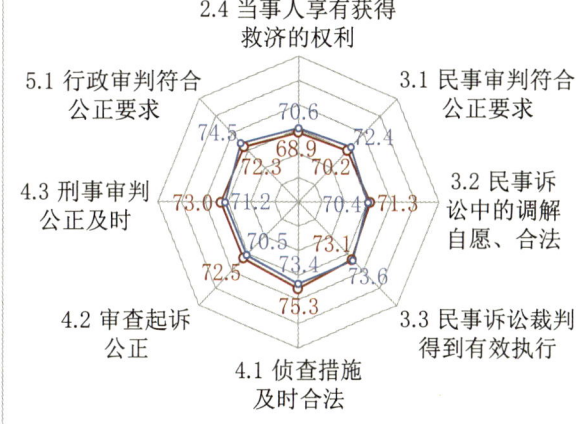

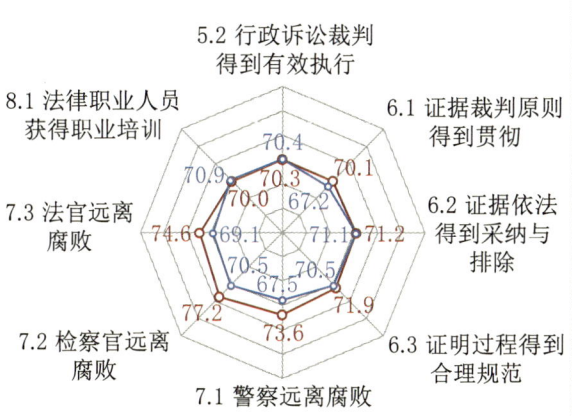

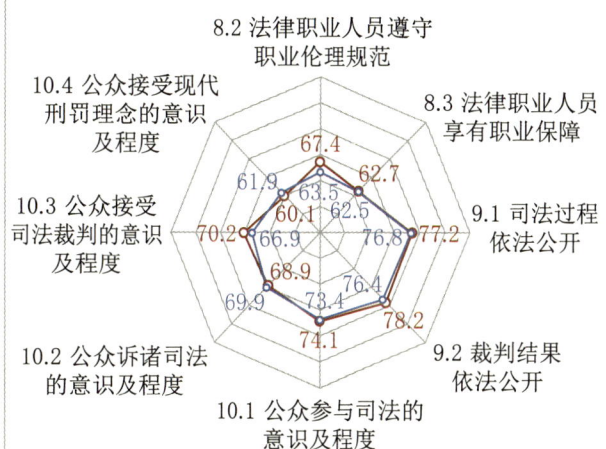

二、指标得分排名分析

本次调查结果显示，2020—2021年中国司法文明指数总得分为71.1分（满分为100分），较之2019年（70.0分）稍有提升。从10个一级指标的平均得分来看，"司法公开"得分最高（76.6分），"法律职业化"得分最低（65.6分），但所有一级指标的得分都在及格线（60.0分）以上。2020—2021年10个一级指标的最高分与最低分分差为11.0分，相较于2019年的最大分差9.4分，增加了1.5分。[1] 2020—2021年，有5个一级指标的得分在平均分（71.1分）以上，包括"司法公开"（76.6分）、"司法权力"（75.2分）、"行政司法程序"（72.4分）、"民事司法程序"（72.1分）、"刑事司法程序"（71.7分），其余5个一级指标的得分在平均分以下。

与2019年相比，2020—2021年10个一级指标中提升最大的是"司法腐败遏制"指标（69.0分），提升了2.5分，下降最大的是"法律职业化"指标（65.6分），下降了0.9分。其余8个一级指标得分均有所提升："当事人诉讼权利"提升1.8分，"司法权力"提升1.7分，"刑事司法程序"提升1.6分，"证据制度"提升1.4分，"行政司法程序"提升0.9分，"民事司法程序"提升0.8分，"司法文化"提升0.7分，"司法公开"提升0.6分。

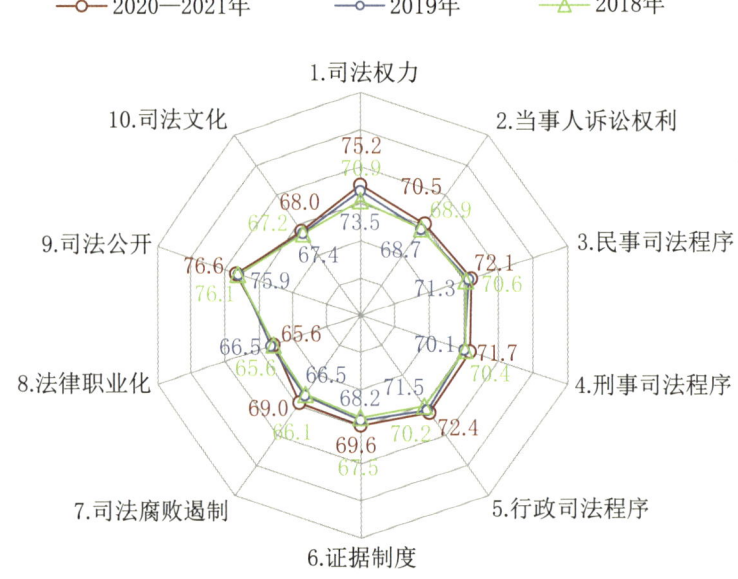

2018—2021年一级指标得分情况比较[2]

注：雷达图的中心点（起始值）为40.0分，最外圈（最大值）为100.0分，等距同心圆间隔为10.0分，下同。

---

[1] 由于得分为四舍五入后保留一位小数，得分差值计算后可能存在0.1左右误差，下同。
[2] 2019年得分保留3位小数后，"8.法律职业化"66.530分，"7.司法腐败遏制"66.501分。

第四章 司法文明指数数据报告

31个省/自治区/直辖市司法文明指数总得分和各一级指标得分及其排名表

省/自治区/直辖市	总得分（排名）	1.司法权力（排名）	2.当事人诉讼权利（排名）	3.民事司法程序（排名）	4.刑事司法程序（排名）	5.行政司法程序（排名）	6.证据制度（排名）	7.司法腐败遏制（排名）	8.法律职业化（排名）	9.司法公开（排名）	10.司法文化（排名）
北 京	71.4 (13/31)	74.7 (19/31)	69.4 (25/31)	72.1 (16/31)	71.3 (18/31)	72.8 (13/31)	71.4 (5/31)	68.4 (20/31)	69.6 (1/31)	76.8 (13/31)	68.1 (15/31)
天 津	71.8 (8/31)	75.6 (12/31)	70.3 (16/31)	72.9 (8/31)	73.0 (8/31)	74.2 (7/31)	70.6 (10/31)	68.8 (18/31)	66.0 (13/31)	77.3 (8/31)	69.5 (4/31)
河 北	70.0 (25/31)	74.6 (21/31)	69.9 (18/31)	70.5 (30/31)	70.3 (25/31)	70.6 (26/31)	67.9 (28/31)	68.0 (21/31)	66.7 (8/31)	74.1 (31/31)	67.0 (26/31)
山 西	69.5 (28/31)	73.3 (28/31)	70.5 (13/31)	71.8 (18/31)	68.6 (30/31)	68.3 (31/31)	65.1 (31/31)	67.2 (25/31)	66.6 (10/31)	76.6 (15/31)	66.8 (28/31)
内蒙古	69.5 (31/31)	73.0 (30/31)	68.2 (30/31)	70.9 (26/31)	70.3 (26/31)	70.8 (24/31)	68.0 (27/31)	65.4 (31/31)	63.3 (28/31)	75.8 (24/31)	66.8 (27/31)
辽 宁	69.5 (29/31)	73.7 (27/31)	69.7 (24/31)	70.8 (27/31)	68.0 (31/31)	71.6 (17/31)	66.4 (30/31)	66.6 (28/31)	67.7 (7/31)	74.3 (30/31)	65.7 (31/31)
吉 林	72.6 (3/31)	77.6 (1/31)	73.3 (3/31)	74.6 (2/31)	72.1 (13/31)	75.2 (4/31)	70.4 (12/31)	70.1 (9/31)	69.5 (2/31)	75.7 (25/31)	67.4 (21/31)
黑龙江	70.7 (19/31)	75.1 (17/31)	70.3 (17/31)	72.4 (12/31)	71.7 (15/31)	75.2 (5/31)	69.7 (17/31)	66.4 (29/31)	62.6 (30/31)	76.1 (20/31)	67.6 (18/31)
上 海	73.3 (1/31)	77.3 (2/31)	73.6 (2/31)	74.0 (3/31)	74.0 (3/31)	75.8 (2/31)	71.3 (7/31)	71.0 (4/31)	68.4 (4/31)	78.0 (6/31)	69.4 (6/31)
江 苏	71.3 (16/31)	74.9 (18/31)	70.5 (14/31)	73.4 (4/31)	70.8 (22/31)	73.6 (11/31)	69.0 (20/31)	70.2 (8/31)	64.9 (20/31)	76.5 (16/31)	69.0 (9/31)
浙 江	71.2 (17/31)	75.3 (14/31)	69.9 (19/31)	70.9 (25/31)	70.2 (27/31)	73.2 (12/31)	69.7 (16/31)	70.3 (6/31)	67.9 (6/31)	77.2 (10/31)	67.5 (20/31)
安 徽	70.3 (23/31)	74.7 (20/31)	67.9 (31/31)	72.8 (9/31)	71.1 (20/31)	73.7 (10/31)	68.2 (23/31)	66.9 (26/31)	62.9 (29/31)	76.2 (18/31)	69.0 (8/31)
福 建	71.9 (7/31)	76.1 (9/31)	70.9 (10/31)	73.0 (7/31)	73.9 (4/31)	73.7 (9/31)	70.2 (13/31)	69.9 (10/31)	63.4 (26/31)	78.2 (5/31)	70.0 (2/31)
江 西	70.0 (24/31)	74.4 (23/31)	69.8 (20/31)	71.0 (21/31)	71.1 (21/31)	70.2 (29/31)	68.8 (21/31)	67.8 (23/31)	65.0 (18/31)	75.2 (27/31)	67.0 (25/31)
山 东	73.2 (2/31)	77.0 (5/31)	73.8 (1/31)	75.2 (1/31)	75.8 (1/31)	76.9 (1/31)	72.6 (1/31)	69.5 (14/31)	63.3 (27/31)	78.8 (2/31)	69.1 (7/31)
河 南	69.7 (27/31)	73.1 (29/31)	68.8 (28/31)	69.0 (31/31)	68.8 (29/31)	70.9 (22/31)	66.5 (29/31)	67.9 (22/31)	68.7 (3/31)	74.9 (28/31)	68.0 (16/31)
湖 北	71.5 (11/31)	75.3 (16/31)	71.4 (4/31)	72.3 (11/31)	72.3 (11/31)	72.7 (14/31)	70.4 (11/31)	69.8 (11/31)	65.8 (14/31)	76.0 (22/31)	69.5 (5/31)
湖 南	69.4 (30/31)	72.2 (31/31)	69.8 (21/31)	71.5 (21/31)	71.3 (19/31)	69.5 (30/31)	68.6 (22/31)	66.3 (30/31)	63.4 (25/31)	74.7 (29/31)	66.2 (29/31)
广 东	70.6 (20/31)	74.4 (24/31)	68.6 (29/31)	71.5 (23/31)	71.4 (16/31)	72.0 (15/31)	68.1 (26/31)	68.8 (19/31)	65.0 (16/31)	76.1 (21/31)	70.3 (1/31)
广 西	71.5 (12/31)	75.5 (13/31)	70.6 (12/31)	72.8 (11/31)	72.9 (9/31)	71.2 (21/31)	71.3 (8/31)	67.7 (24/31)	68.3 (5/31)	76.9 (11/31)	67.2 (24/31)
海 南	70.7 (18/31)	75.3 (15/31)	70.9 (11/31)	72.1 (17/31)	72.2 (12/31)	71.6 (18/31)	69.4 (18/31)	66.6 (27/31)	64.5 (23/31)	76.4 (17/31)	68.2 (14/31)
重 庆	72.1 (6/31)	76.2 (8/31)	72.5 (4/31)	71.5 (21/31)	73.6 (5/31)	74.4 (6/31)	71.6 (3/31)	68.9 (17/31)	64.9 (19/31)	78.3 (4/31)	68.5 (12/31)
四 川	71.4 (14/31)	76.4 (7/31)	71.2 (9/31)	71.5 (23/31)	73.4 (7/31)	70.8 (25/31)	71.4 (4/31)	70.6 (5/31)	64.8 (22/31)	76.6 (14/31)	67.5 (19/31)
贵 州	71.6 (10/31)	75.7 (11/31)	70.4 (15/31)	72.3 (15/31)	71.8 (14/31)	71.7 (16/31)	72.6 (2/31)	69.2 (15/31)	65.0 (17/31)	78.5 (3/31)	68.9 (10/31)
云 南	71.8 (9/31)	77.1 (4/31)	71.6 (5/31)	72.8 (10/31)	70.5 (23/31)	75.6 (3/31)	71.4 (6/31)	69.1 (16/31)	64.8 (21/31)	77.2 (9/31)	67.3 (22/31)
西 藏	70.0 (26/31)	74.3 (25/31)	69.8 (22/31)	70.8 (28/31)	69.8 (28/31)	71.5 (19/31)	68.2 (24/31)	71.2 (3/31)	62.6 (31/31)	75.8 (23/31)	65.8 (30/31)
陕 西	71.4 (15/31)	76.0 (10/31)	69.1 (27/31)	73.0 (6/31)	72.7 (10/31)	74.2 (8/31)	70.2 (14/31)	69.7 (12/31)	65.5 (15/31)	76.1 (19/31)	67.3 (23/31)
甘 肃	70.4 (22/31)	74.5 (22/31)	69.7 (23/31)	71.5 (21/31)	70.5 (24/31)	70.5 (27/31)	68.2 (25/31)	69.6 (13/31)	66.1 (12/31)	75.6 (26/31)	68.8 (11/31)
青 海	70.5 (21/31)	73.8 (26/31)	69.2 (26/31)	72.3 (13/31)	71.4 (17/31)	70.3 (28/31)	69.1 (19/31)	70.2 (7/31)	63.7 (24/31)	76.9 (12/31)	67.8 (17/31)
宁 夏	72.5 (4/31)	76.6 (6/31)	71.3 (7/31)	73.3 (5/31)	74.5 (2/31)	70.8 (23/31)	69.9 (15/31)	72.5 (2/31)	66.4 (11/31)	79.8 (1/31)	69.5 (3/31)
新 疆	72.4 (5/31)	77.3 (3/31)	71.2 (8/31)	71.5 (22/31)	73.6 (6/31)	71.3 (20/31)	71.1 (9/31)	75.1 (1/31)	66.7 (9/31)	77.7 (7/31)	68.3 (13/31)

指标 1 司法权力 (2/10)

在 10 个一级指标中,"司法权力"以 75.2 分位列第 2 名。全国 31 个省/自治区/直辖市中,吉林得分最高(77.6 分),湖南得分最低(72.2 分),二者相差 5.4 分。

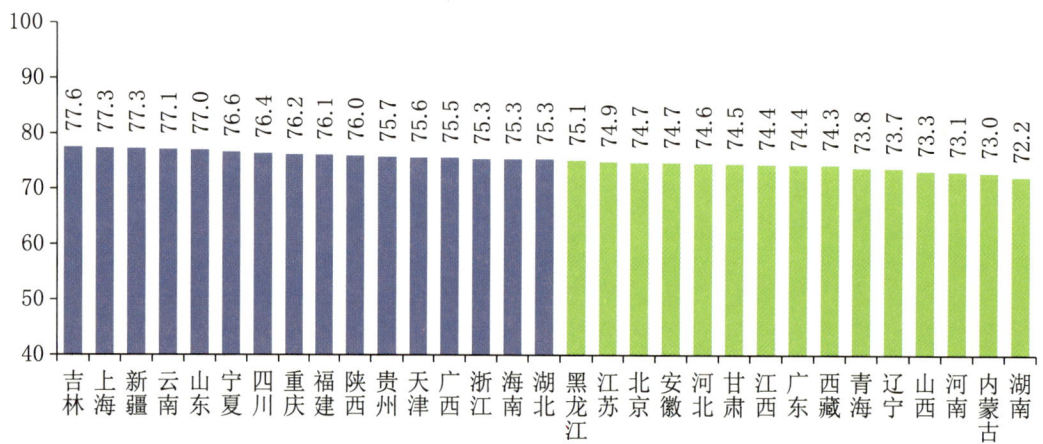

31 个省/自治区/直辖市"司法权力"一级指标得分比较[1]

"司法权力"的 5 个二级指标中,"司法裁判受到信任与认同"得分最高(80.2 分),其次是"司法权力公正行使"(79.3 分),再次是"司法权力主体受到信任与认同"(75.6 分),然后是"司法权力依法行使"(74.4 分),最后是"司法权力独立行使"(66.5 分)。得分最高项与最低项之间差值达 13.7 分。

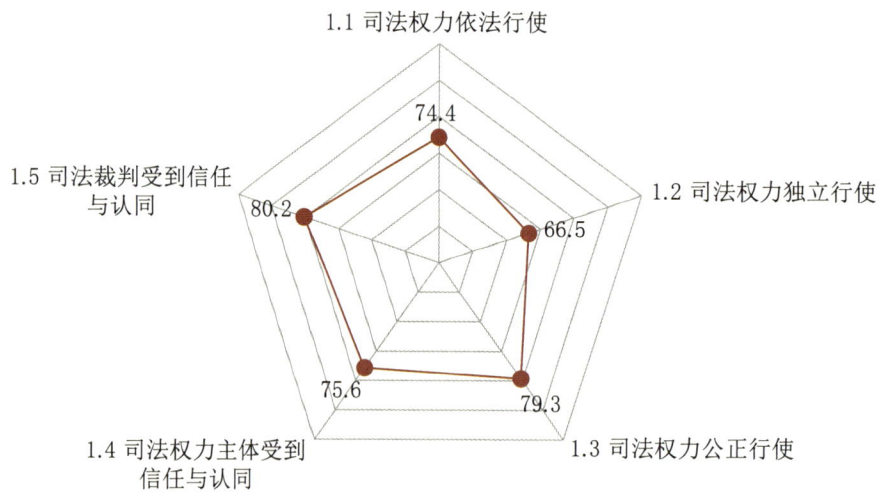

"司法权力"对应的各二级指标得分情况

---

[1] 同分的数据中保留 3 位小数后,上海 77.318 分,新疆 77.302 分;浙江 75.321 分,海南 75.309 分,湖北 75.309 分;北京 74.714 分,安徽 74.713 分;江西 74.434 分,广东 74.384 分。

"司法权力"对应的 5 个二级指标 31 个省/自治区/直辖市得分排名

序 号	省/自治区/直辖市	1.1 司法权力依法行使	1.2 司法权力独立行使	1.3 司法权力公正行使	1.4 司法权力主体受到信任与认同	1.5 司法裁判受到信任与认同
1	北 京	25	28	11	10	19
2	天 津	13	29	10	6	7
3	河 北	18	7	28	12	24
4	山 西	31	5	25	31	27
5	内蒙古	15	27	30	28	29
6	辽 宁	30	2	27	25	30
7	吉 林	9	1	4	9	15
8	黑龙江	11	25	9	20	18
9	上 海	3	6	16	4	2
10	江 苏	29	21	23	3	4
11	浙 江	28	10	20	8	9
12	安 徽	24	30	5	13	11
13	福 建	2	12	14	16	17
14	江 西	16	22	19	23	26
15	山 东	5	16	12	2	1
16	河 南	27	15	29	27	28
17	湖 北	22	8	8	22	23
18	湖 南	20	31	26	30	31
19	广 东	17	23	22	19	22
20	广 西	12	26	2	17	14
21	海 南	14	14	18	14	20
22	重 庆	4	20	17	7	10
23	四 川	6	17	3	11	12
24	贵 州	1	24	13	29	5
25	云 南	10	4	1	15	6
26	西 藏	23	19	24	18	25
27	陕 西	7	13	7	24	13
28	甘 肃	19	11	21	26	21
29	青 海	26	18	31	21	16
30	宁 夏	21	3	15	5	8
31	新 疆	8	9	6	1	3

指标 2 当事人诉讼权利 (6/10)

在 10 个一级指标中,"当事人诉讼权利"以 70.5 分位列第 6 名。全国 31 个省/自治区/直辖市中,山东得分最高(73.8 分),安徽得分最低(67.9 分),二者相差 5.9 分。

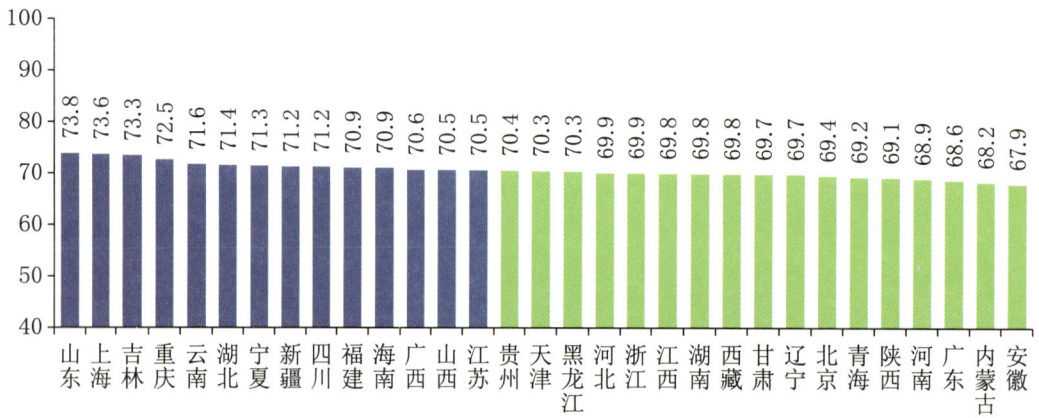

31 个省/自治区/直辖市"当事人诉讼权利"一级指标得分比较[1]

"当事人诉讼权利"的 4 个二级指标中,"当事人享有获得救济的权利""当事人享有证据性权利""当事人享有不被强迫自证其罪的权利"三项指标得分相同,均为 70.6 分,"当事人享有获得辩护、代理的权利"得分最低(70.0 分)。

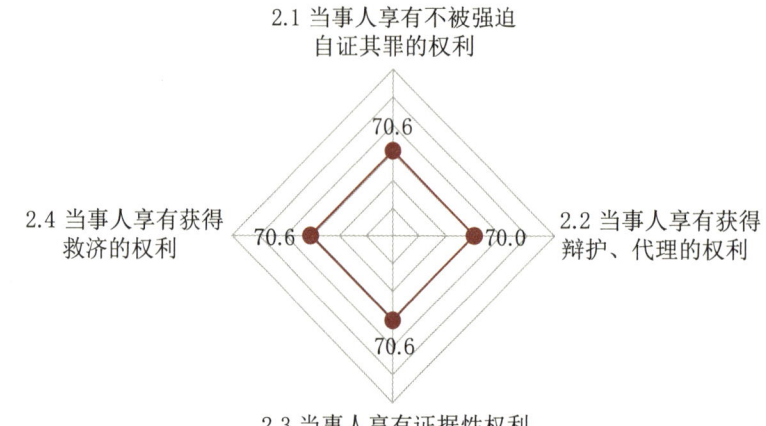

"当事人诉讼权利"对应的各二级指标得分情况[2]

---

[1] 同分的数据中保留 3 位小数后,新疆 71.169 分,四川 71.160 分;福建 70.949 分,海南 70.915 分;山西 70.524 分,江苏 70.463 分;天津 70.320 分,黑龙江 70.260 分;河北 69.944 分,浙江 69.938 分;江西 69.845 分,湖南 69.843 分,西藏 69.759 分;甘肃 69.708 分,辽宁 69.679 分。

[2] 同分的数据中保留 3 位小数后,2.1 得分为 70.614,2.3 得分为 70.589,2.4 得分为 70.620。

"当事人诉讼权利"对应的4个二级指标31个省/自治区/直辖市得分排名

序号	省/自治区/直辖市	2.1 当事人享有不被强迫自证其罪的权利	2.2 当事人享有获得辩护、代理的权利	2.3 当事人享有证据性权利	2.4 当事人享有获得救济的权利
1	北京	22	11	31	12
2	天津	13	1	23	28
3	河北	14	29	9	20
4	山西	11	8	27	13
5	内蒙古	30	26	12	29
6	辽宁	25	31	19	4
7	吉林	5	15	2	2
8	黑龙江	28	27	5	11
9	上海	1	2	10	8
10	江苏	12	9	18	23
11	浙江	31	19	25	1
12	安徽	19	18	30	30
13	福建	7	13	15	16
14	江西	23	22	14	18
15	山东	4	6	1	7
16	河南	21	16	24	27
17	湖北	3	10	22	14
18	湖南	8	28	17	21
19	广东	24	14	28	26
20	广西	17	20	21	9
21	海南	20	17	4	17
22	重庆	2	7	13	10
23	四川	6	4	11	25
24	贵州	29	24	8	6
25	云南	9	12	26	3
26	西藏	26	21	7	24
27	陕西	27	23	20	19
28	甘肃	15	30	16	15
29	青海	18	25	3	31
30	宁夏	10	5	29	5
31	新疆	16	3	6	22

指标3 民事司法程序（4/10）

在10个一级指标中，"民事司法程序"以72.1分位列第4名。全国31个省/自治区/直辖市中，山东得分最高（75.2分），河南得分最低（69.0分），二者相差6.2分。

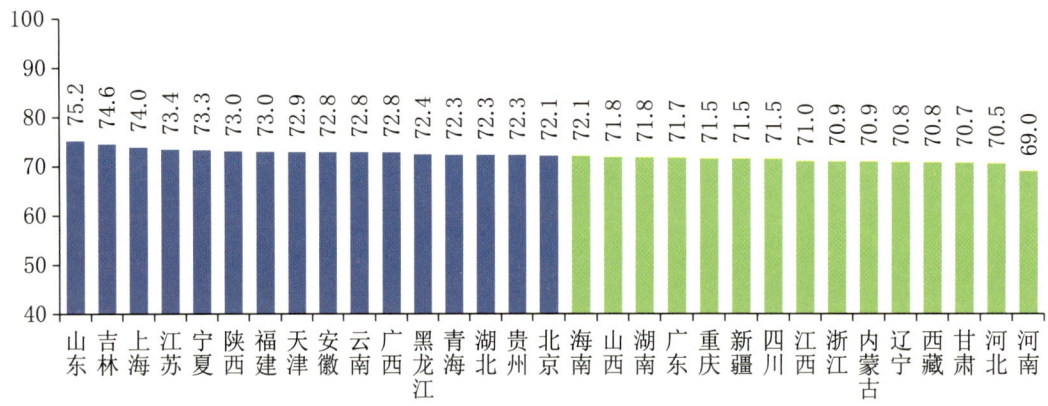

31个省/自治区/直辖市"民事司法程序"一级指标得分比较[1]

"民事司法程序"的3个二级指标中，"民事诉讼裁判得到有效执行"得分最高（73.6分），其次是"民事审判符合公正要求"（72.4分），最后是"民事诉讼中的调解自愿、合法"（70.4分）。

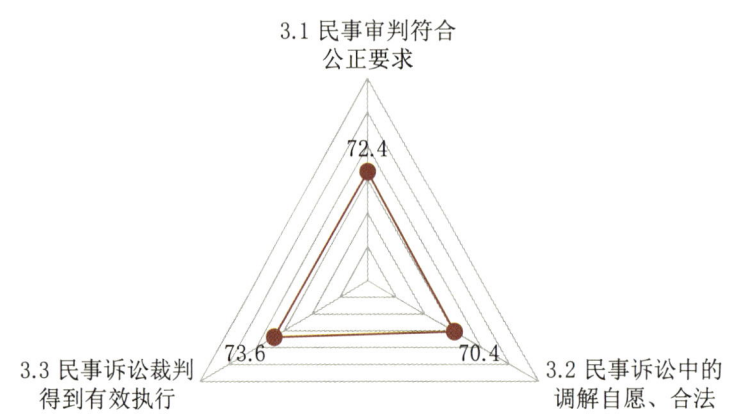

"民事司法程序"对应的各二级指标得分情况

---

[1] 同分的数据中保留3位小数后，陕西73.025分，福建72.950分；安徽72.845分，云南72.843分，广西72.836分；青海72.287分，湖北72.286分，贵州72.259分；北京72.117分，海南72.070分；山西71.799分，湖南71.757分，重庆71.538分，新疆71.532分，四川71.480分；浙江70.918分，内蒙古70.917分；辽宁70.781分，西藏70.750分。

"民事司法程序"对应的3个二级指标31个省/自治区/直辖市得分排名

序号	省/自治区/直辖市	3.1 民事审判符合公正要求	3.2 民事诉讼中的调解自愿、合法	3.3 民事诉讼裁判得到有效执行
1	北 京	17	14	20
2	天 津	6	15	17
3	河 北	24	30	21
4	山 西	21	19	10
5	内蒙古	19	22	28
6	辽 宁	29	29	5
7	吉 林	8	8	2
8	黑龙江	18	21	4
9	上 海	4	9	6
10	江 苏	3	4	25
11	浙 江	16	31	1
12	安 徽	14	12	9
13	福 建	5	17	19
14	江 西	28	16	16
15	山 东	1	1	7
16	河 南	30	28	31
17	湖 北	20	3	18
18	湖 南	12	27	23
19	广 东	11	18	29
20	广 西	9	6	27
21	海 南	26	5	13
22	重 庆	22	20	14
23	四 川	15	7	30
24	贵 州	13	23	12
25	云 南	2	26	11
26	西 藏	23	24	26
27	陕 西	10	13	15
28	甘 肃	31	25	8
29	青 海	27	10	3
30	宁 夏	7	2	24
31	新 疆	25	11	22

指标 4　刑事司法程序（5/10）

在 10 个一级指标中，"刑事司法程序"以 71.7 分位列第 5 名。全国 31 个省/自治区/直辖市中，山东得分最高（75.8 分），辽宁得分最低（68.0 分），二者相差 7.8 分。

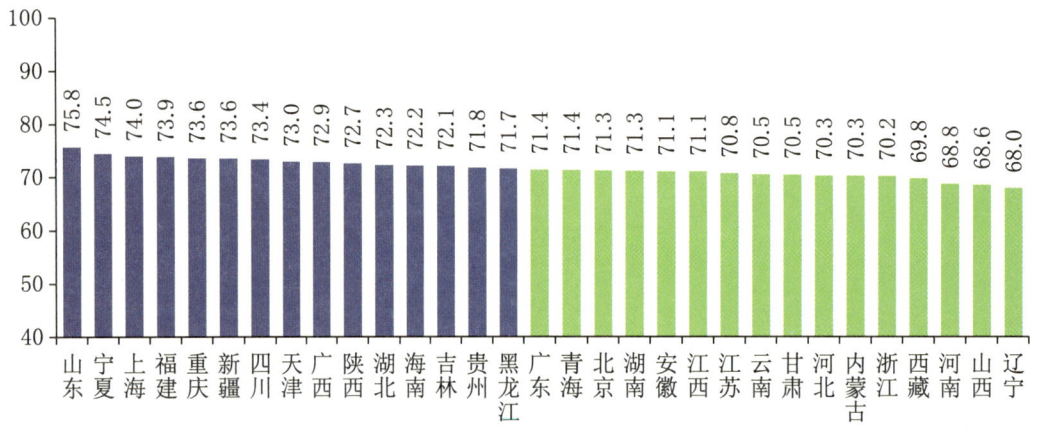

31 个省/自治区/直辖市"刑事司法程序"一级指标得分比较[1]

"刑事司法程序"的 3 个二级指标中，"侦查措施及时合法"得分最高（73.4 分），"刑事审判公正及时"次之（71.2 分），"审查起诉公正"得分最低（70.5 分）。

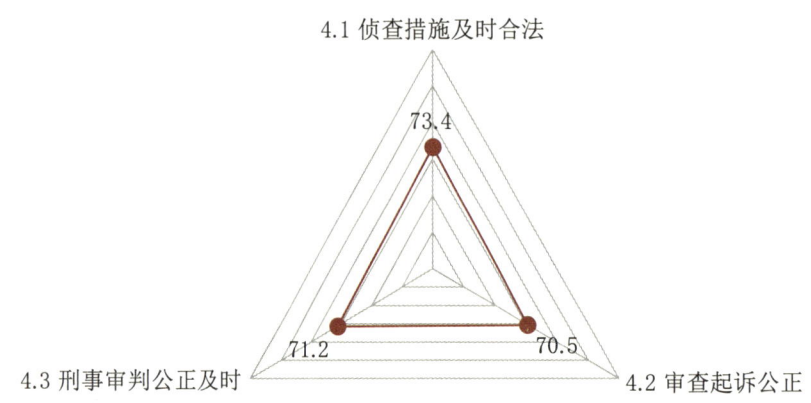

"刑事司法程序"对应的各二级指标得分情况

---

[1] 同分的数据中保留 3 位小数后，重庆 73.621 分，新疆 73.592 分；广东 71.426 分，青海 71.397 分；北京 71.299 分，湖南 71.252 分；安徽 71.136 分，江西 71.119 分；云南 70.546 分，甘肃 70.512 分；河北 70.301 分，内蒙古 70.280 分。

"刑事司法程序"对应的3个二级指标31个省/自治区/直辖市得分排名

序 号	省/自治区/直辖市	4.1 侦查措施及时合法	4.2 审查起诉公正	4.3 刑事审判公正及时
1	北 京	17	8	30
2	天 津	7	10	18
3	河 北	19	27	20
4	山 西	3	31	25
5	内蒙古	29	15	27
6	辽 宁	30	30	28
7	吉 林	9	25	3
8	黑龙江	23	13	21
9	上 海	4	4	8
10	江 苏	10	26	24
11	浙 江	22	28	17
12	安 徽	8	29	11
13	福 建	6	5	9
14	江 西	24	18	19
15	山 东	2	1	1
16	河 南	27	24	31
17	湖 北	11	20	7
18	湖 南	26	9	26
19	广 东	15	21	15
20	广 西	25	2	10
21	海 南	14	14	22
22	重 庆	12	3	12
23	四 川	13	7	6
24	贵 州	28	6	13
25	云 南	16	19	29
26	西 藏	31	22	16
27	陕 西	20	11	5
28	甘 肃	18	23	23
29	青 海	21	17	14
30	宁 夏	1	16	2
31	新 疆	5	12	4

指标 5　行政司法程序（3/10）

在 10 个一级指标中，"行政司法程序"以 72.4 分位列第 3 名。全国 31 个省/自治区/直辖市中，山东得分最高（76.9 分），山西得分最低（68.3 分），二者相差 8.6 分。

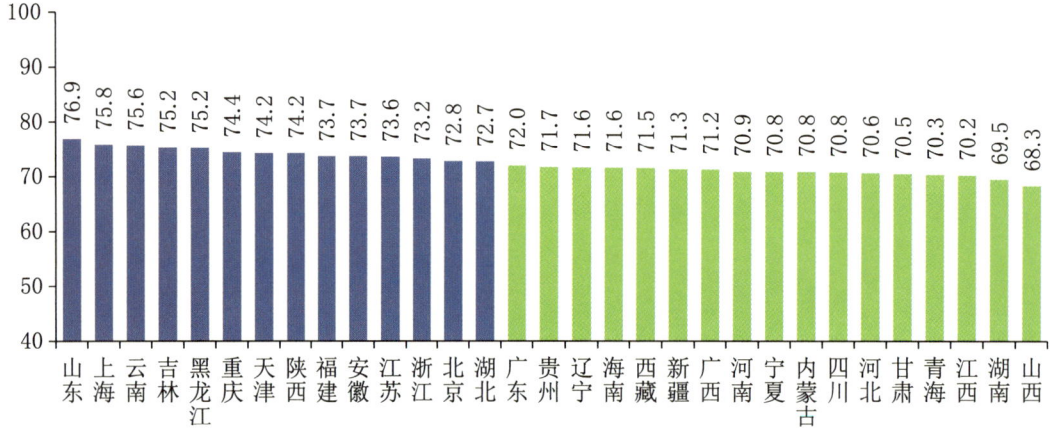

31 个省/自治区/直辖市"行政司法程序"一级指标得分比较[1]

"行政司法程序"的 2 个二级指标中，"行政审判符合公正要求"得分（74.5 分）高于"行政诉讼裁判得到有效执行"（70.4 分）。

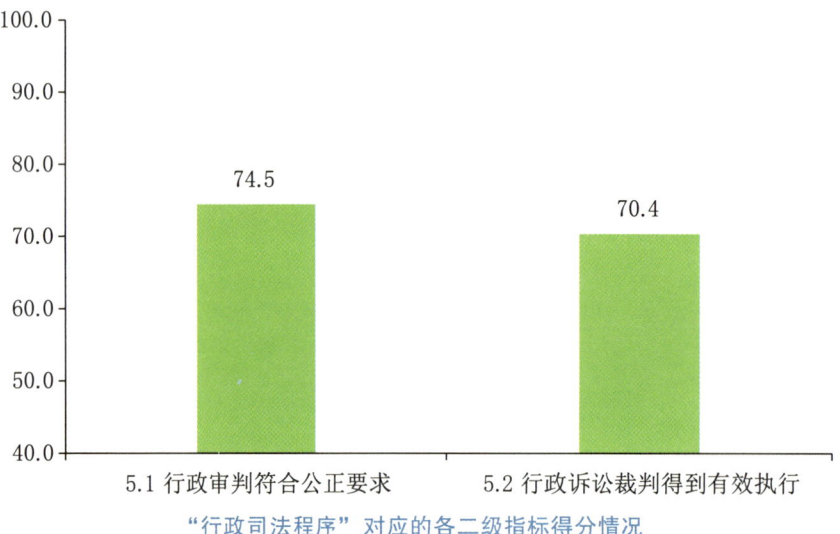

"行政司法程序"对应的各二级指标得分情况

---

[1] 同分的数据中保留 3 位小数后，吉林 75.222 分，黑龙江 75.165 分；天津 74.227 分，陕西 74.218 分；福建 73.662 分，安徽 73.661 分；辽宁 71.623 分，海南 71.591 分；宁夏 70.837 分，内蒙古 70.833 分，四川 70.758 分。

"行政司法程序"对应的 2 个二级指标 31 个省/自治区/直辖市得分排名

序 号	省/自治区/直辖市	5.1 行政审判符合公正要求	5.2 行政诉讼裁判得到有效执行
1	北 京	13	13
2	天 津	12	1
3	河 北	25	25
4	山 西	31	24
5	内蒙古	18	29
6	辽 宁	17	21
7	吉 林	7	2
8	黑龙江	6	4
9	上 海	3	3
10	江 苏	15	5
11	浙 江	8	12
12	安 徽	10	8
13	福 建	11	7
14	江 西	29	23
15	山 东	1	6
16	河 南	27	18
17	湖 北	14	14
18	湖 南	30	30
19	广 东	9	26
20	广 西	16	28
21	海 南	19	19
22	重 庆	5	11
23	四 川	20	27
24	贵 州	28	9
25	云 南	2	10
26	西 藏	21	17
27	陕 西	4	15
28	甘 肃	26	22
29	青 海	22	31
30	宁 夏	23	20
31	新 疆	24	16

指标6 证据制度（7/10）

在10个一级指标中，"证据制度"以69.6分位列第7名。全国31个省/自治区/直辖市中，山东得分最高（72.6分），山西得分最低（65.1分），二者相差7.5分。

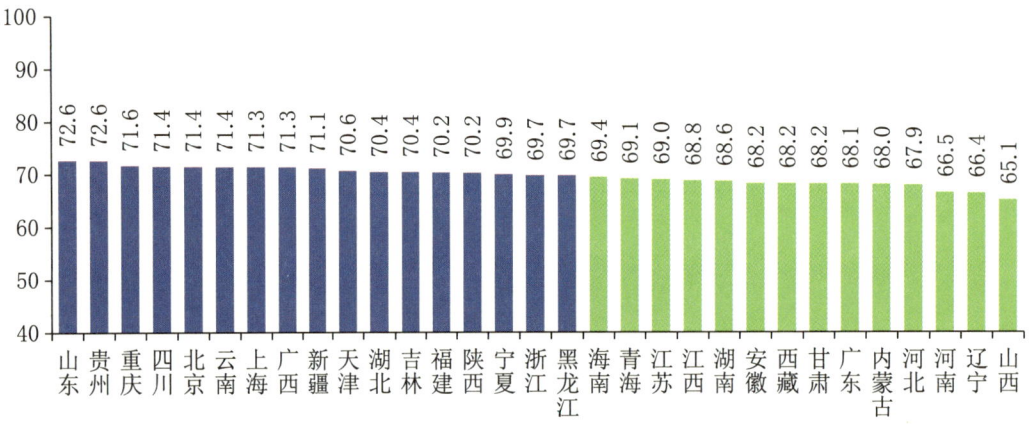

31个省/自治区/直辖市"证据制度"一级指标得分比较[1]

"证据制度"的3个二级指标中，"证据依法得到采纳与排除"得分最高（71.1分），其次是"证明过程得到合理规范"（70.5分），"证据裁判原则得到贯彻"得分最低（67.2分）。

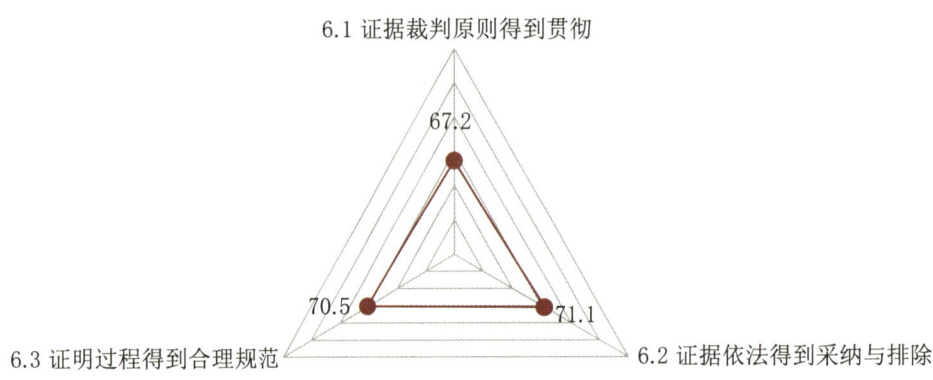

"证据制度"对应的各二级指标得分情况

---

[1] 同分的数据中保留3位小数后，山东72.604分，贵州72.558分；四川71.449分，北京71.394分，云南71.360分；上海71.347分，广西71.255分；湖北70.370分，吉林70.360分；福建70.222分，陕西70.201分；浙江69.690分，黑龙江69.675分；安徽68.207分，西藏68.191分，甘肃68.169分。

"证据制度"对应的3个二级指标31个省/自治区/直辖市得分排名

序号	省/自治区/直辖市	6.1 证据裁判原则得到贯彻	6.2 证据依法得到采纳与排除	6.3 证明过程得到合理规范
1	北京	1	8	11
2	天津	10	12	12
3	河北	28	14	29
4	山西	30	31	24
5	内蒙古	24	22	30
6	辽宁	31	28	19
7	吉林	20	15	4
8	黑龙江	16	17	16
9	上海	15	3	6
10	江苏	11	23	23
11	浙江	14	29	8
12	安徽	12	25	31
13	福建	22	7	10
14	江西	26	18	21
15	山东	9	1	1
16	河南	29	30	26
17	湖北	17	13	7
18	湖南	18	24	22
19	广东	19	27	25
20	广西	5	5	14
21	海南	25	11	17
22	重庆	4	6	5
23	四川	3	4	15
24	贵州	6	2	3
25	云南	8	19	2
26	西藏	23	20	28
27	陕西	13	10	18
28	甘肃	21	21	27
29	青海	27	9	20
30	宁夏	7	26	13
31	新疆	2	16	9

指标7 司法腐败遏制（8/10）

在10个一级指标中，"司法腐败遏制"以69.0分位列第8名。全国31个省/自治区/直辖市中，新疆得分最高（75.1分），内蒙古得分最低（65.4分），二者相差9.7分。

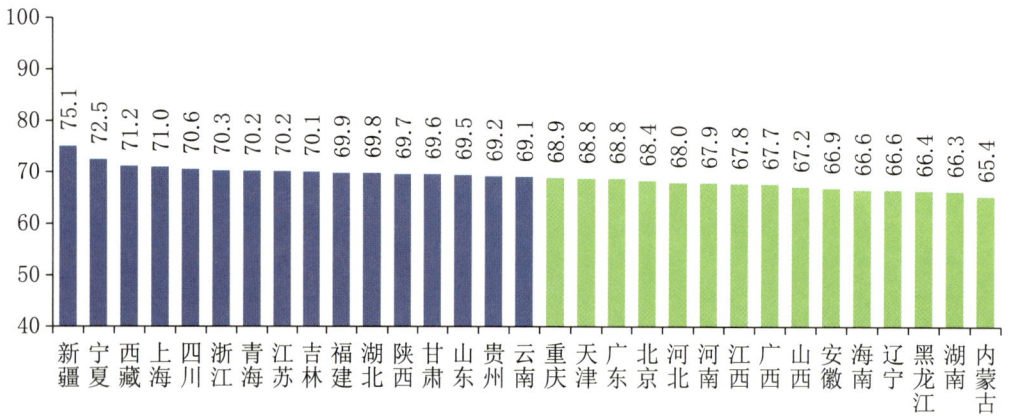

31个省/自治区/直辖市"司法腐败遏制"一级指标得分比较[1]

"司法腐败遏制"的3个二级指标中，"检察官远离腐败"得分最高（70.5分），其次是"法官远离腐败"（69.1分），"警察远离腐败"得分最低（67.5分）。

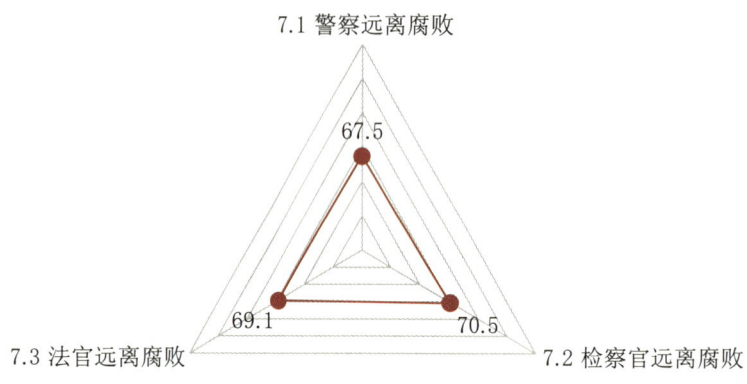

"司法腐败遏制"对应的各二级指标得分情况

---

[1] 同分的数据中保留3位小数后，青海70.241分，江苏70.213分；天津68.803分，广东68.792分；海南66.627分，辽宁66.626分。

"司法腐败遏制"对应的 3 个二级指标 31 个省/自治区/直辖市得分排名

序 号	省/自治区/直辖市	7.1 警察远离腐败	7.2 检察官远离腐败	7.3 法官远离腐败
1	北 京	21	20	20
2	天 津	19	16	17
3	河 北	18	25	23
4	山 西	22	28	25
5	内蒙古	31	31	30
6	辽 宁	27	27	28
7	吉 林	9	11	8
8	黑龙江	28	30	29
9	上 海	10	3	4
10	江 苏	11	6	10
11	浙 江	5	12	6
12	安 徽	29	24	27
13	福 建	16	7	9
14	江 西	25	23	21
15	山 东	8	13	19
16	河 南	20	21	22
17	湖 北	15	9	7
18	湖 南	26	29	31
19	广 东	23	15	14
20	广 西	24	22	24
21	海 南	30	26	26
22	重 庆	13	19	18
23	四 川	6	5	5
24	贵 州	12	18	13
25	云 南	14	17	16
26	西 藏	4	4	3
27	陕 西	17	8	11
28	甘 肃	7	14	15
29	青 海	3	10	12
30	宁 夏	2	2	2
31	新 疆	1	1	1

指标8 法律职业化（10/10）

在10个一级指标中，"法律职业化"以65.6分位列第10名。全国31个省/自治区/直辖市中，北京得分最高（69.6分），西藏得分最低（62.6分），二者相差7.0分。

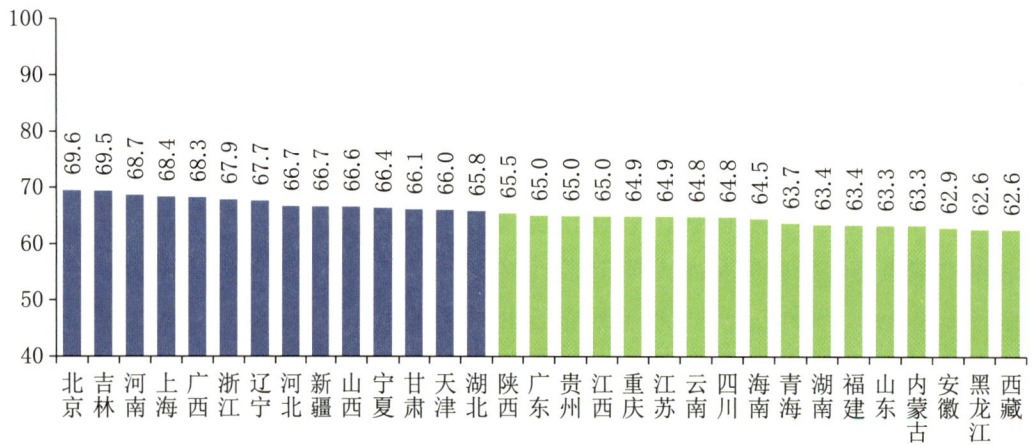

31个省/自治区/直辖市"法律职业化"一级指标得分比较[1]

"法律职业化"的3个二级指标中，"法律职业人员获得职业培训"得分最高（70.9分），其次是"法律职业人员遵守职业伦理规范"（63.5分），"法律职业人员享有职业保障"得分最低（62.5分）。

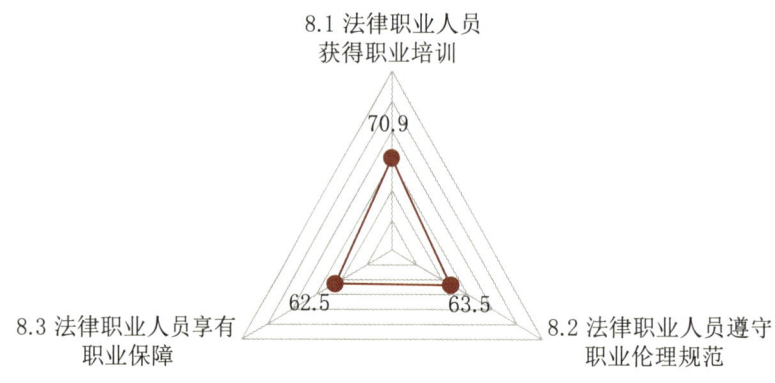

"法律职业化"对应的各二级指标得分情况

---

[1] 同分的数据中保留3位小数后，河北66.731分，新疆66.696分；广东65.016分，贵州64.992分，江西64.954分；重庆64.906分，江苏64.870分；云南64.828分，四川64.801分；湖南63.431分，福建63.408分；山东63.276分，内蒙古63.261分；黑龙江62.602分，西藏62.588分。

"法律职业化"对应的 3 个二级指标 31 个省/自治区/直辖市得分排名

序 号	省/自治区/直辖市	8.1 法律职业人员获得职业培训	8.2 法律职业人员遵守职业伦理规范	8.3 法律职业人员享有职业保障
1	北 京	1	29	11
2	天 津	7	23	17
3	河 北	8	15	7
4	山 西	14	7	8
5	内蒙古	23	21	29
6	辽 宁	15	10	2
7	吉 林	9	2	1
8	黑龙江	30	24	23
9	上 海	3	11	9
10	江 苏	22	19	16
11	浙 江	13	4	3
12	安 徽	26	26	26
13	福 建	27	28	22
14	江 西	18	22	19
15	山 东	25	27	24
16	河 南	4	13	4
17	湖 北	21	6	12
18	湖 南	12	31	31
19	广 东	16	25	20
20	广 西	2	30	18
21	海 南	20	18	25
22	重 庆	6	14	30
23	四 川	11	20	27
24	贵 州	24	12	15
25	云 南	28	8	6
26	西 藏	31	5	5
27	陕 西	5	16	28
28	甘 肃	10	9	21
29	青 海	29	17	13
30	宁 夏	17	3	10
31	新 疆	19	1	14

指标 9 司法公开 (1/10)

在 10 个一级指标中,"司法公开"以 76.6 分位列第 1 名。全国 31 个省/自治区/直辖市中,宁夏得分最高(79.8 分),河北得分最低(74.1 分),二者相差 5.7 分。

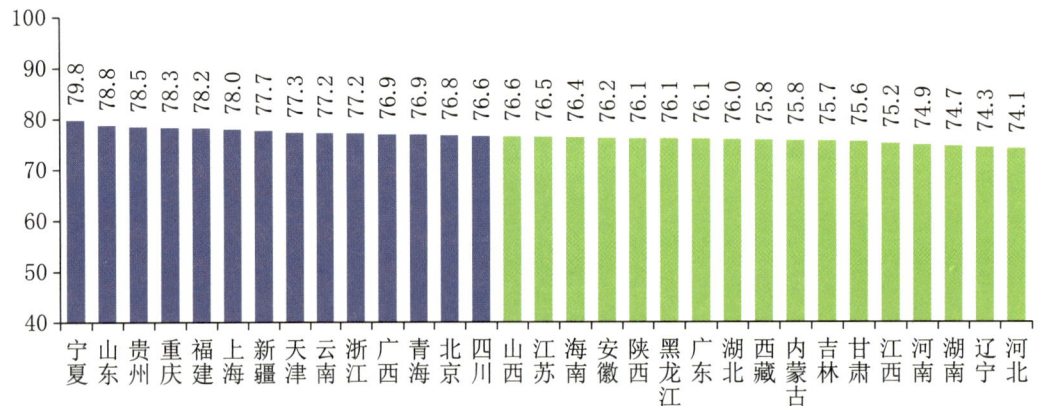

31 个省/自治区/直辖市"司法公开"一级指标得分比较[1]

"司法公开"的 2 个二级指标中,"司法过程依法公开"得分较高(76.8 分),"裁判结果依法公开"以 76.4 分位列其后,二者均达 76.0 分以上。

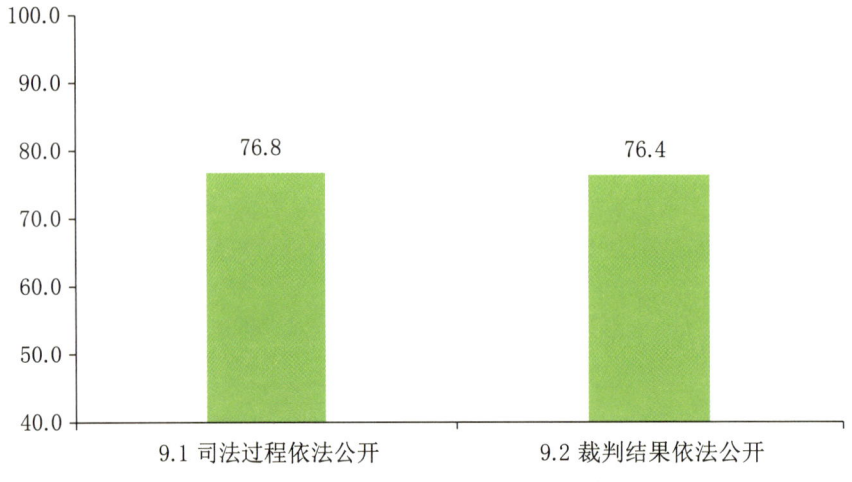

"司法公开"对应的各二级指标得分情况

---

[1] 同分的数据中保留 3 位小数后,云南 77.226 分,浙江 77.167 分;广西 76.945 分,青海 76.934 分;四川 76.596 分,山西 76.563 分;陕西 76.143 分,黑龙江 76.142 分,广东 76.102 分;西藏 75.844 分,内蒙古 75.759 分。

"司法公开"对应的2个二级指标31个省/自治区/直辖市得分排名

序号	省/自治区/直辖市	9.1 司法过程依法公开	9.2 裁判结果依法公开
1	北京	13	13
2	天津	12	9
3	河北	31	29
4	山西	6	26
5	内蒙古	21	24
6	辽宁	30	27
7	吉林	25	19
8	黑龙江	23	14
9	上海	9	3
10	江苏	20	12
11	浙江	10	10
12	安徽	16	22
13	福建	4	7
14	江西	26	28
15	山东	5	1
16	河南	29	30
17	湖北	22	17
18	湖南	28	31
19	广东	17	23
20	广西	7	18
21	海南	15	21
22	重庆	3	8
23	四川	14	15
24	贵州	2	5
25	云南	18	6
26	西藏	19	25
27	陕西	24	11
28	甘肃	27	20
29	青海	8	16
30	宁夏	1	2
31	新疆	11	4

指标 10　司法文化（9/10）

在 10 个一级指标中，"司法文化"以 68.0 分位列第 9 名。全国 31 个省/自治区/直辖市中，广东得分最高（70.3 分），辽宁得分最低（65.7 分），二者相差 4.6 分。

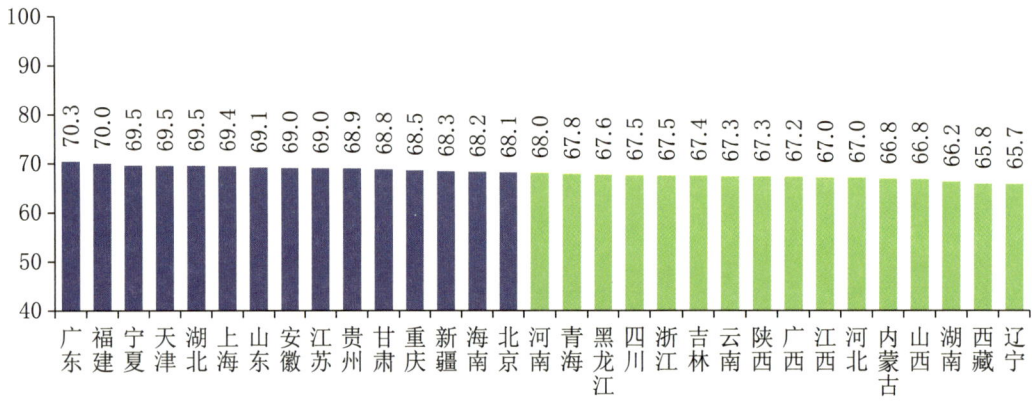

31 个省/自治区/直辖市"司法文化"一级指标得分比较[1]

"司法文化"的 4 个二级指标中，"公众参与司法的意识及程度"得分最高（73.4 分），其次是"公众诉诸司法的意识及程度"（69.9 分），再次是"公众接受司法裁判的意识及程度"（66.9 分），最后是"公众接受现代刑罚理念的意识及程度"（61.9 分）。

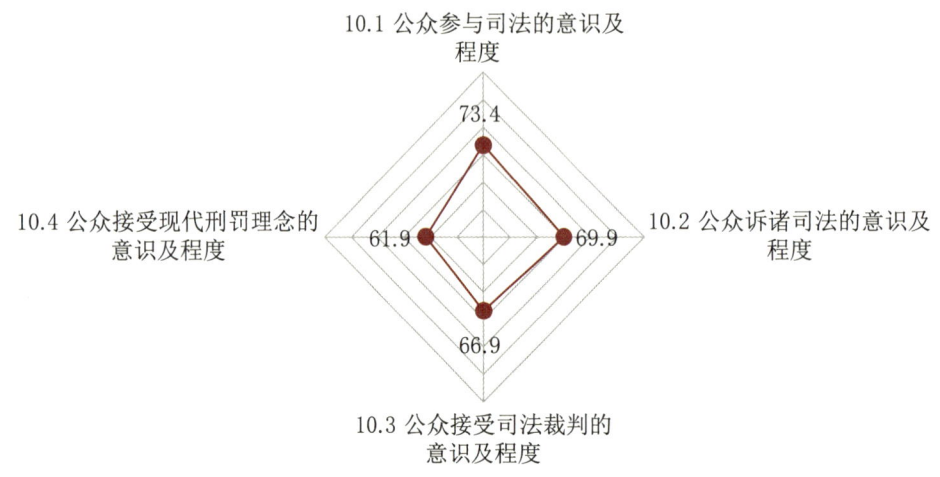

"司法文化"对应的各二级指标得分情况

---

[1] 同分的数据中保留 3 位小数后，宁夏 69.512 分，天津 69.457 分，湖北 69.455 分；安徽 68.996 分，江苏 68.965 分；四川 67.524 分，浙江 67.457 分；云南 67.291 分，陕西 67.274 分；江西 67.020 分，河北 67.003 分；内蒙古 66.768 分，山西 66.764 分。

"司法文化"对应的4个二级指标31个省/自治区/直辖市得分排名

序号	省/自治区/直辖市	10.1 公众参与司法的意识及程度	10.2 公众诉诸司法的意识及程度	10.3 公众接受司法裁判的意识及程度	10.4 公众接受现代刑罚理念的意识及程度
1	北 京	25	10	17	5
2	天 津	24	5	4	2
3	河 北	20	16	23	30
4	山 西	29	23	21	14
5	内蒙古	28	17	30	3
6	辽 宁	31	29	13	16
7	吉 林	21	27	6	25
8	黑龙江	14	28	10	9
9	上 海	22	4	5	4
10	江 苏	10	5	22	6
11	浙 江	23	9	26	18
12	安 徽	3	8	24	24
13	福 建	5	11	2	10
14	江 西	27	25	8	26
15	山 东	16	3	16	7
16	河 南	17	13	20	19
17	湖 北	6	19	12	1
18	湖 南	25	31	19	20
19	广 东	2	2	18	12
20	广 西	30	21	14	11
21	海 南	4	15	27	15
22	重 庆	18	26	1	13
23	四 川	13	24	15	23
24	贵 州	12	7	9	22
25	云 南	15	13	31	8
26	西 藏	7	30	29	31
27	陕 西	8	22	25	27
28	甘 肃	1	12	28	21
29	青 海	19	18	7	28
30	宁 夏	9	1	11	17
31	新 疆	11	20	3	29

附 录

中国司法文明发展的轨迹（2015—2019）
——以中国司法文明指数为分析工具的研究*

张保生** 王殿玺***

引言：中国司法评估的意义和问题

司法是维护法治的最后一道防线。现代司法文明是一个国家法治文明的指示器，[1]因而也是法治文明的重要组成部分。改革开放以来，随着市场经济和法治建设的发展，社会争端越来越需要通过诉讼途径得到理性与平和的解决，民众对司法的需求越来越大，对司法公正的要求也越来越高。然而，优质司法资源的供给与民众的司法消费需求相比还显得严重不足，愚昧司法、野蛮司法、司法腐败、冤假错案等现象给中国司法公信力带来的损害，也成为人民群众反映比较强烈的一个重大社会问题。党的十八届三中全会和四中全会先后提出"建立科学的法治建设指标体系和考核标准"，要求法治建设和司法改革"引入第三方评估"机制，以便更好地监测司法文明建设和司法改革的成效。司法评估机制的建立，有利于准确把握人民群众对司法的需求，为社会争端的有效解决提供理性方式，从而在促进司法公正、提高司法公信力方面发挥工具性作用。在中国法治建设和司法文明建设的现实语境下，司法文明评估及其结果可以反映各地司法文明建设的强项和弱项，从而为全国司法机关全面加强司法文明建设提供一面自我对照的"镜子"，各地司法机关可基于评估结果的综合分析，找到解决自己问题的具体方案。[2]因此，完善司法文明评估机制，有利于促进我国司法文明各个领域的全面建设，有助于提升中国司法文明在世界司法文明体系中的认同度，促使其早日跻身世界司法文明先进行列。

国外的法治评估和司法评估，比较典型的属"WJP 世界法治指数"。该指数最新 2020 年版由 9 个一级指标和 44 个二级指标组成，一级指标包括约束政府权力、腐败遏制、开放政府、基本权利、秩序和安全、常规执法、民事司法、刑事司法和非正式司法。其中，民事司法 7 个二级指标包括：人民能够享有民事司法并能承受其费用，民事司法不受歧视，民事司法远离腐败，民事司法不受不适当的政府影响，民事司法不受不合理的拖延，民事司法得到有效执行，享有可供选择的纠纷解决

---

* 本文原载《浙江大学学报（人文社会科学版）》2020 年第 6 期；本文系国家社科基金重大项目"司法评估的理论与方法研究"（17ZDA129）的成果。
** 中国政法大学证据科学教育部重点实验室、司法文明协同创新中心教授，博士生导师，主要从事证据法学、司法评估研究。
*** 中国政法大学博士后研究人员，主要从事司法评估、法律社会学研究。
〔1〕 张文显：《司法文明新的里程碑——2012 刑事诉讼法的文明价值》，载《法制与社会发展》2013 年第 2 期。
〔2〕 张保生：《司法文明指数是一种法治评估工具》，载《证据科学》2015 年第 1 期。

机制且公正、有效。刑事司法7个二级指标包括：刑事调查制度有效，刑事裁判制度及时、有效，矫正制度有效减少了犯罪行为，刑事司法制度具有公正性，刑事司法制度远离腐败，刑事司法制度不受不适当的政府影响，法律正当程序和被告人权利。[1]纵观中国司法在"WJP世界法治指数"2015—2020年指标值，可以看到，换算成百分制后，民事司法在2015年48分基础上，2016年以来得分基本上保持在54分左右；刑事司法在45~47分浮动。总体上，民众对司法的满意度尚未达到及格水平。[2]详见表1。

表1 2015—2020年中国司法在"WJP世界法治指数"指标7（民事司法）和指标8（刑事司法）的得分与排名情况[3]

指标	2015年		2016年		2017—2018年		2019年		2020年	
	全球排名	得分	全球排名	得分	全球排名	得分	全球排名	得分	全球排名	得分
民事司法	67/102	0.48	62/113	0.52	57/113	0.54	60/126	0.54	64/128	0.53
刑事司法	47/102	0.45	55/113	0.47	54/113	0.48	57/126	0.47	62/128	0.45

与我国司法在"WJP世界法治指数"得分偏低的情况相比，国内司法机关自评或委托第三方评估的结果又显得有些虚高。随着域外法治和司法量化评估的兴起，中国近年来出现了各种量化的法治评估和司法评估方案，如余杭法治指数、昆明法治指数、中国司法透明度指数、中国法治满意度评估等。[4]以当前司法评估实践模式为参照，我国司法评估存在的一个主要问题，是因评估主体和评估方法不同造成评估结果的差异较大。例如，如果设定60~75分为及格，76~89分为良好，90分以上为优秀，2016年，上海社会科学院作为第三方评估机构发布的司法公信力评估报告显示，上海一中院司法公信力指标评估得分为82.06分。[5]2017年，河北省检察机关检察公信力测评综合得分为86.93分。[6]在上海X区检察院公信力评估中，专业人员评分高达91.68分，市民评分88.43分，律师评分85.97分。[7]2017年，广东省各地市中级法院自评92分，各地市检察院自评95.83分，都达到了优秀水平。但当评价主体换作第三方后，全省司法满意度得分均值只有55.8分，甚至未达到及格水平。[8]

上述不同评估方式在结果上的反差，引发了人们对我国司法文明实际发展水平的思考。由于上

---

[1] World Justice Project, *World Justice Project Rule of Law Index 2020*, Washington, DC: World Justice Project, 2020, pp. 12-14.
[2] 我国司法在"WJP世界法治指数"的排名和得分并非外国或世界组织对我国法治水平的评价。"WJP世界法治指数"是本国民众对自己国家法治水平的评价，是对每个国家1000名普通受访者（男女各占一半，选自3个大城市）和一些专家问卷调查的结果。参见World Justice Project, *World Justice Project Rule of Law Index 2011*, Washington, DC: World Justice Project, 2011, p. 15.
[3] 表1根据"WJP世界法治指数"2015、2016、2017—2018、2019、2020年度报告数据整理而成。参见World Justice Project, *World Justice Project Rule of Law Index 2015*, Washington, DC: World Justice Project, 2015, p. 76; World Justice Project, *World Justice Project Rule of Law Index 2016*, Washington, DC: World Justice Project, 2016, p. 69; World Justice Project, *World Justice Project Rule of Law Index 2017-2018*, Washington, DC: World Justice Project, 2018, p. 69; World Justice Project, *World Justice Project Rule of Law Index 2019*, Washington, DC: World Justice Project, 2019, p. 58; World Justice Project, *World Justice Project Rule of Law Index 2020*, Washington, DC: World Justice Project, 2020, p. 58.
[4] 张保生、郑飞：《世界法治指数对中国法治评估的借鉴意义》，载《法制与社会发展》2013年第6期。
[5] 徐文进、姚竞燕：《深化改革视阈下司法公信力第三方评估机制的检视与优化——以全国首份司法公信力第三方评估报告为镜鉴》，载《法律适用》2017年第15期。
[6] 河北省人民检察院课题组：《检察公信力测评实证研究——以河北实践范式为视角》，载《人民检察》2018年第14期。
[7] 杨慧亮、陆静：《检察公信力评估建设实证问题研究》，载《人民检察》2017年第23期。
[8] 参见罗骁：《司法满意度："悖论"与诠释——以广东省为例》，华南理工大学2018年博士学位论文。

述国内司法评估的数据均为单年度数据,无法与世界法治指数五年均值进行比较,因此,我们试图通过对中国司法文明指数五年调查数据的分析,揭示这五年期间中国司法文明的发展轨迹和整体水平,以及不同维度和不同地区的实际发展状况,并分析造成这种状况的原因,预测未来的走势。

一、总体提升:中国司法文明的结构与变迁

由于文明具有主体性、文化性和制度性构造,参照这些特性,便可以在理论上将司法文明划分为司法主体、司法制度、司法运作、司法文化等维度。根据我国《宪法》第128、134条的规定,司法主体是指司法权力的行使主体,即人民法院和人民检察院。根据《刑事诉讼法》有关规定,我国公安机关的侦查权也与司法权有密切联系。因此,广义司法制度包括"三大部分:一是审判制度;二是检察制度;三是侦查制度"[1],是指"司法机关的组织制度以及司法机关与其他相关机关、组织依法进行或者参与诉讼的活动制度的总称"[2]。广义司法主体则包括行使审判权、检察权的司法机关,行使侦查权的公安机关,以及就职于司法机关和公安机关的法官、检察官和警察,民众对他们的信任度则成为测量司法公信力的重要指标。司法制度又可分为司法组织制度和司法程序制度,后者即所谓诉讼制度,司法运作便是指"诉讼的常规的、有序的运行程序,包括从诉讼开始到诉讼结束期间所发生的所有行为及事项"[3],由一系列相互衔接且各自独立的程序组成。[4] 司法文化作为法律文化的组成部分,是人类司法活动中经验智慧的积淀。作为司法文明的外在表现形式,司法文化既有稳定性又有变动性,表现为"在长期的司法活动中逐步形成的一种法律文化形态,主要包括价值观念、思维模式、行为准则、制度规范等表现形式"。[5]

鉴于司法文明具有较高的抽象性,我们难以得到有关其结构及演变过程的内在事实,只能用代表司法文明水平的外在事实来加以表示,从而将抽象的司法文明概念转化为可供观察的具体指标,以进行操作化测量,建构司法文明的指标体系,进而形成用以采集数据的调查问卷,并根据调查数据结果,建立司法文明综合测量指数,这一基本过程构成了司法评估的方法论逻辑。从本质上看,司法评估是在考虑司法机关运作的体制环境下,衡量司法体系对公平、正义及法律适用正当性等法治价值的实践程度,其目的在于通过对现有司法体系的运行质量进行准确评估以促使其不断进步。[6]

中国司法文明指数(China Justice Index,CJI)是由中国政法大学司法文明协同创新中心开发的一种法治量化评估工具。如图1所示,中国司法文明指数测量指标体系涉及司法制度、司法运作、司法主体和司法文化四大领域,并由此演绎出10个一级指标和32个二级指标,根据受访者回答问卷对32个二级指标进行打分并以一定的权重聚合,便能够得到全国各省、自治区、直辖市司法文明水平的综合测量数值,以代表全国各地司法文明的实际水平。通过实地访问普通民众和法律职业群体的亲身经历和感受,该指数能反映人民群众对本地司法文明状况的满意度,为全国各地加强司

---

[1] 陈光中:《刑事司法改革中的若干问题》,载《陈光中法学文选》(第1卷),中国政法大学出版社2010年版,第492页。
[2] 陈光中等:《中国司法制度的基础理论问题研究》,经济科学出版社2010年版,第17页。
[3] Bryan G., *Black's Law Dictionary* (Ninth Edition), Eagan: West Press, 2009, p.1324.
[4] 卞建林等:《中国司法制度基础理论研究》,中国人民公安大学出版社2013年版,第95页。
[5] 刘作翔:《作为对象化的法律文化——法律文化的释义之一》,载《法商研究》1998年第4期。
[6] Richard M. & Contini F., "Judicial Evaluation in Context: Principles, Practices and Promise in Nine European Countries", *European Journal of Legal Studies*, Vol.1, No.2 (2007), pp.11-12.

法文明建设提供一面可供自我对照的"镜子"。[1]

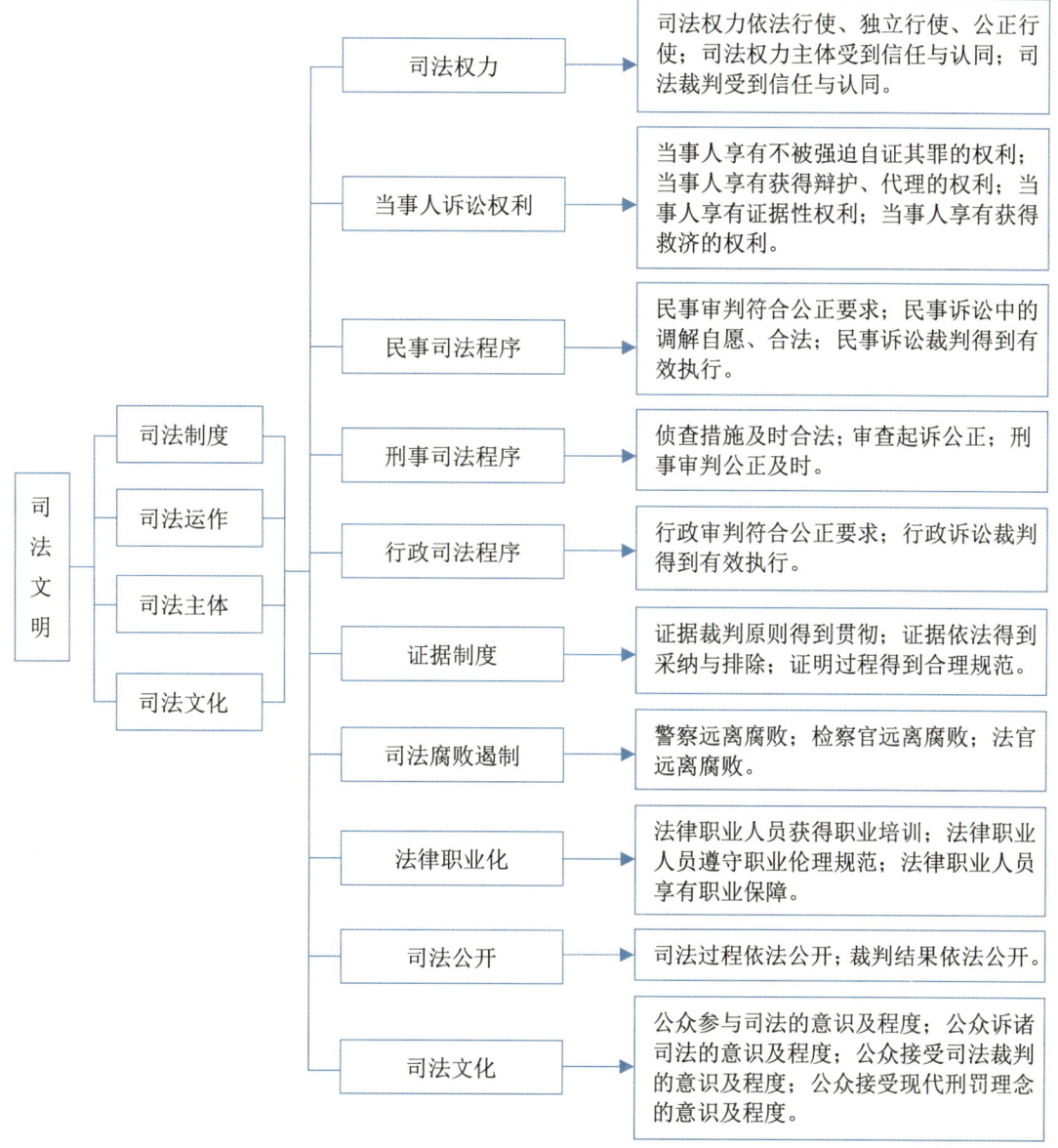

图1 司法文明指标体系结构图[2]

本研究以中国司法文明指数为工具，重在分析2015—2019年全国各地司法文明的整体水平和动态变化，从而尝试描绘中国司法文明五年发展变迁轨迹。根据图2描述的指数五年整体变化情况，中国司法文明指数值从2015年的64.5分到2019年的70分，尽管在不同调查年份存在有升有降的起伏变化，但其变化轨迹总体呈现出一种向上的变化趋势。上述变化轨迹表明，一方面，中国司法文明的发展总体是在进步的，这与近年来中国全面推进依法治国和深化司法改革的背景具有同步性；另一方面，中国司法文明的发展也经历了某种起伏、反复，说明它的发展是在曲折变化中不断累积的过程，呈现螺旋式上升态势。

---

[1] 张保生等：《中国司法文明指数报告2018》，中国政法大学出版社2019年版，第5~6页。
[2] 参见张保生等：《中国司法文明指数报告2019》，中国政法大学出版社2020年版，第6~7页。

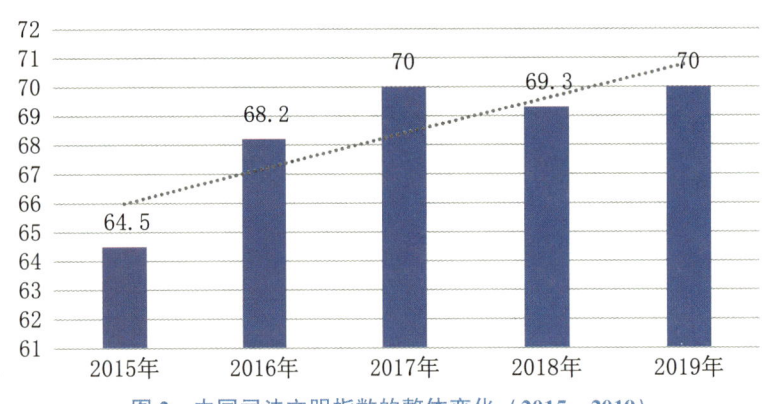

图 2 中国司法文明指数的整体变化（2015—2019）

此外，中国司法文明指数五年数据调查结果显示，其总体得分处于64.5~70分的区间，在及格线以上，但与"良好"水平还有不小的差距。相比国内一些地方性法治评估项目的情况，中国司法文明指数分值虽略低于其分值，但五年增长值却比其要高。例如，2011年余杭法治指数为72.56分，仅比2007年首次评估时高0.96分，[1]五年提高幅度不大。相比之下，中国司法文明指数五年增长值为5.5分，反映了司法文明整体水平有显著的发展。

二、不同步性：中国司法文明发展的区域差异

从省际维度对中国司法文明发展的区域差异作历时性考察，由表2可见，一方面，不同省份（包括省、自治区、直辖市）的司法文明程度存在差异，一些省份司法文明指数值稳定地高于其他省份，如上海市的排名一直保持在前5名之内，江苏省、云南省和宁夏回族自治区的排名稳定在前10名之内；同时，从司法文明指数五年均值来看，各省份司法文明平均指数值也存在着一定差别，其中，上海市平均指数值最高，黑龙江省平均指数值最低。另一方面，2015—2019年，不同省份司法文明指数值的时序变化趋势并不一致，有的省份一直保持增长态势（如重庆市、广东省），有的省份表现出先降后升的趋势（如西藏自治区），而有的省份则呈现出先升后降的过程（如福建省）。上述变化特征表明，基于省际比较的视角，不同省份司法文明发展水平及变化轨迹存在着不均一性。这表现在：①截面比较上，不同省份的司法文明发展水平具有明显差异，存在省际维度上的不一致性；②时序变化上，不同省份司法文明发展轨迹不同，具有发展轨迹上的不同步性。这在一定程度上反映了司法改革进程及效果的省际差别。

概括而言，透过不同省份司法文明指数五年变化值的分析，有如下几点值得引起注意与反思：①司法文明水平存在着省际差异，例如，上海市五年平均总分排名第一，是五年均值唯一达到70分的省市，而黑龙江省、湖南省和贵州省五年平均得分处在后3名范围内，反差明显。②北京和重庆两个直辖市，以及我国经济较发达的广东省排名仅处于中间位置，表现出司法文明程度与经济发展水平的不同步性，令人深思。③所有省份五年得分均值都在60分以上，虽达到及格水平，但除上海以外均未达到70分，距76分以上的"良好"水平更有较大距离。

---

[1] 钱弘道：《2011年度余杭法治指数报告》，载《中国司法》2012年第11期。

表 2　不同省/自治区/直辖市司法文明发展水平及其时序变化[1]

省/自治区/直辖市	2015 年	2016 年	2017 年	2018 年	2019 年	均　值
北　京	64.3	69.7	68.7	70.6	70.9	68.8
天　津	—	69.8	69.1	69.7	70.2	69.7
上　海	66.6	70.5	71.5	71.4	70.9	70.2
重　庆	63.8	68.1	69.4	70.6	71.7	68.7
河　北	—	69.9	70.3	68.7	68.4	69.3
山　西	64.3	67.4	69.1	68.6	69.4	67.8
辽　宁	—	69.5	69.8	67.4	68.2	68.7
吉　林	64.8	69.1	71.0	68.5	70.4	68.8
黑龙江	62.8	65.6	68.6	68.5	69.2	66.9
江　苏	65.0	69.2	71.2	70.7	71.3	69.5
浙　江	65.8	68.0	73.1	69.6	72.5	69.8
安　徽	64.9	67.4	70.3	70.7	70.3	68.7
福　建	65.3	69.0	70.0	69.7	67.6	68.3
江　西	—	67.3	69.7	69.8	70.9	69.4
山　东	64.7	68.4	71.1	69.7	70.9	69.0
河　南	—	64.9	69.2	70.4	70.5	68.8
湖　北	63.4	67.9	67.4	69.2	71.1	67.8
湖　南	—	66.6	67.6	66.4	67.1	66.9
广　东	64.2	69.3	69.7	70.5	70.9	68.9
海　南	63.7	68.4	76.2	69.5	68.5	69.3
四　川	64.8	68.9	68.7	70.6	71.3	68.9
贵　州	63.0	67.8	68.9	68.4	68.7	67.4
云　南	65.1	69.7	71.9	70.7	69.2	69.3
陕　西	—	63.8	69.7	69.6	68.2	67.8
甘　肃	—	66.5	69.9	65.2	69.7	67.8
青　海	63.5	68.2	71.0	69.1	69.8	68.3
内蒙古	65.4	68.3	69.8	67.8	71.3	68.5
广　西	—	66.3	67.9	68.0	68.9	67.8
西　藏	—	68.4	67.8	69.9	70.8	69.2
宁　夏	65.6	70.3	71.4	70.2	70.1	69.5
新　疆	—	70.0	69.0	69.8	70.4	69.8

[1]　由于中国司法文明指数项目团队 2015 年仅对 20 个省市进行了调查，故该年度部分省市数据缺失，在表 2 中用"—"表示。

若进一步按照东中西部的区域来进行分析，2015—2019年，我国东部经济发达地区的司法文明指数值高于中部和西部地区（参见图3）。从五年变化情况来看，在整体上，东部地区总平均值（68.99）要高于中部地区（67.87），而中部地区总平均值要高于西部地区（66.38）的司法文明水平。令人意外的是，从2016年开始，西部地区的司法文明指数值要略高于中部地区；同时，也可以发现，东中西部司法文明指数值的差距在不断缩小，这可能与近年来国家重视加快西部地区司法改革的进程有关。总体上看，东中西部之间存在着司法文明发展程度的区域差异，但这种差异在不断缩小。

从原因来进行分析，司法文明水平的省际差异以及区域发展不均衡，即东高西低的问题，符合经济基础决定上层建筑的基本原理。但区域不均衡性的具体原因，与历史、文化等方面的因素也有一定关系。例如，上海等东部发达地区市场经济的要素比较健全，对外开放程度较高，并率先开展了许多司法改革试点，这些可能也是构成司法文明指数值较高的原因。此外，东部地区拥有更为发达的律师队伍，并且公众参与司法的意识和意愿也较高。职业化的律师队伍以及公众的司法监督能够使审判在阳光下运行，有利于促进司法公正，从而使东部地区在法治的现代化转型中处于领先位置。

当然，中国司法文明发展出现区域差异性的原因可能是多重的和复杂的，不同的原因之间也可能互相产生影响，因此，上述所谓原因分析只是初步的、直观的判断，还需要学者和有关部门的实务工作者进行长期深入的研究。

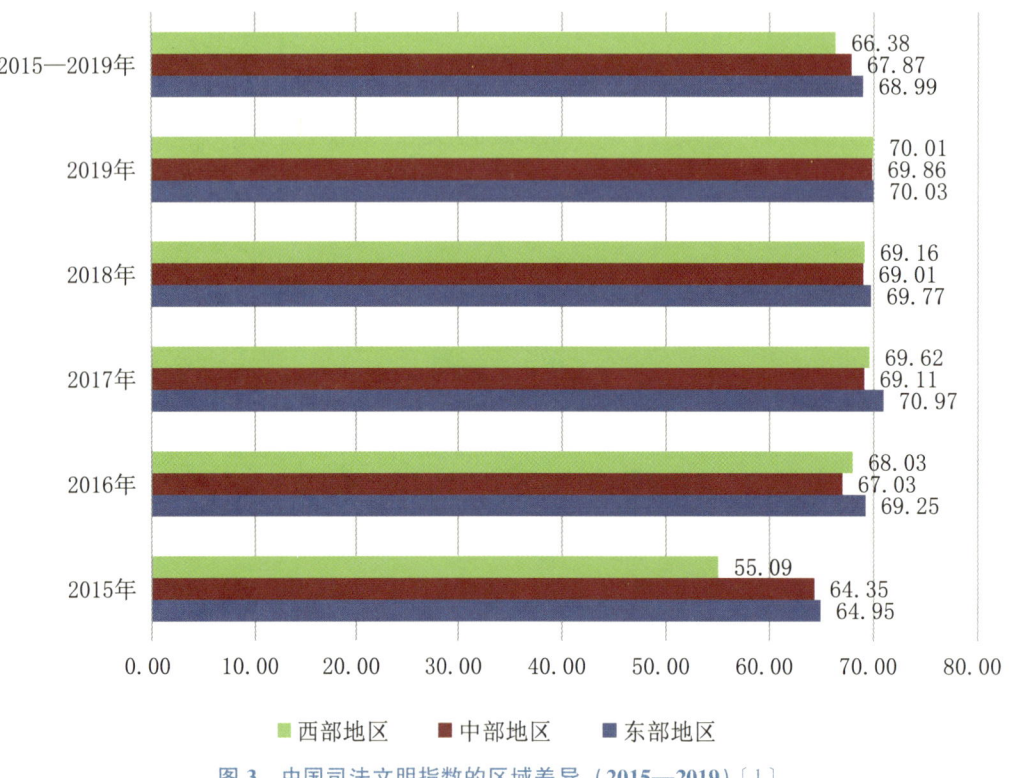

图3 中国司法文明指数的区域差异（2015—2019）[1]

---

[1] 本研究对东中西部地区的划分依据国家统计局标准，参见国家统计局：《统计制度及分类标准》，http://www.stats.gov.cn/tjzs/cjwtjd/201308/t20130829_74318.html，最后访问日期：2022年2月21日。此外，东中西部地区的司法文明指数值为所包含省、自治区、直辖市指标数值的平均值。

三、差序结构与不均衡性：司法文明内在维度的动态变化

司法文明发展水平还通过不同维度的各项指标显现出来。根据不同结构维度的内在变化，即司法文明的一级指标值与二级指标值在不同年份的动态变化情况，可以分析不同测量指标的时序演变，判断司法文明发展中的强项与弱项指标。

（一）司法文明指数一级测量维度的时序变化

从中国司法文明指数 10 个一级测量指标来看，2015—2019 年，每个测量维度均有不同幅度的变化。由图 4a 可见，五年来呈上升趋势的一级指标有 6 个："当事人诉讼权利"，从 2015 年的 61.0（谷值）上升到 2019 年的 68.7，峰值是 2017 年（69.8），五年指标值呈现出由低向高的发展轨迹；这大概反映了中国人权司法保障近年取得的成果。三大诉讼程序的三个一级指标都经历了显著上升再到基本趋稳的过程，其中，"民事司法程序"从 2015 年的 65.1（谷值）上升到了 2019 年的 71.3（峰值）；"刑事司法程序"五年呈总体上升趋势，2017 年达到峰值（71.5），2019 年得分（70.1）有所下降；"行政司法程序"从 2015 年的 59.6（谷值）上升到了 2019 年的 71.5（峰值）；这反映出正当程序理念与司法制度建设方面取得的进步。"司法公开"，从 2015 年的 69.5（谷值）上升到了 2019 年的 75.9，2018 年得分最高（76.1），达到了"良好"水平，指标值在五年间基本呈现逐年上升的趋势，表明民众对司法公开的认可度较高。"司法腐败遏制"，从 2015 年的 57.8（谷值）上升到了 2019 年的 66.5，峰值是 2017 年（66.6），既说明近年来司法腐败遏制取得了一定的效果，又表明司法腐败遏制仍需继续努力。

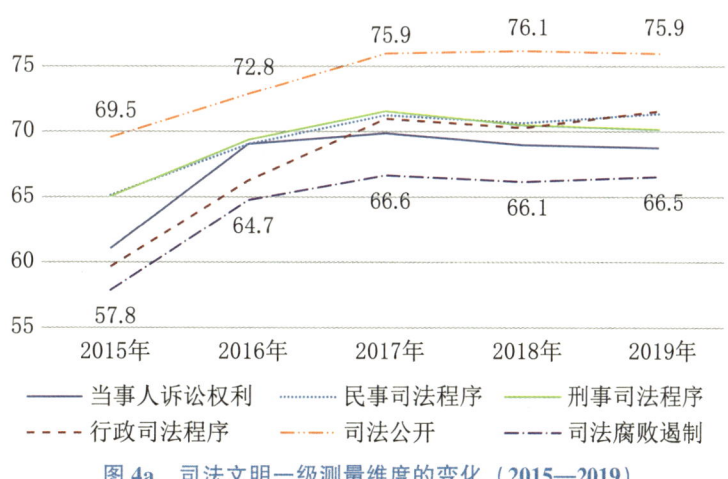

图 4a 司法文明一级测量维度的变化（2015—2019）

由图 4b 可见，五年来呈下降趋势的一级指标有 2 个：①"证据制度"，2015—2017 年均在 70 分左右，峰值是 2017 年（70.2），2018 年得分（67.5）明显走低，2019 年得分（68.2）略有回升，五年指标值呈降低走势，说明证据制度建设任重道远。②"司法文化"，从 2015 年的 68.5（峰值）下降到 2018 年的 67.4，2017 年得分最低（66.8），这意味着民众对现代司法文明理念的接受还比较滞后。

同样由图 4b 可见，五年来呈震荡趋势的一级指标有 2 个：①"司法权力"，从 2015 年的 71.5 上升到 2019 年的 73.5（峰值），最低值是 2016 年（68.0），指数值在起伏中有所上升，经历了先

升后降再升的曲线变化轨迹；这似乎表明，司法公权力的外部约束和自我约束取得了一定效果。②"法律职业化"，峰值是 2019 年（66.5），2015 年得分最低（57.7），2016 年的指标值有显著提升，这可能与员额制改革的实施有关；2017—2019 年指标值的交替变化幅度较小，这既可解读为相对稳定，也可解读为止步不前，说明员额制和司法责任制改革的效果还不够明显。

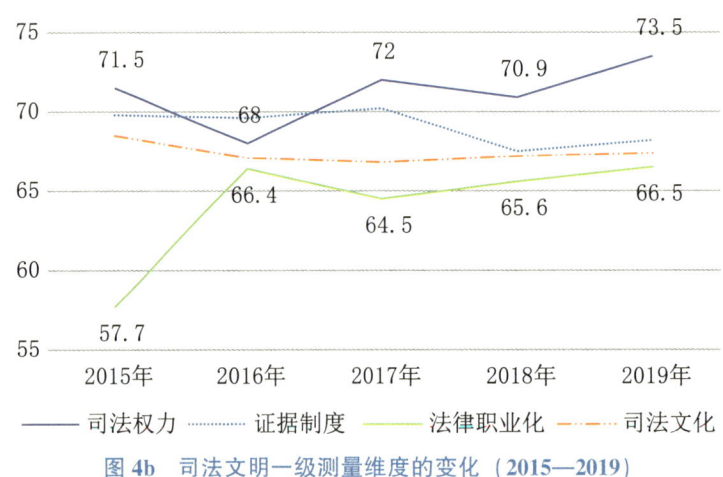

图 4b 司法文明一级测量维度的变化（2015—2019）

总体来看，五年中，当事人诉讼权利、刑事司法程序这 2 个一级指标具有类似的变化轨迹，大致经历了由低到高再小幅降低的过程；相比之下，行政司法程序、民事司法程序、司法腐败遏制、法律职业化这 4 个一级指标则经历了先升后降再升的过程；司法权力、证据制度这 2 个一级指标发生了先降后升、再降再升的曲折变化；司法公开一级指标表现出逐年上升的整体趋势，而司法文化一级指标在平稳中有所降低。

由上述司法文明指数 10 个一级指标的总体变化可以得出以下三点初步结论：

第一，从司法文明各维度的时序变化来看，不同维度在年度数值变化上具有起伏性，呈现出一种梯级变化趋势，这表明司法文明的进步不是直线式上升，在不同年度或阶段可能出现反复和退步，其发展是在曲折变化中的累积上升过程，因而需要持续不断地加强司法文明建设，不能半途而废。

第二，从不同结构维度的比较来看，各指标维度的数值和变化轨迹并不相同，有高有低，如司法公开维度的变化一直处于高水平，而法律职业化的发展则不理想，这表明司法文明各一级指标的发展并不同步，不同结构维度存在着发展的不平衡性，这反映了司法文明内在结构维度变化的差序性格局。

第三，如果将这些变化进一步反映在司法文明的四个维度上，则司法运作、司法文化两个领域的表现不够理想，处于落后位置。因此，在司法文明整体进步的背后，不能忽视其内部结构发展的不同步性，需要在司法文明的不同领域进行协同建设。

（二）司法文明指数二级测量维度的时序变化

图 5~图 14 反映了在 10 个一级指标的基础上，司法文明指数 32 个二级测量指标的五年时序变化轨迹。

在司法权力的 5 个二级指标中，司法权力独立行使、司法权力公正行使、司法权力主体受到信任与认同、司法裁判受到信任与认同，其数值大致经历了先升、后降、再小幅上升的变化过程。其中，"司法权力独立行使" 2015—2017 年虽逐年上升，但 2019 年达到的最大值也仅有 62.6 分，远远落后于其他二级指标的分值;而且,由于该二级指标五年得分均为最低,其成为拉低司法权力一级指标值的主要因素。"司法权力公正行使"2015—2017年逐年上升,2018年得分(78.6)又略有下降,2019年又上升到79.2,指标值维持在较高水平;"司法权力主体受到信任与认同"2015—2017年得分逐年上升,2018年得分(72.1)略有下降,2019年达到最大值(73.9);"司法裁判受到信任与认同"2015年最低(69.4),2016—2017年有所上升,2018年得分(75.4)较前一年有所下降,2019年得分最高(78.7)。而"司法权力依法行使"2015—2018年呈逐年下降的趋势,2019年有所回升。参见图5。

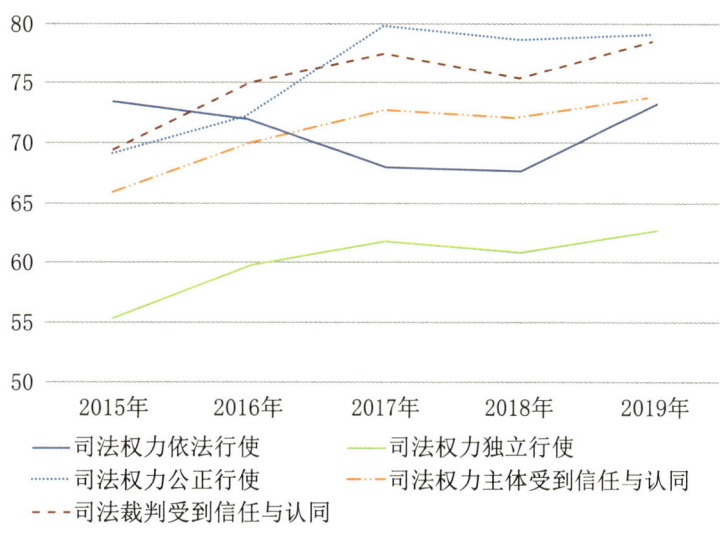

图 5　司法权力下二级指标变化趋势

在当事人诉讼权利的4个二级指标中,"当事人享有不被强迫自证其罪的权利"表现为先上升、再下降的轨迹,2016年达到峰值(76.7),2018—2019年下降幅度较大;"当事人享有证据性权利"在2016—2018年小幅上涨,2019年得分最高(69.0);"当事人享有获得救济的权利"2015—2017年呈逐年上升趋势,2018年有所下滑(67.4),2019年又有所上升(69.1);"当事人享有获得辩护、代理的权利"2015年得分最低(61.6),2018年得分(66.4)比前一年略有降低,2019年略有上升(67.8),呈现出有升有降的起伏过程。参见图6。

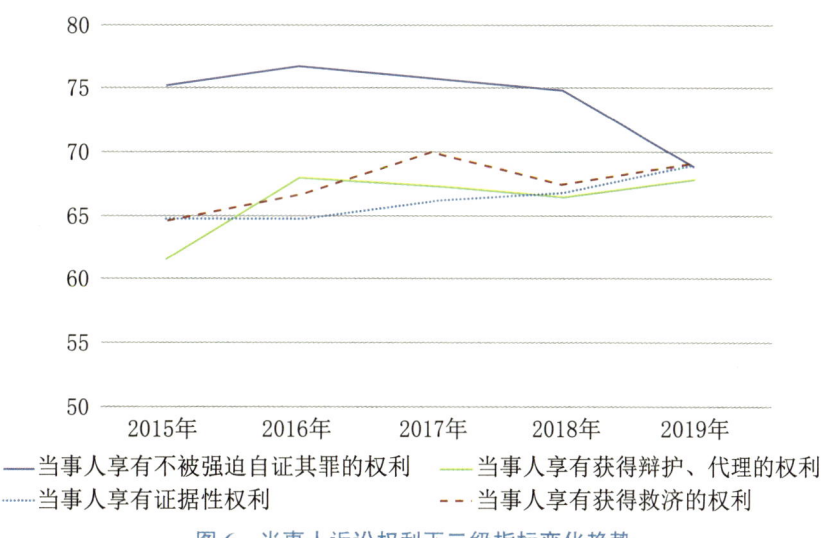

图 6　当事人诉讼权利下二级指标变化趋势

就三大诉讼程序的3个一级指标而言，在民事司法程序的3个二级指标中，"民事审判符合公正要求"五年得分逐年上升，2019年得分最高（71.8）；"民事诉讼中的调解自愿、合法"2015—2017年逐年上升，2018—2019年略有下降；"民事诉讼裁判得到有效执行"2015年得分最低（62.5），而其他年份均在70分以上。参见图7。

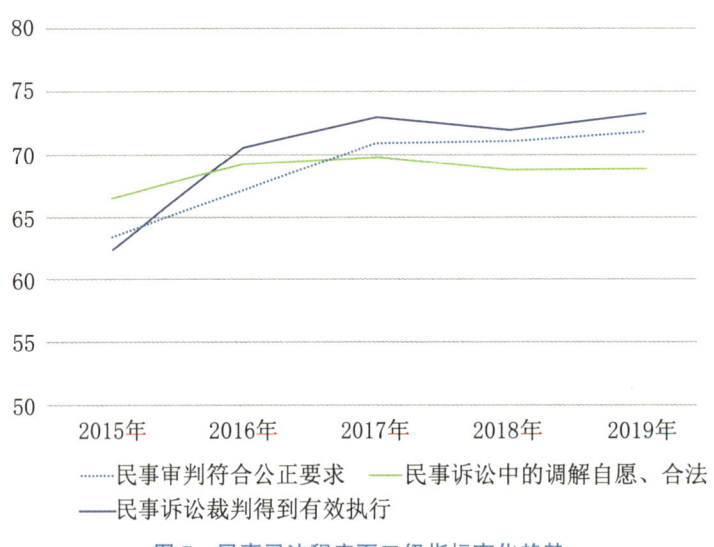

图7 民事司法程序下二级指标变化趋势

在刑事司法程序的3个二级指标中，"侦查措施及时合法"2015—2017年逐年上升，2018年、2019年均有所下降，大致呈现先升再降的过程；"审查起诉公正"的峰值是2016年（69.9），2015年得分最低（62.7），2018年得分（66.4）比前一年有所下降，2019年又所回升（69.0），经历了显著上升、再下降、再上升的变化轨迹；"刑事审判公正及时"连续三年（2015—2017）呈上升趋势，2018年与2017年得分持平（73.2）为最高值，2019年又有所降低（70.6），经历了先平稳上升后降低的历程。参见图8。

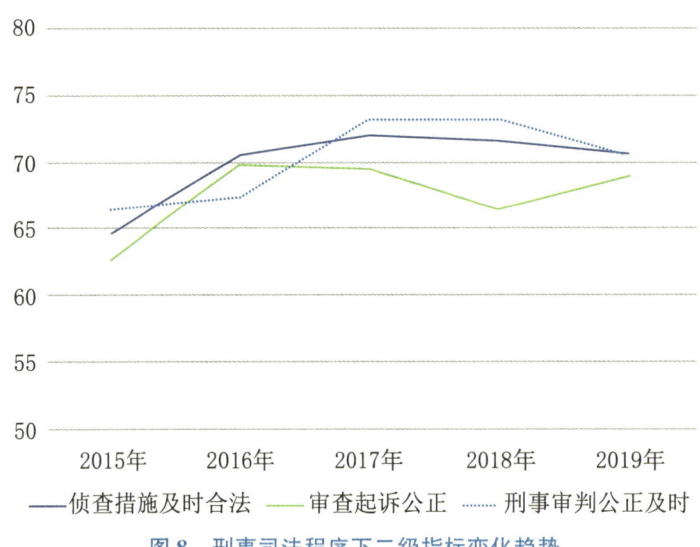

图8 刑事司法程序下二级指标变化趋势

在行政司法程序的2个二级指标中，"行政审判符合公正要求"2015—2017年逐年上升，

2018—2019年得分虽略有下降，但维持在70分以上；"行政诉讼裁判得到有效执行"峰值在2019年（69.1），2015年得分最低（60.5），2018年得分（66.8）较前一年有所下滑，总体呈先升后降再升的过程。参见图9。

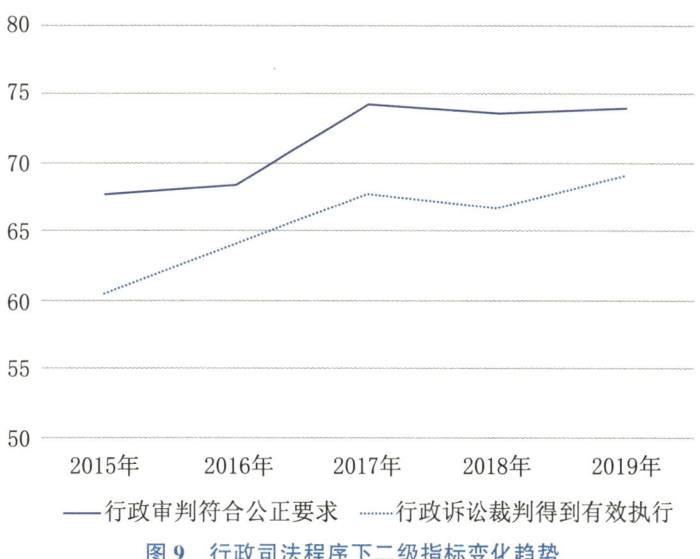

图9　行政司法程序下二级指标变化趋势

在证据制度的3个二级指标中，"证据裁判原则得到贯彻"2015年得分最高（70.1），2018年得分（66.7）有大幅度下降，表现为逐年下降的趋势；"证据依法得到采纳与排除"2019年达到峰值（70.4），2016年得分最低（63.7），2018年得分（68.2）较前一年有所下滑，经历了有升有降的曲折变化；"证明过程得到合理规范"2016年得分最高（75.4），2018年明显偏低（67.5），2019年略有回升（68.2），表现为先升、后降、再小幅回升的变化路径。参见图10。

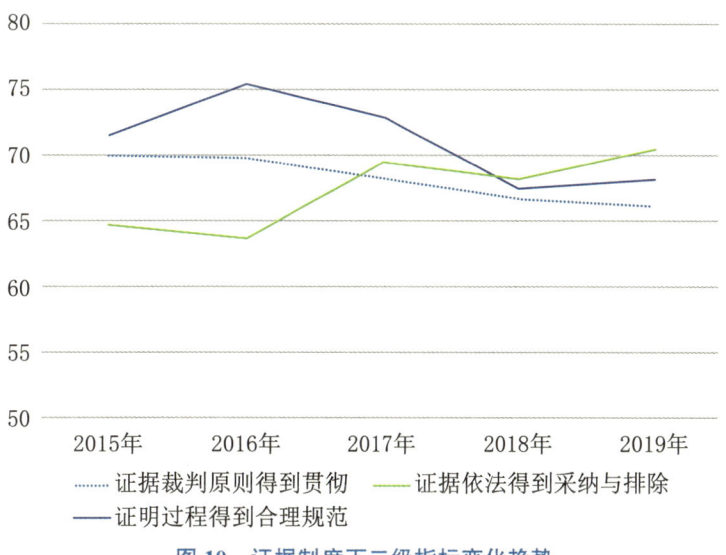

图10　证据制度下二级指标变化趋势

在司法腐败遏制的3个二级指标中，警察、检察官、法官三个群体远离腐败的测量指标具有一致的变化趋向，均为2015—2017年逐年上升，2018年小幅回落，2019年又略有回升，呈现出由低到高、再趋于平稳的变化曲线。参见图11。

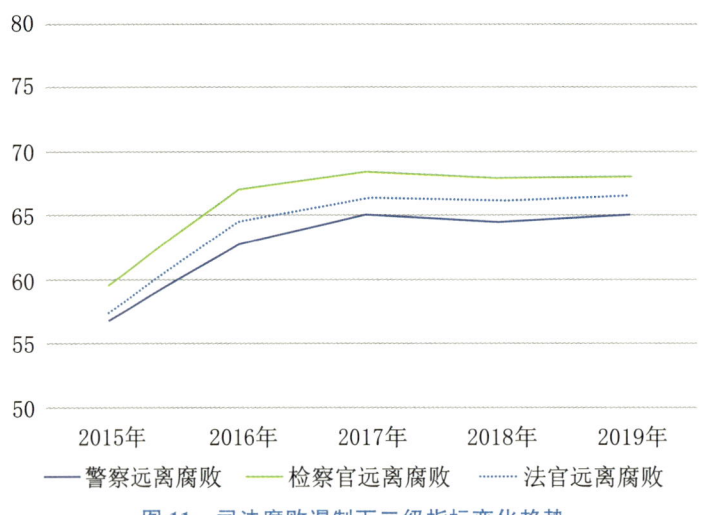

图 11 司法腐败遏制下二级指标变化趋势

在法律职业化的 3 个二级指标中,"法律职业人员获得职业培训"2015 年得分最低(51.3),未达到及格线,2018 年得分最高(71.9),表现为先升、再降、后平稳的变化历程;"法律职业人员遵守职业伦理规范"2015 年得分最低(57.5),未达到及格线,2019 年得分最高(66.6),经历了先升、再降、后逐年上升的演变进路;"法律职业人员享有职业保障"2018 年得分最低(60.8),2016 年得分最高(67.6),2019 年得分(61.5)较前一年有所上升,经历了先上升、后下降、再上升的起伏演变过程。参见图 12。

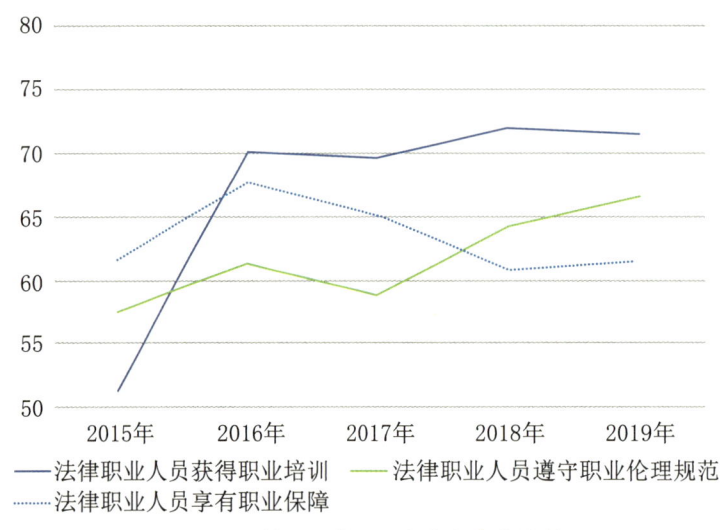

图 12 法律职业化下二级指标变化趋势

在司法公开的 2 个二级指标中,"司法过程依法公开"2019 年得分最高(76.5),2015 年得分最低(70.4),呈现逐年上升的变化轨迹;"裁判结果依法公开"2015 年得分最高(77.6),2016 年得分最低(72.4),大致经历了先降低、再上升的过程。参见图 13。

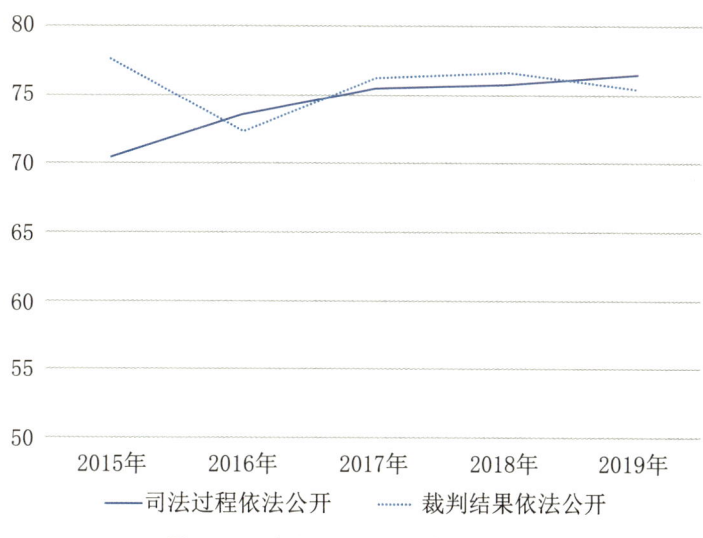

图 13　司法公开下二级指标变化趋势

在司法文化的 4 个二级指标中，"公众参与司法的意识及程度" 2015 年得分最高（76.3），该指标历年数值均在 70 分以上，经历了先降再升的变化路线；"公众诉诸司法的意识及程度"，五年间得分较平稳，2018 年到达峰值（69.2），而最低值为 2017 年（67.2）；"公众接受司法裁判的意识及程度"在 2019 年得分最高（66.6），2016 年得分最低（64.4），2018 年得分（65.2）较前一年略有下降；"公众接受现代刑罚理念的意识及程度"这一指标则表现出较为平稳的变化轨迹，得分最低的是 2019 年（62.3），2015 年得分最高也仅为 63.6。参见图 14。

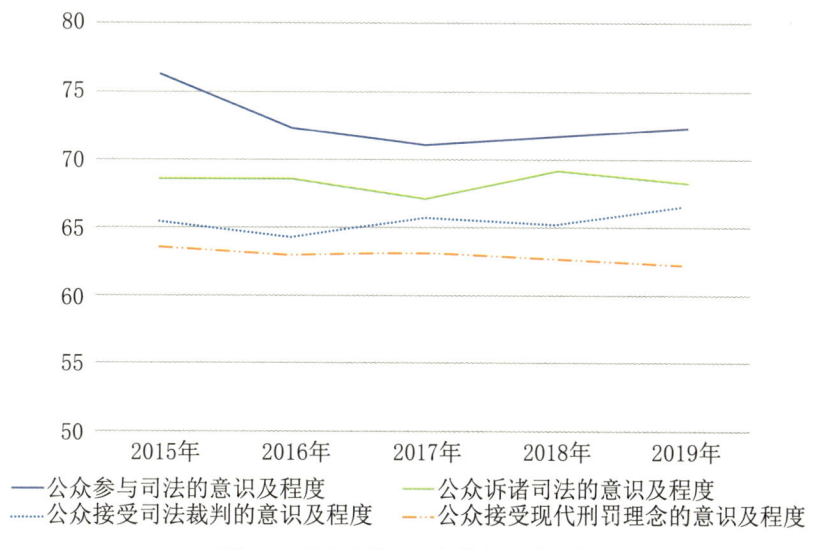

图 14　司法文化下二级指标变化趋势

总体而言，从中国司法文明指数 32 个二级测量维度的五年变化来看，不同二级指标的演化路径，不仅体现出变化方向的不一致性，而且表现为指标年度数值间的起伏性与波动性，呈现出随时间演进而梯级变化的轨迹。换言之，无论是上升型的起伏曲线，还是下降型的变化曲线，不同年度的二级指标值大致显现梯度变化的特征。这种变化同样说明司法文明的发展是渐进式的，是在曲折中不断进步的过程。特别是，不同时期司法改革着力点不同，这可能会引起司法文明不同二级指标维度的年度变化，因此，应当持续不断地努力加强司法文明建设。

从不同的结构维度来看，司法文明二级测量维度的变化亦具有不均衡性，例如，在司法腐败遏制指标中，"法官远离腐败"二级指标的表现在各年度都要优于"警察远离腐败"二级指标。司法文明不同结构维度发展的不均衡性，进一步揭示了司法文明内部结构的动态变化关系，即司法文明的整体发展是各个结构维度共同作用的结果，尽管各个结构维度的发展程度并不一致，但正是这些维度之间的相互作用共同塑造了司法文明发展的整体轨迹。因此，识别司法文明不同领域的强项与弱项，对于推进司法文明的整体建设而言就至关重要。

（三）中国司法文明五年发展的强项和弱项

通过对中国司法文明指数一级指标和二级指标的综合分析，可以发现其五年发展的主要领域（强项指标）与努力方向（弱项指标）如下：

第一，当事人诉讼权利、三大司法程序、司法公开，这5个一级指标呈上升趋势且整体上得分较高，构成了中国司法文明进步的主要维度，成为五年司法文明发展的强项指标。在当事人诉讼权利一级指标中，当事人享有获得救济的权利这个二级指标是该一级指标中的强项，当事人享有证据性权力则是该一级指标值的拉低因素。在三大诉讼程序各指标中，行政诉讼裁判得到有效执行这个二级指标拖累了三大诉讼程序的排名，民事诉讼裁判得到有效执行、刑事审判公正及时有效、行政审判符合公正要求这3个二级指标，则成为三大司法程序指标的强项。

第二，司法权力这个一级指标的提升幅度虽然有限，但整体得分较高，构成了中国司法文明建设的强项指标。在司法权力一级指标中，司法权力主体受到信任与认同、司法裁判受到信任与认同、司法权力公正行使这3个二级指标，是该一级指标中的强项；相比之下，司法权力依法行使、司法权力独立行使这2个二级指标成为该一级指标值的拉低因素。

第三，法律职业化、司法腐败遏制这2个一级指标的提升幅度虽然较大，但这2个指标的数值整体较低，构成了中国司法文明建设的弱项。尤其是，法律职业人员遵守职业伦理规范、法律职业人员享有职业保障、警察远离腐败等各二级指标的表现均不理想，说明司法文明建设还有很大空间。

第四，证据制度、司法文化这2个一级指标，在五年起伏变化中整体有所降低，构成了司法文明的弱势指标，特别是证据裁判原则得到贯彻、证据依法得到采纳与排除、证明过程得到合理规范、公众接受现代刑罚理念的意识及程度、公众接受司法裁判的意识及程度等二级指标，成为未来中国司法文明建设的重点领域。

四、主体异质性：不同法律职业群体的主观评价差异

中国司法文明指数调查，根据调查对象的差别将问卷分为公众卷和职业卷两种类型。通过对2015—2019年职业卷调查数据进行分析，可获得不同法律职业群体对司法文明状况的主观评价水平及时序变动趋势。参见图15。

图15呈现了法官、检察官、警察与律师四类职业群体对司法文明主观评价的五年变化情况。从中可以发现，这四类法律职业群体的主观评价均经历了由低到高的上升过程。但相比较而言，四类群体主观评价的时序变化趋势存在异质性：法官对司法文明水平的主观评价最高，检察官次之，

警察再次，律师最低。这四类群体对司法文明水平的主观评价具有层次性，呈现出主观态度的差级结构。尽管这种异质性只是法律从业人员在司法文明主观感知上的差别，却能在一定程度上反映司法机关、公安系统、律师群体在司法文明水平评价上的不平衡性，也体现了不同法律职业部门在司法文明建设或法治化轨道上的主体性差别。

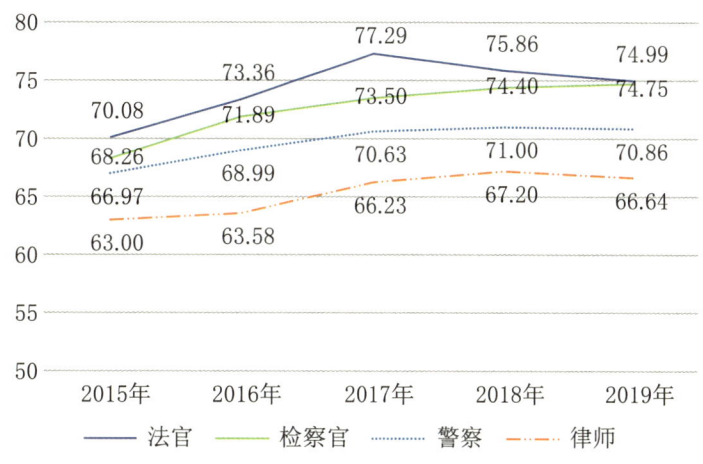

图 15　不同法律职业群体的司法文明主观评价情况（2015—2019）[1]

对司法文明主观评价的这种群体差异性、不同部门之间的异质性或区隔性进行如下分析：

首先，可能涉及制度设计层面司法系统内部职责分工的差别，以及不同法律部门迥异的职业环境。根据《刑事诉讼法》第 7 条的规定，人民法院、人民检察院和公安机关进行刑事诉讼，是分工负责、互相配合、互相制约的关系，目的是保证准确有效地执行法律。不同法律职业群体所处职业场域和职业分工的差异，可能造成他们对司法状况感知上的差别，从而形成差异化的评价结构。

其次，职业立场和取向的不同，也可能引起不同法律职业群体对司法评价主观态度的差别。法官作为法律的代言人，受过系统的法律训练，运用特殊的法律理性，[2]发挥着人与法的连接作用，通过公正审判来宣示法律的权威。相比之下，"律师作为自由职业具有民间人士的身份和以委托人利益至上的职业伦理"[3]，律师通过维护正当程序履行社会"责任"，充当社会的"良心"，[4]这使他们对现行司法实践具有一种与司法权或侦查权主体不同的独特观察视角。

最后，四类职业群体的态度差异可能还与其所接受的法律专业教育与公安专业教育有关。

上述这些因素，可能共同塑造了不同法律职业部门从业人员在司法文明主观感知和态度上的差异形态。因而，基于不同法律职业群体主观评价态度的差异格局，促进不同法律职业部门在司法文明建设路径上的协同发展尤为重要。同时，如何充分发挥律师在司法文明指数评估中的作用，是一个值得进一步深入研究的课题。

---

[1]　图中四类法律职业群体的司法文明主观评价水平，根据中国司法文明指数调查职业卷中的系列测量问题计算得到，数值越高，代表评价越高。

[2]　[美] 波斯纳：《法理学问题》，苏力译，中国政法大学出版社 1994 年版，第 13 页。

[3]　[日] 谷口安平：《程序的正义与诉讼》，王亚新、刘荣军译，中国政法大学出版社 1996 年版，代译序第 14 页。

[4]　Anthony L., "Lawyers and Civilization", *University of Pennsylvania Law Review*, Vol. 120, No. 5 (1972), p. 858.

五、司法文明建设的重点与未来方向

（一）全面深化司法改革

司法文明指数10个一级指标的变化，表明中国司法文明建设在任何一个领域都不能偏废，需要通过全面的司法改革来予以推进。全面持续性的司法改革实践，具有提升司法文明整体水平、识别和弥补司法文明建设短板的作用，有利于促进司法体制的现代转型，培育现代性的、更高水平的社会主义司法文明。

在推进全面依法治国的背景下，全方位的司法体制改革，在司法管理体制改革、人权司法保障机制建设、司法权运行机制改革、司法便民利民服务等方面取得了一些突破性的进展。[1]法院在落实司法责任制，推进司法体制综合配套改革，加强最高人民法院巡回法庭建设，深化以审判为中心的刑事诉讼制度改革，持续深化司法公开等方面也取得了一定的成绩。[2]上述司法改革的成果，在中国司法文明指数调查数据中是有迹可循的，例如，2015—2019年，司法公开一级指标值逐年提升，三大诉讼程序一级指标值均经历了由低向高的上升过程，表明这些改革成果得到了民众的普遍认可。

但是，司法改革的一些成效还没有体现出来。例如，员额制和司法责任制改革虽然推进了法律职业化进程，但司法文明指数五年调查数据显示，法律职业化这个一级指标一直在低水平徘徊（2015年57.7分，2017年64.5分，2019年66.5分），说明普通民众和法律职业群体对法律职业化进程的满意度不高。又如，司法反腐的力度虽然一直在不断加大，但司法文明指数五年调查数据显示，司法腐败遏制一级指标各年度数值的整体得分不高，均未达到70分。此外，证据制度一级指标数值也在起伏中有所降低，这妨碍了其在司法公正实现中发挥基石作用。上述问题，只能通过更加全面和深入的司法改革才能得到进一步的改进。

（二）重点加强司法文明弱项指标的建设

司法文明指数的重要功能之一，在于反映全国各地司法文明建设的"长项"和"短项"。[3]透过对中国司法文明指数五年调查数据的分析，可以发现如下弱项指标应该成为今后司法文明建设的重点：

1. 重视法律职业化建设

法律职业化是衡量一个国家司法文明程度的重要内容，[4]也是加强司法文明建设的必要途径之一。

首先，要建立常态化的法律职业培训机制。在进入职业门槛后，法律职业人员需要通过不断培训，确保自身具备行使相应法律职责的基本技能和法律知识，这也是世界各国对法律职业人员的通

---

[1] 参见姜伟：《司法体制改革在四方面取得突破性进展》，http://www.scio.gov.cn/xwfbh/xwfbh/wqfbh/2015/33456/zy33461/Document/1449565/1449565.htm，最后访问日期：2019年9月26日。

[2] 参见周强：《最高人民法院工作报告——2019年3月12日在第十三届全国人民代表大会第二次会议上》，https://www.chinacourt.org/article/detail/2019/03/id/3791943.shtml，最后访问日期：2019年9月26日。

[3] 张保生：《司法文明指数是一种法治评估工具》，载《证据科学》2015年第1期。

[4] 吴洪淇：《法律人的职业化及其实现状况——以九省市实证调查数据为基础》，载《证据科学》2015年第1期。

行要求。[1] 我国《法官法》第 31 条对法官的政治、理论和业务培训进行了明确规定，《法官教育培训工作条例》第 20 条也规定："法官履职期间，须接受在职培训，着重提高法学理论素养和司法审判能力。每年培训时间不少于 12 天。"《检察官教育培训工作条例》第 18 条规定："检察官在职期间的岗位培训，重点提高政治素质、业务能力和职业道德素养。每年培训时间累计不少于 12 天或者 90 学时。"《公安机关人民警察训练条令》第 21 条也规定，要"保证人民警察每年至少参加一次专业训练，3 年累计不少于 30 天"。此外，《律师法》第 46 条还对律师协会应当履行组织律师业务培训的职责进行了规定。然而，司法文明指数调查数据显示出，法律从业人员所获得的职业培训严重不足。例如，对于"在过去 3 年，您所获得的业务培训总时长是多少？"这个问卷题目的回答，2015—2019 年，获得一周以内（含没有获得）培训的，逐年分别占 27.77%、25.85%、25.54%、23.84%、16.07%，接受过 4 周以上培训的，逐年分别占 29.45%、31.39%、29.84%、34.27%、33.50%，说明有相当比例的法律从业人员未得到足够的职业培训。因此，法律从业人员的职业培训制度化和常态化，是法律职业化建设的重头任务。

其次，职业保障机制是法律职业化的基础条件。根据司法文明指数调查数据，2015—2019 年，法律职业人员对职务晋升前景不满意的比例逐年分别为 29.36%、26.36%、18.97%、16.28%、13.82%，对职业待遇不满意的比例逐年分别为 37.52%、30.67%、20.35%、16.76%、13.93%，对履行法定职责保护机制不满意的比例逐年分别为 33.32%、31.8%、21.9%、19.45%、17.4%。上述数据表明，法律职业人员对职业保障不满意的比例逐年减少，对职业保障的满意度不断提升，体现了近年来加强司法职业保障制度建设的成效；但是，法律职业人员对职业保障满意度总体较低，亟待大幅度的提升，特别是法官和检察官的职业待遇、职业晋升、职业培训、职业安全与救济等方面，都需要不断强化，从而形成完善的职业保障体系。

2. 加强理性司法文化建设

司法文化是人类司法文明的历史积淀，反映了公众对司法制度及其司法公信力的认识、评价和期待，影响着司法效力和司法制度的进步。[2] 弘扬法治理念，培育理性的司法文化，是司法文明建设的重要任务。

从司法文明指数调查数据看，现代刑罚理念似乎还没有广泛深入人心。比如，2015 年的调查数据显示，公众支持在公共场所举行公捕、公判大会的比例占 17.16%，持不关心、无所谓态度的占 10.68%，而强烈反对的占 26.48%；2018 年，公众支持在公共场所举行公捕、公判大会的比例虽然有所下降，占 15.27%，但持不关心、无所谓态度的上升到 16.59%，而强烈反对的也下降到 23.66%；2019 年，支持的占 39.64%，支持率明显上升；不关心、无所谓的占 24.62%，也明显上升。这说明，恢复性司法、司法人权保障等现代司法理念尚未被公众广泛接受。在公众接受司法裁判的意识及程度方面，当被问及"如果法院审判程序没有问题而判决结果对己不利，尊重裁判的可能性"时，2015—2019 年，逐年分别有 25.39%、25.81%、26.36%、26.87%、29.12%的受访者选择"很可能"尊重裁判，而逐年分别仅有 6.01%、7.56%、8.61%、8.55%、9.97%的受访者选择"非常可能"尊重裁判，这说明司法的权威性和公信力尚待提高。公众参与司法的意识及程度，本

---

[1] 张保生等：《中国司法文明指数报告 2018》，中国政法大学出版社 2019 年版，第 12 页。
[2] 张保生等：《中国司法文明指数报告 2018》，中国政法大学出版社 2019 年版，第 13 页。

身就是司法改革的一个重要方面，对于司法公信力建设和司法品质提升具有不可替代的作用。[1] 2015—2019年司法文明指数调查数据表明，不愿意参加陪审团的受访者比例，逐年分别为11.23%、15.56%、15.85%、14.95%、14.35%；而参加意愿一般的比例，逐年分别为25.87%、31.5%、49.14%、47.14%、30.2%。上述这些数据在一定程度上表明公众参与司法的主观意愿不高，因此，有必要采取切实有效的措施，不断提升公众参与司法的能力和意识。

3. 全力遏制司法腐败

司法腐败遏制的强度及效果是一个国家司法文明的重要风向标，它直接反映了司法系统有序运行的可能及限度。[2] 通过司法文明指数五年调查数据分析，公众对法官、检察官以及警察三类群体收受贿赂可能性的评价五年来逐渐好转，认为法官"很可能"与"非常可能"收受贿赂的比例之和从2015年的36.01%下降到2019年的21.34%；认为检察官"很可能"与"非常可能"收受贿赂的比例之和从2015年的32.86%下降到2019年的18.47%；认为警察"很可能"与"非常可能"收受贿赂的比例之和从2015年的37.1%下降到2019年的23.34%。这说明司法领域的反腐败工作取得了一定的成绩。法律职业人员对司法腐败遏制的情况也有积极的评价。在法律职业人员认为三类职业群体办"关系案"的可能性调查中，2015年，认为法官"很可能"与"非常可能"办"关系案"的比例之和为20.77%；2016年、2017年该比例分别降为18.92%、16.72%；2018年略升为17.64%；2019年又下降到15.73%。2015年，认为检察官"很可能"与"非常可能"办"关系案"的比例之和为15.53%；2016年、2017年分别为14.91%、13.39%；2018年这一比例略升为14.29%；2019年降为13.26%。2015年，认为警察"很可能"与"非常可能"办"关系案"的比例之和为25.14%；2016年、2017年降为22.12%、18.83%；2018年升为20.43%；2019年降到18.97%。

从上述调查结果可见，对三类法律职业群体远离腐败的评价虽然在逐年改善，但总体而言评价较低。司法腐败的危害性在于"把水源败坏了"[3]，从而"杜绝了人民的权利与自由受侵犯时的最终救济手段"[4]，对司法公信力造成了巨大的损害。因此，全力遏制司法腐败就成为中国司法文明建设最重要的任务。

4. 加大证据制度建设力度

证据裁判原则作为法治国家的一项基本原则，是现代司法文明进步的重要标志和内在要求。目前，我国证据法律制度还很不健全，警察和司法人员的证据意识也比较淡薄。例如，在司法文明指数关于证据裁判原则是否得到贯彻的二级指标测量中，法律职业人员在回答"当认定被告人有罪的证据不足，法院'宁可错放，也不错判'的可能性"问题时，2015—2019年，选择"不太可能"与"非常不可能"的比例之和，逐年分别为29.47%、24.91%、18.54%、21.81%和19.67%。这个数字尽管基本上一直在下降，但说明"不枉不漏"的传统司法理念在司法实践中依然根深蒂固。相比之下，普通公众在回答"在您所在的地区'打官司就是打关系'的可能性"问题时，2016—

---

[1] 陆洲：《我国公众参与司法的价值挖潜及短板补救》，载《甘肃社会科学》2018年第5期。
[2] 施鹏鹏：《我国司法腐败的现状与遏制——以20个省/自治区/直辖市的实证调查为分析样本》，载《证据科学》2016年第1期。
[3] [英]弗·培根：《论司法》，载《培根论说文集》，水天同译，商务印书馆1983年版，第193页。
[4] 郭道晖：《实行司法独立与遏制司法腐败》，载《法律科学》1999年第1期。

2019年选择"很可能"与"非常可能"的比例之和，逐年分别为24.89%、23.99%、26.38%和25.67%，这四年的数据如此稳定，说明廉洁司法的生态环境依然堪忧。在证据是否能够依法得到采纳与排除的二级指标测量中，法律职业人员在回答"辩护律师向法庭申请排除非法口供，并履行了初步证明责任，而公诉人未证明取证合法的，法官排除该证据的可能性"问题时，2015年，回答"很可能"与"非常可能"的比例之和仅为29.44%；2016年、2017年升为29.86%、37.61%；2018年又略降为34.26%；2019年升为40.18%。这表明，近年来立法和司法机关加大排除非法证据的力度取得了一定成效。在证明过程是否能够得到合理规范的二级指标测量中，法律职业人员在回答"律师调查取证权行使受到限制的可能性"问题时，2016年，回答"很可能"与"非常可能"的比例之和为23.81%；2017年、2018年升为27.89%、33.42%；2019年降为33.2%。这些调查结果表明，无论是对普通民众还是对法律职业群体而言，证据制度建设都是被调查者不够满意的弱项。因此，建立完善的证据法律制度，对于提升我国司法文明水平是一项需要付出不懈努力的基础性工作。

5. 提高人权司法保障水平

人权保障是司法文明的核心标志，也是司法文明建设的强大动力。[1]中国司法文明指数五年调查数据显示，与人权司法保障关系最密切的一级指标"当事人诉讼权利"保障仍需进一步加强。

首先，"当事人享有不被强迫自证其罪的权利"，这是体现当事人诉讼权利或人权司法保障的重要二级指标。我国《刑事诉讼法》第52条虽然规定了"不得强迫任何人证实自己有罪"，但由于目前还缺乏沉默权，而且《刑事诉讼法》第120条第1款关于"犯罪嫌疑人对侦查人员的提问，应当如实回答"的规定为犯罪嫌疑人强加了如实回答的义务，所以，在司法实践中要求犯罪嫌疑人自证其罪的情况仍屡见不鲜。根据司法文明指数五年调查数据，当询问法律职业人员"在您所在地区的刑事审判中，法官要求犯罪嫌疑人自证其罪的可能性"时，2015年，选择"很可能"与"非常可能"的比例之和为31.48%；2016年降为28.86%；2017年又回升到32.16%；2018年则达到了四年来的最高值33.66%。上述数据表明，认为在司法实践中法官可能要求犯罪嫌疑人自证其罪的受访者仍占有相当的比例，当事人不被强迫自证其罪的权利仍需进一步落实。

其次，"当事人享有获得辩护、代理的权利"这个二级指标，体现了《宪法》第130条"被告人有权获得辩护"的要求，十八届四中全会《决定》也提出要"强化诉讼过程中当事人和其他诉讼参与人的知情权、陈述权、辩护辩论权、申请权、申诉权的制度保障"。根据司法文明指数五年调查数据，当询问公众"被告人如果请不起律师，他/她得到免费法律援助的可能性"时，2015年，选择"不太可能"与"非常不可能"的比例之和为20.77%；2016年明显上升达到29.87%；2017年则降为24.51%；2018年又略升为25.33%；2019年降为21.09%。这些数据表明，在当事人获得辩护、代理的权利保障方面，仍有很大的进步空间。

再次，"当事人享有证据性权利"这个二级指标，除指当事人享有举证、质证的权利之外，还包括与证据有关的广泛权利。根据司法文明指数五年调查数据，当询问法律职业人员"在您所在地区的刑事审判中，如果被告人要求证人出庭作证，法官传唤该证人出庭作证的可能性"时，2015年，选择"不太可能"与"非常不可能"的比例之和为14.44%；2016年为17.95%；2017年为14.74%；2018年、2019年分别下降到13.73%、12.15%。相比之下，选择"很可能"与"非常可能"的比例之和呈逐年上升趋势，五年分别为32.62%、33.08%、35.93%、37.59%、44.27%。这

---

[1] 张文显：《人权保障与司法文明》，载《中国法律评论》2014年第2期。

说明对当事人证据性权利的保障有所改善,但仍需加强。

最后,"当事人享有获得救济的权利"这个二级指标,也涉及诉讼当事人在诉讼过程中享有的广泛的申请权、申诉权等诉讼权利,是人权司法保障的重要内容。根据司法文明指数五年调查数据,当询问法律职业人员"对确有错误的刑事案件生效判决,法院启动再审程序予以纠正的可能性"时,2015年,选择"不太可能"与"非常不可能"的比例之和为18.91%;2016年、2017年分别下降到17.25%、13.43%;2018年又上升到15.51%;2019年又降为13.82%。对于这个问题,回答"不可能"的受访者占有相当的比例,这表明在保障当事人享有获得救济的权利方面,仍有可改善的余地。

总体而言,当事人诉讼权利这个一级指标,仍然是我国当前司法文明建设的短板之一,有必要通过重点建设来进行弥补,以体现当代司法文明建设中的基本权利保障取向。

(三) 不断完善司法评估机制

司法文明建设离不开科学、有效的评估机制。对阶段性司法改革的效果进行评估,识别司法改革与司法文明建设的长项与短项,可以为下一阶段的司法体制改革提供方向和目标,激发制度变革动力。[1]因此,完善司法评估机制,也应该成为中国司法文明建设的重要内容。

首先,要改变传统的评估组织者主要是司法行政部门、评估内容主要是上级对下级绩效考核的自我评估模式。[2]自我评估受制于评估组织者的干涉因素过多,不仅评估指标体系的取舍会"扬长避短",评估结果也往往显得虚高,难以反映司法文明发展的真实情况,还会浪费不必要的司法资源。因此,第三方评估,应该成为司法评估的常态模式。目前,司法评估实践中对第三方评估模式的遵循并不彻底,主要体现在:①一些司法评估采用司法机关与学术机构合作的模式,双方共同参与制定评估指标和流程,一起操作和实施评估,这种合作评估模式并未体现第三方评估真实情境;②一些司法评估尽管宣称采用第三方评估,但委托方、资助方以及组织者均为司法行政机关,这无疑会影响第三方评估的客观性,结果也难免会受到质疑;③一些第三方评估仅仅根据司法机关日常积累或临时报送的统计数据作为评估依据,并未进行独立、充分的实地考察或问卷调查,难以形成对被评估对象的经验判断,而是仅凭建立在自我统计数据之上的"想象力"而得到评估结果。因此,有必要借鉴国内外司法评估的经验,研究建立科学的司法评估体系,坚持第三方评估导向,以保证其独立性和中立性。

其次,注意司法评估指标的普适性与特殊性。在当前司法评估实践中,始终存在着法治(司法)评估本土化建构的呼声,即要求反映中国司法的特殊部分。诚然,不同国家、地区的司法制度有异,具有司法场域的情境性,设置特定的评估指标以反映这种异质性,这无可厚非。但是,不能因为评估对象的异质性而掩盖评估价值的普适性。就评估方法的本土化而言,其涉及评估方法论范式,即运用一套科学的原则、逻辑、方法指导司法评估的实施,相当于库恩所说的科学范式。[3]科学的司法评估在逻辑上应遵循"概念操作—指标设计—实证调查—评估结果—反馈实践"的实证研究链条,否则,就不能称之为科学的司法评估。所以,不能因为中国司法情境的独特性而无视司法评估的科学方法论规范,并据此形成一套特异性的司法评估方法。当然,任何将一般理论与方法应

---

[1] 高志刚:《司法体制改革试点评估运作机制研究——兼以法院员额制试点改革为样本》,载《北方法学》2017年第1期。
[2] 钱弘道、杜维超:《法治评估模式辨异》,载《法学研究》2015年第6期。
[3] Thomas K., *The Structure of Scientific Revolutions*, Chicago: University of Chicago Press, 2012, p.162.

用于具体社会或历史情境的研究，都必须考虑与当下情境的结合。[1]但这一逻辑与追求特异性的本土化无关，而是对研究者最基本的专业要求和态度。因此，将司法评估应用于中国实践时，加以考虑的中国司法情境，并不构成本土化的题中之义，而是学者应当秉承的学术态度。司法评估的中国应用，没有必要囿于本土化议题的争论，不能因为评估对象在事实场域上的变化，而夸大评估的本土性或特异性。

司法评估的普适性与本土性之争的焦点，主要体现在评估指标设置的普适性与特殊性的选择。在这个问题上大致有三种观点：①倾向于选择普适性指标，[2]司法评估指标设计要侧重于那些具有普遍性（一般性）的方面，然后再解决个别性问题，因为只有通过普适性评估指标，评估结果才能够反映评估对象的本质规律和发展趋势，[3]如此才具有普遍价值和指导意义；②强调指标的特殊性，我国众多司法评估过于强调以"国情"为指标设置重点，这会"导致评估陷入地方主义的泥淖，忽视司法评估标准的普适性，难以实现评估结果的横向比较，评估本身的镜鉴功能难以有效发挥"；[4]③主张兼顾普遍性指标与特殊性指标的配比上达成相对均衡，从而消解评估标准普遍性与特殊性之间的矛盾，在遵循普适价值的基础上，兼顾司法场域的特殊性。[5]在上述三种模式中，第三种模式虽然最为可取，但如何把握普遍指标与特殊指标的配比却是一个难题。司法评估指标体系的设计必然要反映世界司法文明的发展规律及普适价值，各项评估指标应能达到司法所必需的最低限度要求。[6]但是，司法评估指标设置的普适性与特殊性具有竞争性：一方面，人类司法文明存在共同的司法价值、司法规律，如追求公平正义、向公众提供诉诸司法的机会等，它们构成了评估指标的主要内容，也构成了司法评估结果具有可比性的基础；另一方面，世界各国、各地的司法体制并不相同，具有地域性差异，不存在一套适用于世界所有国家和地区的唯一评估指标。所以，司法评估指标的设计也要考虑其特殊性，兼顾本国司法制度的实际。当然，这种特殊性的"兼顾"不应凌驾于普适性之上。

最后，适当扩大律师群体的样本配额。中国司法文明指数调查数据显示，不同法律职业群体在司法文明的主观评价上存在异质性，这反映了不同法律职业群体对司法文明的主观判断不同。这种主观评价的差异性，对司法评估的样本选择提出了新的课题，即未来司法评估应重点调查哪一类法律职业群体的主观评价。在这个问题上，律师作为脱离于司法行政体系的市场化职业群体，并未直接嵌入司法行政权力场域，似乎是存在于司法行政系统与普通民众之间的"第三种力量"或"天然"评估主体，故在职业评估主体的选择中，将律师作为评估调查的主要对象可能具有相当的合理性。这种合理性主要源于律师群体的如下特征：①中立性。在司法评估中，律师相对于司法机关工作人员而言具有中立性，可避免将法官、检察官和警察等司法权力主体作为调查对象所产生的价值涉入立场。将律师吸纳为主要调查对象，不仅是对社会调查价值无涉原则的依循，而且有利于增加评估结果的中立性和有效性。[7]②专业性。律师不仅能从普通大众的视角观察司法，还能对司法进

---

[1] 谢宇：《走出中国社会学本土化讨论的误区》，载《社会学研究》2018年第2期。
[2] 张保生、郑飞：《世界法治指数对中国法治评估的借鉴意义》，载《法制与社会发展》2013年第6期。
[3] 侯学宾、姚建宗：《中国法治指数设计的思想维度》，载《法律科学》2013年第5期。
[4] 康兰平：《法治评估的开放空间：理论回应、实践样态与未来转型》，载《甘肃政法学院学报》2016年第6期。
[5] 高全喜：《"法治中国"及其指标评估的"后发国家"视角》，载《学海》2015年第3期。
[6] 巢陈思：《构建地方法治评估权利指数应遵循的原则》，载《人民论坛·学术前沿》2020年第1期。
[7] Rebecca G., "Implicit Bias in Judicial Performance Evaluations: We Must Do Better than This", *Justice System Journal*, Vol. 35, No. 3 (2014), p. 304.

行专业性评判。以律师作为主要评估主体，有利于吸收其专业意见，可能使法官等职业群体更容易接受和信服评估结果，从而将评估结果转化为持续改革和完善的动力。[1]③亲历性。律师作为与司法机关及其工作人员"打交道"最为直接的职业群体，对司法过程具有亲历性。他们熟知司法运行的程序与状况，因而能够根据自己的亲身感知作出评价。有学者认为，以律师为主体的评估更接近于消费者对商品进行评估的模式，能够根据所购商品的亲身体验对其质量和可靠性进行有效评价。[2]

基于上述认识，中国司法文明指数职业卷调查已打破了过去对法官、检察官、警察和律师这四类职业群体均等配样的做法，律师样本在四类法律职业群体中所占比例从2017年的25.86%上升到了2018—2019年的39.53%，即从每个省份200份职业卷中律师占50份增加到80份，相应降低了法官、检察官和警察的问卷比重。考察美国司法评估实践可以发现，一直存在着通过律师调查评价法官绩效的传统。1974年，美国阿拉斯加州司法绩效评估计划，即以律师作为法官绩效评估的主体对法官进行评价，[3]尽管后来又吸纳了社会公众等评价主体，但了解律师对法官表现的看法，始终是该评估计划的核心。在美国20多个实行司法绩效评估的州中，律师民意调查（Bar Polls）一直是最常用的方法，通过律师评价法官或将律师作为主要评价主体，构成了美国司法绩效评估最常见的特征。[4]此外，巴西司法公信力指数专门设立了一个子指数，即律师的司法公信力指数（Justice Confidence Index of Lawyers），[5]该指数以律师为调查对象，通过设置公正、效率、诚实、解决争端的速度、诉讼法院的成本、诉讼司法的可及性以及对未来五年的期望等指标，旨在从律师的视角对司法公信力进行评估。从上述域外司法评估的实践探索来看，律师一直是司法评估的主体，即使在多主体评估（Multi-rater）新理念下，律师也一直在司法评估中扮演着不可或缺的角色。因此，基于司法评估模式科学化的现实考量，未来中国司法文明指数评估的调查对象，将继续扩大律师群体在司法评估调查样本中的配额，以此作为改进当前司法评估实践的路径选择之一。

结 语

司法现代化转型是社会变迁的重要组成部分，当代中国正行进在司法现代化转型的征途上，努力创建更高水平的社会主义司法文明。在这一过程中，回溯转型变迁过程中的司法文明发展轨迹，对于推动中国司法文明尽快跻身世界司法文明先进行列，具有反思意义。

以"中国司法文明指数"作为综合测量工具，从10个一级指标和32个二级指标来分析中国司法文明水平的变迁轨迹，基本上展现了其发展全貌。2015—2019年，中国司法文明呈现出一种总体向上的变化趋势，但存在着省际不同步与区域不平衡的格局。从时序变化来看，司法文明一级和二

---

[1] Henry R., "Judicial Evaluation—The Counterpart to Merit Selection", *American Bar Association Journal*, Vol. 60, No. 10 (1974), p. 1246.

[2] Thomas M., "Do Attorney Surveys Measure Judicial Performance or Respondent Ideology? Evidence from Online Evaluations", *The Journal of Legal Studies*, Vol. 44, No. S1 (2015), p. 253.

[3] Sharon P. & Kearney R., "Who Watches the Watchmen? Evaluating Judicial Performance in the American States", *Administration & Society*, Vol. 41, No. 8 (2009), p. 933.

[4] Jordan S., "Attorney Surveys of Judicial Performance: Impressionistic, Imperfect, Indispensable", *Judicature*, Vol. 98, No. 1 (2014), p. 20.

[5] Gross C. L., Oliveira F. L. D. & Glezer R. E., "Brazilian Justice Confidence Index-Measuring Public Perception on Judicial Performance in Brazil", *International Law: Revista Colombiana de Derecho Internacional*, No. 25 (2014), p. 465.

级测量指标具有不同的时序变化形态，呈现出指标年度数值间的起伏性和波动性，表现为随时间演进的梯级变化轨迹，这表明司法文明并不是单向度的直线式发展，而是波浪式、螺旋式上升的过程，在不同的年度或阶段可能出现反复，甚至退步。从不同结构维度比较来看，司法文明的整体进步是各个结构维度共同作用的结果，但司法文明各维度的变化并不同步，存在着发展的不平衡性，这反映了司法文明内在结构维度变化的差序格局。因此，在司法文明整体进步的背后，不能忽视其内部结构发展的这种不同步性，需要推进司法文明建设不同领域的协同进步。

  五年来，司法权力、当事人诉讼权利、民事司法程序、刑事司法程序、行政司法程序和司法公开这 6 个一级指标，构成了中国司法文明进步的主要维度；而证据制度、司法腐败遏制、法律职业化与司法文化这 4 个一级指标，是我国司法文明建设的弱项领域，应予以重点关注并加强建设。根据上述强项和弱项，今后我国司法文明建设的主攻方向包括以下五个方面：①全面提升司法人员的职业素质，加强法律职业化建设；②继续加大司法腐败遏制的力度，确保司法公正；③积极推进先进司法文化建设，树立现代司法理念；④大力加强证据制度建设，全面贯彻证据裁判原则；⑤加强人权司法保障，切实保障当事人的诉讼权利。同时，还有必要进一步完善司法评估机制，有效监测司法文明建设的效果。

后 记

本书是"双一流计划""2011 计划"司法文明协同创新中心"司法文明指数"项目团队集体研究的成果。从司法文明指标体系、调研问卷的设计修订，问卷的发放与回收统计分析，到最后报告的撰写，均有赖于项目研究团队成员的集体协作和互相支持。本书具体撰稿人如下：

序　　言　张保生

第 一 章　司法文明指数概论：张保生、施鹏鹏、满运龙

第 二 章　司法文明指数设置一、二：张保生、施鹏鹏、满运龙

第 二 章　司法文明指数设置三、四：

（一）司法权力（褚福民）

（二）当事人诉讼权利（褚福民）

（三）民事司法程序（樊传明）

（四）刑事司法程序（张中）

（五）行政司法程序（樊传明）

（六）证据制度（张保生）

（七）司法腐败遏制（施鹏鹏）

（八）法律职业化（吴洪淇）

（九）司法公开（郑飞）

（十）司法文化（满运龙）

第 三 章　司法文明指数项目：张保生

第 四 章　司法文明指数数据报告：课题组集体与零点公司

附　　录　中国司法文明发展的轨迹（2015—2019）——以中国司法文明指数为分析工具的研究（张保生、王殿玺）

英文翻译　满运龙

全书由张保生统稿，第四章由张保生、张中、吴洪淇共同统稿。

《中国司法文明指数报告 2020—2021》由于受新冠疫情的影响，首次以双年报告形式面世。值此本书出版之际，谨向参与和支持本项目的团队成员、专家学者、问卷调查者和受访者表示衷心感谢！

中国司法文明指数项目组
2022 年 9 月 2 日

声　明	1. 版权所有，侵权必究。
	2. 如有缺页、倒装问题，由出版社负责退换。

图书在版编目（ＣＩＰ）数据

中国司法文明指数报告.2020—2021/张保生等著.—北京：中国政法大学出版社，2022.12
ISBN 978-7-5764-0818-8

Ⅰ.①中… Ⅱ.①张… Ⅲ.①司法制度－研究报告－中国－2020-2021　Ⅳ.①D926

中国版本图书馆CIP数据核字(2023)第016957号

出 版 者	中国政法大学出版社
地　　址	北京市海淀区西土城路 25 号
邮寄地址	北京 100088 信箱 8034 分箱　邮编 100088
网　　址	http://www.cuplpress.com (网络实名：中国政法大学出版社)
电　　话	010-58908289(编辑部) 58908334(邮购部)
承　　印	北京中科印刷有限公司
开　　本	889mm×1194mm　1/16
印　　张	10.5
字　　数	290 千字
版　　次	2022 年 12 月第 1 版
印　　次	2022 年 12 月第 1 次印刷
定　　价	79.00 元